シリーズ　社会福祉のすすめ **2**

最新

現代社会福祉と
子ども家庭福祉

和田　光一
岩川　幸治

【著】

学文社

はじめに

　今日の社会においては，情報化，グローバル化の加速度的進展や人工知能（AI）の飛躍的進化などがあげられている。子どもたちの未来においては，急激な社会変化が予想されている。

　戦後，日本の経済成長はめざましく，国民所得の増加は物質的な豊かさを生み出した。それらの影響により，かつての伝統的な家族や地域の相互扶助機能の弱体化，地域住民相互のつながりの希薄化，さらに少子高齢社会の到来，長引く不況などにより社会・経済状況は大きく変化したと同時に，従来の家庭の扶養と子育ての機能は核家族化とともに弱くなり，地域の助け合い関係が希薄化した結果，孤立・虐待などの増加をもたらしている。

　また，急速な少子高齢社会の進行，地域社会の変化，核家族化の進行，社会福祉に関する国民の意識の変化など，社会福祉を取り巻く環境は大きく変化している。そのなかで，誰もが安心して住み慣れた地域で，生涯暮らし続けることができるように，医療・保健・福祉が一体となったシステム作りが行われるようになってきた。そのための制度改革として，1990（平成2）年に福祉関係八法の改正が行われた。この改正は，施設福祉サービス中心から在宅福祉サービス重視など社会福祉行政の転換が行われたものである。その後，高齢者保健福祉計画としてのゴールドプラン，子育て支援のエンゼルプラン，障害者の自立支援施策の障害者プランの3大プランが示された。

　1999（平成11）年の社会福祉基礎構造改革において，21世紀の社会福祉のあり方が示された。この考え方は，①措置制度から利用・契約制度へ，②権利擁護事業などの利用者保護のための制度，③サービスの質の向上，④地域福祉の確立である。この改革をうけて2000（平成12）年には介護保険法，2003（平成15）年には支援費制度が導入され，多様な政策の展開がみられた。

その基本理念は，ノーマライゼーションやソーシャル・インクルージョンであり，① 地域（市町村）の役割重視，② 在宅福祉サービスの充実，③ 民間福祉サービスの育成，④ 利用者本位のサービスなどを中心に据えて展開されるようになってきた。新しい福祉ニーズに対応するために，社会福祉はめまぐるしく変化してきている。

　子どもの問題についても，ウェルフェア中心の「児童福祉」からウェルビーイングをも見据えた「子ども家庭福祉」への転換が求められるようになったことを踏まえ，1997（平成 9）年に保育所において措置制度から利用契約制度になり，2010（平成 22）年の「子ども・子育てビジョン」や 2012（平成 24）年の「子ども・子育て関連三法」に基づく家庭福祉施策として，2014（平成 26）年からの「新たな少子化社会対策大綱」が推進されている。これまで少子化対策や子育て支援対策として，さまざまな施策を進めてきているが，施策の効果は十分に発揮できたとはいいがたく，歯止めのきかない少子化，都市部と過疎地のニーズのずれの問題，社会資源整備の地域格差など多くの課題がますます顕著になってきている。それらの問題は，保育所の待機児童の問題や児童虐待，いじめの問題となって表出している。

　子どもや家庭に対する支援は，地域に目を向け，ネットワークや社会資源の創出などにも視野を広げていくことが求められており，また，そのライフスタイルの多様化から多様なニーズを抱えた子どもや家庭への支援が必要である。

　本書においては，子ども家庭福祉の理念でもあるウェルビーイングの考えを基本に，子育て支援や健全育成についても「子どもの最善の利益」をキーワードにして分析することにした。

　具体的には，新しい諸制度政策の内容などは，できる限りわかりやすく的確に述べることと，可能な限り最新のデータや資料を用いることとした。

　また，本書は社会福祉および子ども家庭福祉の入門書という考え方から，子ども家庭福祉の根底に流れる社会福祉の理念や構成要素なども解説している。社会福祉や子ども家庭福祉を学ぶ者にとって必要な基礎的知識を習得できるよ

うにも努めた。

　さらに，各章末には，より理解を深める意味で演習課題「考えてみよう」をもうけたので活用していただくと同時に，子ども家庭福祉の関心をより一層深めるために，「参考図書」の解説を行った。これらを参考にして自宅などでのレポート作成に有効活用していただきたい。

　最後に，この本を出版するにあたり，親身になってお世話いただき，本書を世に送り出してくださった学文社の田中千津子さんに深く感謝申し上げたい。

2019 年 10 月

和田　光一

目　次

第1章　現代社会福祉の背景……………………………………………… 1

1．少子化と高齢化　　1

2．地域社会の変化（過疎化・過密化による地域格差）　　7

3．家族構造の変化と核家族化　　9

4．子どもを取り巻く環境　　14

第2章　社会福祉と子ども家庭福祉…………………………………… 20

1．社会福祉の定義　　20

2．社会福祉の概念　　22

3．社会福祉の理念　　24

(1) 基本的人権の尊重（生存権の保障）／(2) ノーマライゼーション／(3) 生活の質（QOL）の向上／(4) 自　立／(5) ソーシャル・インクルージョン

4．社会福祉の構成要素　　30

(1) 社会福祉の目的／(2) 社会福祉の対象／(3) 社会福祉の主体／(4) 社会福祉の方法

5．福祉ニーズと福祉サービス　　33

(1) 福祉ニーズとその分類／(2) 福祉サービスの供給（「自助」，「互助」，「共助」，「公助」）

6．社会福祉の法体系　　36

(1) 社会福祉法／(2) 福祉六法

7．子どもとは　　43

(1) 社会成熟度からの子ども／(2) 子どもとしての年齢

8．子どもの権利条約と子ども家庭福祉の理念　　46

(1) ウェルビーイング（well-being）と子ども家庭福祉／(2) 自　立／(3) 児童の権利に関する条約（子どもの権利条約）

目　次　v

9．子ども家庭福祉の歩み　52

(1) 古代・中世・近世の児童保護／(2) 明治時代以降の児童保護

10．子ども家庭福祉と親権　62

(1) 親権とは／(2) 親権者／(3) 親権の内容／(4) 親権の制限と喪失

第3章　児童福祉の実施体制と仕組み……………………………………… 69

1．子ども家庭福祉の法体系　69

(1) 児童福祉法／(2) 児童福祉関連法

2．子ども家庭福祉の機関　77

(1) 児童相談所／(2) 福祉事務所／(3) 児童家庭支援センター／(4) 保健所など／(5) その他

3．児童委員・主任児童委員　86

4．児童福祉施設の体系　87

(1) 児童福祉施設の種類／(2) 児童福祉施設における教育／(3) 児童福祉施設における医療／(4) 職員配置基準

5．里親制度　100

第4章　児童福祉施策の実際……………………………………………… 108

1．少子化と子育て支援の施策　108

(1) 1.57 ショックが契機となった少子化対策／(2) 「次世代育成支援対策推進法」制定へ／(3) 「少子化社会対策基本法」と「少子化社会対策大綱」の制定へ／(4) 子ども・子育て応援プラン／(5) 新しい少子化対策について／(6) 「子どもと家族を応援する日本」重点戦略／(7) 子ども・子育てビジョン／(8) 子ども・子育て支援法／(9) 「新たな少子化社会対策大綱」の策定と推進／(10) 「ニッポン一億総活躍プラン」の策定／(11) 子育て安心プラン／(12) 「人づくり革命基本構想」の策定

2．地域子ども・子育て支援事業　122

(1) 地域子ども・子育て支援事業の背景／(2) 地域子ども・子育て支援事業の実際

3．健全育成　136

(1) 健全育成の意味／(2) 健全育成のための施策

4．母子保健　144

(1) 母子保健の概要／(2) 母子保健サービス

5．保育サービス　149

(1) 保育所／(2) 幼稚園／(3) 認定子ども園／(4) 地域型保育／(5) 待機児童

6．障害や難病のある子どもへの施策　159

(1) 障害児通所支援／(2) 障害児入所支援／(3) 医療的ケア児

第5章　保護を要する子どもの福祉……………………………………… 168

1．児童虐待の実際と対策　169

(1) 児童虐待の現状／(2) 児童虐待の防止に向けた取り組み／(3) 発生予防／(4) 早期発見・早期対応／(5) 児童虐待対応に関する課題

2．子どものいじめの現状と対策　175

(1) いじめの動向／(2) いじめの発生状況とその影響／(3) いじめはなぜ起きるのか／(4) いじめ予防策／(5) いじめの防止と教育改革の必要性

3．ひきこもりの実際と対策　182

(1) 不登校とひきこもりの関係／(2) ひきこもりの状況下にある子どもの理解の必要性／(3) ひきこもりの子どもをサポートする保護者の役割／(4) ひきこもりの状況にある子どもと家族の目標／(5) ひきこもりの子どもの回復をめざす上での注意事項

4．子どもの犯罪や非行　191

(1) 少年による非行・犯罪少年に関する調査・報告／(2) 少年による非行・犯罪少年の特徴／(3) 非行・犯罪少年の特徴／(4) 現代型非行少年の特徴とその問題点／(5) 非行・犯罪に手を染めた少年の支援／(6) 矯正施設としての少年院／(7) 社会福祉施設としての児童自立支援施設

5．ひとり親家庭の実際と対策　200

(1) 母子家庭及び父子家庭に対する支援対策／(2) ひとり親家庭の課題

6．社会的養護　218

目　次　vii

第6章　子ども家庭福祉の課題…………………………………………… **225**

1．少子化と子育て支援　　225

⑴基本方向と今後の重点施策

2．豊かな子ども時代をめざして　　229

⑴健全育成と地域活動（子どもにとっての家庭・地域・学校）／⑵健全育成と地域社会／⑶豊かな子ども社会をめざして

索　引………………………………………………………………… 241

第1章　現代社会福祉の背景

　社会福祉は，社会のあり方に応じて，その姿を変えていく。そのため，社会福祉の理念や制度を理解するためには，理念がどのようにして生み出されてきたのか，制度が必要とされている理由は何かなどを社会のあり方と関連させながら整理する必要がある。そして，そうすることで，これからの社会福祉のあり方を考えることができる。

　そこで本章では，個々の制度を理解するための一助として，21世紀を迎えた現代日本の社会状況の一面を俯瞰し，子どもの直面する問題を整理する。

🔑 キーワード　人口減少社会，地域格差，家族構造の変化，子育て，社会的
　　　　　　　　養護，いじめ

1．少子化と高齢化

　20世紀後半から21世紀にかけてのわが国の状況をいいあらわす言葉のひとつに「高齢化」がある。21世紀の現在，わが国は世界でも有数の長寿国となっているが，平均寿命が急速に伸び始めたのは第二次世界大戦後のことである。

　そうした平均寿命の進展には医療の進歩や栄養の改善などが影響している。平均寿命に関しては乳幼児死亡率の大幅な減少によるところが大きいが，第二次世界大戦前に比べれば，特定年齢まで生存する人の割合が高まっている。65歳以上の高齢者人口は増加を続け，2018（平成30）年10月1日には3,558万人を超えるまでになった。また，老人福祉法が制定された1963（昭和38）年に153人であった100歳以上の高齢者が，2018（平成30）年9月1日時点で全国に6万9,785人になるなど，平均寿命の進展だけでなく，長寿化の度合いもまた高い。

2

　それらの結果として，わが国は人口構造の「高齢化」に直面することとなった。しかしながら，ここで問題となるのは総人口に占める高齢者の割合の増加であり，けっして，高齢者の人数の増加ではない。

　総人口に占める高齢者（65歳以上）の割合を高齢化率というが，わが国の65歳以上人口は，1950（昭和25）年には総人口の5％に満たなかったが，1970（昭和45）年に7％を超え，1994（平成6）年には14％を超えた。高齢化率はその後も上昇を続け，2018（平成30）年10月1日現在，28.1％に達している。高齢化率は今後も上昇をつづけ，2040年には35％前後になると推計されている（図表1-1参照）。このときには，高齢者人口そのものは減少をみせると推計されているが，それを上回る規模で年少人口が減少するために，高齢化率はなおも上昇を続ける。

　国際連合は1956（昭和31）年の報告書において，高齢化率が7％を超え，老年人口比率の増加がみられる社会を高齢化社会（aging society），高齢化率が14％以上となり，老年人口比率が一定になった社会を高齢社会（aged society）とした。わが国において高齢化率が7％を超えたのは1970（昭和45）年であるが，14％を超えたのは，その24年後の1994（平成6）年である。この年数は諸外国，たとえばフランスの115年やスウェーデンの85年，イギリスの47年，ドイツの40年に比しても短い。このように高齢化が急激に進展しているため，高齢化に対応するために社会そのものが変革のうねりのなかにあるといえる。

　従来，人口の年齢構造は「ピラミッド」にたとえられることが多かったが，現在は「釣り鐘型」に，そして将来は「つぼ型」に変わっていくと予測されて

高齢化率
総人口に占める65歳以上人口の割合。人口の高齢化を示すときに一般的に用いられる指標。総人口には日本に長期滞在する外国人も含まれる。近年では，老年人口指数（65歳以上人口を1～64歳人口で割り，100を掛ける）や老年化指数（65歳以上人口を0～14歳人口で割り，100を掛ける）も使われる。

第1章 現代社会福祉の背景 3

図表1-1 高齢化率の推移と将来設計

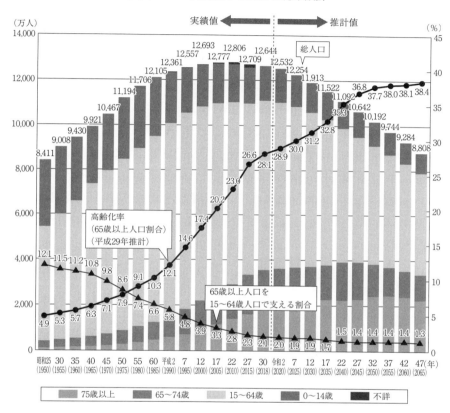

資料) 棒グラフと実線の高齢化率については，2015年までは総務省「国勢調査」，2018年は総務省「人口推計」（平成30年10月1日確定値），2020年以降は国立社会保障・人口問題研究所「日本の将来推計人口（平成29年推計）」の出生中位・死亡中位仮定による推計結果。
注1) 2018年以降の年齢階級別人口は，総務省統計局「平成27年国勢調査 年齢・国籍不詳をあん分した人口（参考表）」による年齢不詳をあん分した人口に基づいて算出されていることから，年齢不詳は存在しない。なお，1950年～2015年の高齢化率の算出には分母から年齢不詳を除いている。
注2) 年齢別の結果からは，沖縄県の昭和25年70歳以上の外国人136人（男55人，女81人）及び昭和30年70歳以上23,328人（男8,090人，女15,238人）を除いている。
注3) 将来人口推計とは，基準時点までに得られた人口学的データに基づき，それまでの傾向，趨勢を将来に向けて投影するものである。基準時点以降の構造的な変化等により，推計以降に得られる実績や新たな将来推計との間には乖離が生じうるものであり，将来推計人口はこのような実績等を踏まえて定期的に見直すこととしている。
出典) 内閣府『高齢社会白書（令和元年版）』p.4

いる（図表1-2）。同様に，社会保障に関係した社会のあり方も，これまでのように，高齢者1人を現役世代9人で支える「胴上げ」型社会から，現在の高齢者1人を現役世代3人弱で支える「騎馬戦」型社会に，そして，高齢者1人をほぼ1人の現役世代で支える「肩車」型社会になるといわれている。

　こうした予測の背景にあるものこそ，「少子化」である。高齢者人口は第二次世界大戦後，特に1970年代以降は急速に上昇している。これに対して0歳から15歳未満の年少人口はいわゆるベビーブーム後の1950年から低下を続けている。特に1966（昭和41）年は丙午（ひのえうま）にあたったこともあり，急減した。その後，1980（昭和55）年前後までは同水準が維持されたが，その後，再び低下しはじめる。1997（平成9）年には，総人口に占める高齢人口の割合が年少人口のそれを上回り，その差は次第に大きくなっている。

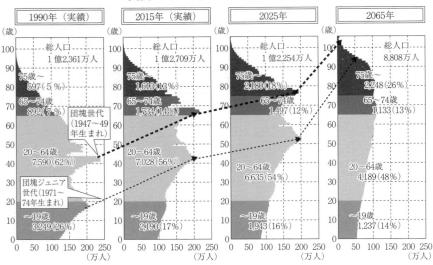

図表1-2　人口ピラミッドの変化

出所）実績値（1990年及び2015年）は総務省「国勢調査」をもとに厚生労働省作成，推計値（2025年及び2065年）は国立社会保障・人口問題研究所「日本の将来推計人口（平成29年推計）：出生中位・死亡中位推計」（各年10月1日現在人口）
注）1990年及び2015年の総人口は，年齢不詳を含む。
出典）厚生労働省『厚生労働白書（平成29年版）―社会保障と経済成長―』p.182

少子化に関する指標に，1人の女性が生涯に産む子どもの数に相当する「合計特殊出生率」がある。これは，「15～49歳までの女性の年齢別出生率を合計したもの」で，一般的には2種類あるうちの「期間」合計特殊出生率が年次比較や国際比較，地域比較などで用いられることが多い。なお，1人の女性が実際に一生の間に生む子どもの数はコーホート合計特殊出生率という。

新生児や乳幼児の死亡率が，それぞれ1,000人出産あたり1人，1,000人出産あたり2人と世界でもっとも少ないわが国（WHO世界保健統計，2013年）においては，合計特殊出生率が2.08ほどあれば，おおむね人口は維持される。ところが合計特殊出生率は，人口の置換水準である2.08を数十年来下回り続けている（図表1-3）。しかしながら，出生率の低下と子どもの数が減少傾向にあることが「問題」として本格的に認識されるようになったのは，1990（平成2）年の「1.57ショック」以降のことである。

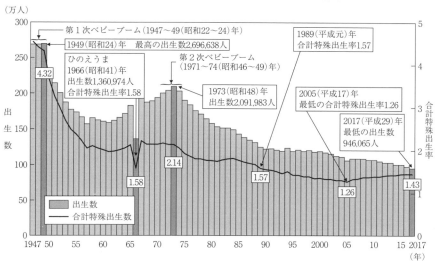

図表1-3　出生数及び合計特殊出生率の年次推移

出典）内閣府『少子化社会対策白書（令和元年版）』p.5

6

> **1.57 ショック**
> 1990（平成2）年に公表された1989（平成元）年の合計特殊出生率（1.57）が，丙午（ひのえうま）にあたる1966（昭和41）年の数値（1.58）を下回ったことに対する驚きをあらわしたもの。その後の少子化対策の引き金となる。

　合計特殊出生率はその後も減少を続け，2005（平成17）年に1.26と過去最低を記録した。しかしながら，近年ではわずかに上昇傾向をみせ，2017（平成29）年は1.43となった。とはいえ，少子化の流れがとまったというわけではない。合計特殊出生率の内訳を年齢（5歳階級）別にみたとき，上昇しているのは30〜49歳の各階級であり，15〜29歳の各階級では前年よりもむしろ低下していることから，40歳を目前にした女性の駆け込み出産が合計特殊出生率の上昇に影響を与えたものと考えられる。

　2017（平成29）年の出生数は，94万6,065人となり，2017年に続いて100万人を割った。合計特殊出生率が人口置換水準を超えていた1970年代前半の年間出生数は200万人以上であるため，現在の出生数は当時の半分以下になっている。そして，2060年には出生数は現在の半分程度の48万人になると推計されている。

　また，人口1,000人あたりの年間出産数を「普通出生率」という。2017（平成29）年は，出生率（人口千対）は7.6となる。

　総務省は「こどもの日」にあわせて例年，15歳未満の推計人口を公表している。2018（平成30）年10月1日現在の人数は1,541万5千人と1975（昭和50）年以降一貫して低下を続けており，1950年以降の最少を更新している。こうした15歳未満の人口を年少人口というが，総人口に占める年少人口の割合は，12.2％（2018年10月1日現在）となっている（図表1−4）。また，年少人口を生産年齢（15〜64歳）人口で割り100を掛けた「年少人口指数」は20.41となる。これは働き手である生産年齢人口100人が，およそ20人の子どもたちを支えていることを示している。同様の指標である老年人口指数は47.2

図表1-4　年齢3区分別人口割合の推移―出生中位（死亡中位）推計

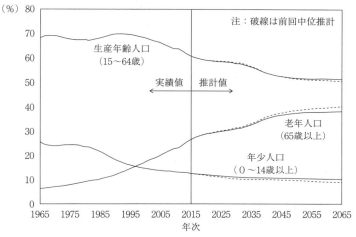

出典）日本の将来推計人口（平成29年推計）『結果の概要』掲載表
　　　国立社会保障・人口問題研究所「年齢3区分別人口割合の推移―出生中位（死亡中位）推計」
　　　http://www.ipss.go.jp/pp-zenkoku/j/zenkoku2017/pp29-gaiyo.pdf（2019年10月1日閲覧）

（2018年10月1日現在）であり，年少人口と老年人口とを合わせた従属人口による従属人口指数は67.6（2018年10月1日現在）となる。

　少子化と高齢化とが同時におこることにより，生産年齢人口の人数および比率がともに減少していく。それは社会保険を中核として構築されてきたわが国の社会保障体制の屋台骨をゆるがしかねない事態なのである。人口の増加による労働力の増加を前提とした社会から，人口の減少とそれによる労働力の減少に対して，社会保障だけでなく社会そのもののあり方・どのような社会が望ましいのかを国民一人ひとりが考えなければならない時代になってきている。

2．地域社会の変化（過疎化・過密化による地域格差）

　わが国は，2005（平成17）年における2万人の自然減を境として，人口減少社会に突入した。しかしながら，すべての地域において人口が減少しているわ

けではなく，雇用の問題もあり，都市部への人口集中は今もなお進んでいる（図表1-5）。都道府県別人口増加率をみれば，2018（平成30）年には7都県で人口が増加している。

また，地域については，過疎地域自立促進特別措置法（2000年）において，「人口の著しい減少に伴って地域社会における活力が低下し，生産機能及び生活環境の整備等が他の地域に比較して低位にある地域」とみなされている。そうした地域では人口の減少と高齢化の進展により，共同体の維持が難しくなり，「限界集落」とよばれる地域も出始めている。ただし，限界集落に関しては，都市部においても，高度経済成長期に建設されたベッドタウンなどでも類似した現象が生じている。また，空洞化した中心市街地においては，いわゆる「買い物難民」が生じるなど，生活そのものが困難になりつつある地域も生まれている。

現代社会における過疎化は，雇用環境と切り離して考えることができない。

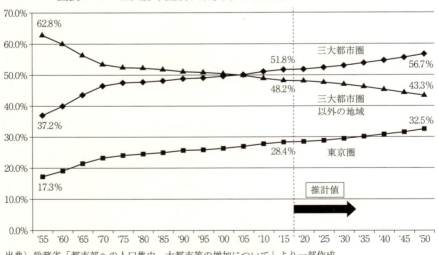

図表1-5　三大都市圏及び東京圏の人口が総人口に占める割合

出典）総務省「都市部への人口集中，大都市等の増加について」より一部作成
https://www.soumu.go.jp/main_content/000452793.pdf （2019年10月10日閲覧）

第1章 現代社会福祉の背景 9

現在のわが国においては，就業構造のサービス化・第三次産業化が進んだとされる。たとえば，2018年の平均雇用形態別の雇用者数は，正規職員・従業員が3,476万人，非正規職員・従業員が2,120万人で，非正規職員・従業員の割合は27.5％である。非正規職員・従業員の内訳をみると，パート・アルバイトが1,490万人ともっとも多く，次いで契約社員が294万人，労働者派遣事業所の派遣社員が136万人などとなっている。非正規職員・従業員を男女別にみると，契約社員，嘱託では男性が多くなっているものの，その他については女性が多く，非正規の約7割は女性となっている。

平成25年版の『労働経済白書』では，低所得世帯の世帯主のうち，およそ149万2千人が非正規労働者であることが示された。これを男女別にみれば，男性が約57万人，女性が約92万人で，女性が多くなっている。

こうした就業構造の変化や，1990年代以降におきた非正規雇用の増加により，雇用のための人口移動による社会増減は今もなお，少なくなってはいない。そのために，地方においては若年者の転出により高齢化が進展する速度が速まってもいる。しかし，三大都市圏においても，高齢化はより顕著になっていくため，高齢化に関しては全国的な課題となる。

全国的に進行した市町村合併により，市町村の数は少なくなっている。効率的な行政運営などのために集約化されたとはいえ，課題は多い。たしかに，適正な人口規模がなければ社会資源の運用自体が難しくなる。とはいえ，特定の地域に特定の年齢層が偏ってしまうと，逆に社会資源の活用が難しくなる。

3．家族構造の変化と核家族化

わが国の人口は減少傾向にある。そのなかにあっても，世帯数は増加を続けている。2010（平成22）年の国勢調査において，世帯数ははじめて5,000万世帯を超えた。1990（平成2）年には4,103万6千世帯であったため，この20年間で世帯数はおよそ1,000万世帯増加したことになる（図表1−6）。

老人ホームなどの社会福祉施設の入所者を除いた一般世帯数は5,333万1,797世帯（2015年10月1日現在）であり，世帯人員が1人の1人世帯がもっとも多く1,841万7,922世帯で一般世帯のおよそ3分の1を占める。一般世帯数を都道府県別にみたときにもっとも多いのは東京都で669万1千世帯，次いで神奈川県の396万5千世帯，大阪府の391万8千世帯となり，都市部で多いことがわかる。一方，世帯数がもっとも少ないのは鳥取県の21万6千世帯である。

一般世帯の1世帯当たり人員は1990年の調査以降，一貫して減少しており，2015年の調査では2.33人となっている。人口の減少と世帯数の増加からは，世帯規模が縮小していることがわかる。

一般世帯数を家族類型別にみると，もっとも多いのは1人世帯でもある「単独世帯」で，1,841万7,922世帯と一般世帯の34.6％を占める。次いで多いのは「夫婦と子供から成る世帯」の1,428万8,203世帯で一般世帯の26.9％を占める。しかし，直前の国勢調査（2010年）と比べると，「夫婦と子供から成る世帯」は1.0ポイント減少して，2010年の調査以後もっとも多い家族類型ではなくなった。また，核家族世帯に分類される3つの世帯のうち，「夫婦と子供から成る世帯」以外は，「夫婦のみの世帯」が1,071万8,259世帯（一般世帯の20.1％），「ひとり親と子供から成る世帯」が474万7,976世帯（一般世帯の8.9％）で，ともに一般世帯数に占める割合が増加している。このことからは，核家族という家族形態そのものもまた，時代とともに変化してきていることがわかる。

核家族という家族の形自体は，戦前からも広くみられた形態である。しかし，戦前においては近隣に血縁者が存在するなど，家族と家族とのネットワークが存在した。現代における核家族の特徴は，仕事のために生まれ育った地域を離れ，そうしたネットワークの存在しない，孤立した状態にあるということである。

世帯については「国民生活基礎調査」においても調査されている。2018（平

成30）年の国民生活基礎調査では，全国の総世帯数は，5,099万1千世帯となる。このうち，児童のいる世帯は，1,126万7千世帯と全世帯のおよそ4分の1を占めている。児童のいる世帯における平均の児童数は1.71人で，児童が「1人」いる世帯は全世帯の10.0％，児童が「2人」いる世帯は全世帯の8.9％とほぼ同数となっている。一方で，児童が「3人以上」いる世帯は全世帯の3.1％である。

国民生活基礎調査

保健・医療・福祉・年金・所得等国民生活の基礎的事項に関する調査。3年ごとに大規模な調査が，中間各年には小規模で簡易な調査が実施される，その目的は厚生労働行政の企画及び運営に必要な基礎資料を得ることである。また，各種調査の調査対象を抽出するための親標本を設定することも目的としている。

図表1-6　総世帯数，一般世帯数，一般世帯人員，一般世帯の1世帯当たり人員，施設等の世帯数及び施設等の世帯人員の推移―全国（平成7年〜27年）

年　　次		総世帯 1) 世帯数（千世帯）	一般世帯 世帯数（千世帯）	一般世帯 世帯人員（千人）	一般世帯 1世帯当たり人員（人）	施設等の世帯 世帯数（千世帯）	施設等の世帯 世帯人員（千人）
実数	平成7年	44,108	43,900	123,646	2.82	101	1,794
	12年	47,063	46,782	124,725	2.67	102	1,973
	17年	49,566	49,063	124,973	2.55	100	2,312
	22年	51,951	51,842	125,546	2.42	108	2,512
	27年	53,449	53,332	124,296	2.33	117	2,798
増減数	平成7年〜12年	2,955	2,882	1,079	− 0.15	1	179
	12年〜17年	2,504	2,280	249	− 0.12	− 1	340
	17年〜22年	2,384	2,780	572	− 0.13	8	199
	22年〜27年	1,498	1,489	− 1,249	− 0.09	9	287
増減率（％）	平成7年〜12年	6.7	6.6	0.9	− 5.3	0.8	10.0
	12年〜17年	5.3	4.9	0.2	− 4.5	− 1.3	17.2
	17年〜22年	4.8	5.7	0.5	− 4.9	7.9	8.6
	22年〜27年	2.9	2.9	− 1.0	− 3.8	8.0	11.4

1）平成7〜17年は，世帯の種類「不詳」を含む。
出典）総務省統計局「平成27年国勢調査人口等基本集計　結果の概要」p.33
　　　https://www.stat.go.jp/data/kokusei/2015/kekka/kihon1/pdf/gaiyou1.pdf（2019年9月30日閲覧）

児童のいる世帯の8割は核家族世帯であり，もっとも数が多いのは「夫婦と未婚の子のみの世帯」で，児童のいる世帯のおよそ76.5%となる。これに次ぐのは「三世代世帯」で児童のいる世帯の13.6%となる。「ひとり親と未婚の子のみの世帯は，児童のいる世帯の1割に満ず，6.8%である。

児童のいる世帯のうち，平均所得金額（548万2千円）以下の世帯は41.9%となっている。その生活意識は，「苦しい」（「大変苦しい」「やや苦しい」）と答えた世帯が62.1%であり，高齢者世帯の55.1%よりも高くなっている。「ゆとりがある」（「大変ゆとりがある」「ややゆとりがある」）は4.0%と少ない。

児童のいる世帯における未婚の母の仕事の有無をみれば，「仕事あり」が72.2%であり上昇傾向となっている。平成25年版の『労働経済白書』においては「2012（平成24）年の勤労者世帯の妻の収入は過去最高となったが，これはパートタイム労働などによる就業参加によるものであり，世帯主の仕事からの年収の低下が一因と考えられる」とされている。また，末子の年齢が高くなるにしたがって「非正規の職員・従業員」の母の割合が高くなる傾向にあることから，収入の不足をパートタイム労働などにより補填しようとしていることがわかる。

これに関連して，1990（平成2）年には「雇用者の共働き世帯」が「男性雇用者と無業の妻（いわゆる専業主婦）からなる世帯」を初めて上回り，1997（平成9）年以降は「雇用者の共働き世帯」の方が多い（図表1-7参照）。

第二次世界大戦後に構築されたわが国の社会保障制度は性別役割分業を前提とした部分があるため，今日のこうした状況においては子育て支援や介護ニーズへの社会的な対応が重要となっている。

また，離婚件数は増加傾向にある。1950年代に8万組程度であった離婚は1970年代以降に急増する。2002（平成14）年には28万9,836組が離婚し，過去最多となった。これ以降，幾分離婚件数は減少するが，2017（平成29）年には21万2,262組が離婚した。こうした離婚の増加とともに，親が離婚した未成年の子どもの数も増加している（図表1-8参照）。離婚件数が最多であった

2002年に親が離婚した未成年の子どもは29万9,525人，一方，2017年は21万3,756人である。そのうち，8割以上で母親が親権を行っている。

> **ワーク・ライフ・バランス**
>
> 「国民一人ひとりがやりがいや充実感を持ちながら働き，仕事上の責任を果たすとともに，家庭や地域生活などにおいても，子育て期，中高年期といった人生の各段階に応じて多様な生き方が選択・実現できる」ことを指す少子化社会対策基本法にもとづき策定された少子化社会対策大綱（平成27年3月）において，5つの重点課題のひとつに「男女の働き方改革」があげられており，育児休業の取得や短時間勤務がしやすい職場環境の整備などのワーク・ライフ・バランスに向けた環境整備を図ることとされている。

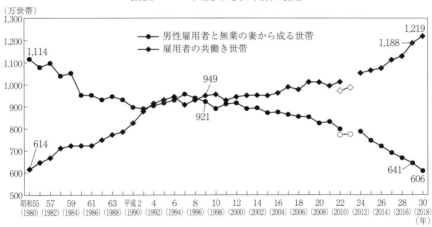

図表1-7　共働き等世帯数の推移

備考）1．昭和55年から平成13年までは総務庁「労働力調査特別調査」（各年2月。ただし，昭和55年から57年は各年3月），平成14年以降は総務省「労働力調査（詳細集計）」より作成。「労働力調査特別調査」と「労働力調査（詳細集計）」とでは，調査方法，調査月等が相違することから，時系列比較には注意を要する。
2．「男性雇用者と無業の妻から成る世帯」とは，平成29年までは，夫が非農林業雇用者で，妻が非就業者（非労働力人口及び完全失業者）の世帯。平成30年は，就業状態の分類区分の変更に伴い，夫が非農林業雇用者で，妻が非就業者（非労働力人口及び失業者）の世帯。
3．「雇用者の共働き世帯」とは，夫婦共に非農林業雇用者（非正規の職員・従業員を含む）の世帯。
4．平成22年及び23年の値（白抜き表示）は，岩手県，宮城県及び福島県を除く全国の結果。
出典）内閣府『男女共同参画白書（令和元年版）』p.116

図表1-8 親権を行う者別にみた離婚件数及び親が離婚をした未成年の子の数の年次推移—昭和25〜平成28年—

○離婚件数は増加傾向にあり，とりわけ妻が未成年の子の親権を行う離婚が増加。

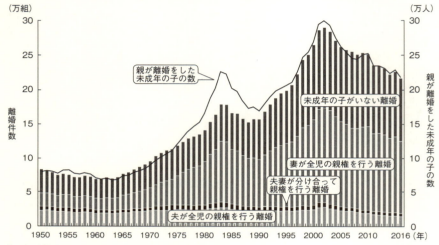

注1）未成年の子とは，20歳未満の未婚の子をいう。
　2）親権とは，未成年の子に対して有する身分上，財産上の監督，保護を内容とする権利，義務をいう。
出典　厚生労働省政策統括官「平成30年我が国の人口動態」
　　　https://www.mhlw.go.jp/toukei/list/dl/81-1a2.pdf（2019年10月1日閲覧）

4．子どもを取り巻く環境

　少子高齢社会，地域社会の変化，家族構造の変化を中心に，現代社会福祉における現状分析を行ってきたが，現代社会において，子どもたちに関わる環境は大きく変化してきている。ここ数年の子どもたちの日々の生活に関係あるキーワードをあげてみても，「子育て支援」「子どもの貧困」「虐待」「いじめ」「不登校」など，多くの課題に直面している。
　核家族へ進む傾向は，家事労働の総量を減少させて女性の社会進出を可能にしている一方で，少ない人数で家事を回す必要から男性の育児・家事への参

加，いわゆる「育メン」という文化を育んできた。これは夫婦と未婚の子世帯では可能であるが，ひとり親と未婚の子世帯では対応できない。そのため，行政による支援が必要とされており，喪失した地域コミュニティの代替え，あるいは回復に努めていくために「地域子ども・子育て支援事業」などで，相談の場を失った核家族世帯に新しい場を提供していくことが重要である。

　幼い子どもをもつ親が仕事と育児を両立させるには，育児休業を利用して一定期間は育児に専念するか，働いている時間に子どもの保育を利用する必要がある。少子高齢社会において，労働力が不足し，女性の労働力の活用が課題になるにつれて，保育制度を充実させ，また，育児休業を取得しやすくすることによって，就労の継続ができるようにすることが必要である。

　子育て支援については，待機児童解消の問題で，サービス量の確保が最優先課題とされるなか，質の確保と向上も求められている。「医療」「年金」「介護」の三本柱であった社会保障制度に「子育て」が加わることで，社会全体で「子育て」を支えていく制度として，「子ども・子育て支援新制度」が 2015（平成27）年にスタートしている。

　2013（平成 25）年「子どもの貧困対策の推進に関する法律」が成立した。その目的は，「子どもの将来がその生まれ育った環境によって左右されることのないよう，貧困の状況にある子どもが健やかに育成される環境を整備するとともに，教育の機会均等を図るため，子どもの貧困対策に関し，基本理念を定め，国などの責務を明らかにし，及び子どもの貧困対策の基本となる事項を定めることにより，子どもの貧困対策を総合的に推進すること」である。

　「ひとり親世帯」は，その日その日の生活で手一杯なことが多いため，「貧困問題がやっかいなのは，それが貧困だけでは終わらないことだ」[1]というように，連鎖的に教育格差や健康格差が生まれてきている。

　高等学校における授業料の無償化をうけ，現在では国公立の小・中・高校では基本的に授業料はかからない。

　しかし，授業料以外にも，学校ではさまざまな費用がかかる。そうした費用

については各家庭が負担することになっているが，低所得世帯においては，そうした費用の負担は生活への影響が大きい。たとえば，修学旅行は多くの子どもたちが標準的に享受している生活体験のひとつである。もし，費用負担ができないために，そうした生活体験を欠くようなことが続けば，貧困であるという意識が，子どもや親のなかに内在化されていく。それこそが現代日本における「貧困」のひとつの形なのであり，タウンゼント（Townsend, P.）がいう「相対的剥奪」という視点からみた貧困の形である。

「平成28年度 子どもの学習費調査」によれば，学習費総額は，公立小学校で年間約32万2千円，公立中学校で年間約47万9千円となっている。こうした費用を低所得世帯向けに市町村が給付する制度を就学援助というが，就学援助の受給者数は近年増加している。「就学援助の実施状況等調査結果（平成31年3月）」によれば，1995（平成7）年度の受給者は約76万6,173人だが，2016（平成28）年度は，145万598人が就学援助を受給した。長引く景気の低迷により，子育て世代の収入が減少したことなどが背景として指摘されている。認定基準は市町村により異なるため，就学援助の受給者数は地域により大きな開きがある。

また，親の経済格差が教育格差だけにとどまらず，「健康格差」となって児童生徒に広がっていることが近年では学校現場の養護教諭などから指摘されている。そのなかでも，最近，注目されてきているのが食育の問題である。食の原点である「家庭の食卓」のあり方について，孤食や個食などさまざまな問題が取りざたされている。その一番の犠牲となるのは，やはり，"子ども"たちである。体も心も成長途中にあり，大人よりも影響をうけやすく，後々改善することも難しいといわれている。

保険料滞納に伴う国民健康保険の保険証問題（子どもの無保険状態）に関しては，「被保険者資格証明書」が交付される世帯であっても，高校生以下の子どもには短期被保険者証が交付されるようになったため，医療面での問題はやや軽減された。とはいえ，経済的な問題による不健康な生活様式により病気に

なりやすくなったり，病気や怪我に対する対応が事後的になりがちであったりすることなどの健康格差も大きくなっている。

　保護者等に虐待をうけ，社会的養護が必要となっている児童（要保護児童）については，児童福祉法において「保護者のない児童又は，保護者に監護させることが不適当であると認められる児童」と定義されている。具体的には，保護者の死亡か行方不明，保護者が拘留中，保護者が病気療養中，経済的事情による養育困難，保護者が子どもを虐待しているなどの場合が該当する。このような児童については，家庭に代わる環境を与え健全な育成を図り，その自立を支援することが重要である。社会的養護を必要としている子どもの数は増加しており，虐待など子どもの抱える背景は多様化・複雑化している。福祉施設などの社会的養護の子どもたちが健やかに育ち，一般家庭と同じような社会のスタートラインに立つことができるよう社会的養護を充実することが必要である。

　最近の「いじめ」は，生命を危機的状況に追い込むほどの心理的苦痛を，子どもたちに与えてしまう深刻な問題でもある。周りの大人が気づきにくいため，気づいたときにはかなり追い詰められた状態であることも少なくない。いじめ問題は，いじめられた子どもの心に大きな傷を残してしまうため，子どもへの支援・指導が強く求められており，学校として取り組んでいかなければならない。これらの問題に対応するため，スクール・ソーシャルワーカー（SSW）を配置している教育委員会も増えてきている。

注)
　1）岩田正美『現代の貧困—ワーキングプア／ホームレス／生活保護』ちくま新書，2007 年，p.166

参考文献
内閣府『少子化社会対策白書（令和元年版）』2019 年
内閣府『高齢社会白書（令和元年版）』2019 年
内閣府『男女共同参画白書（令和元年版）』2019 年

18

内閣府「少子化社会対策大綱〜結婚，妊娠，子供・子育てに温かい社会の実現を
めざして〜」2014 年

https://www8.cao.go.jp/shoushi/shoushika/law/pdf/shoushika_taikou2.pdf（2019
年 10 月 1 日閲覧）

厚生労働省『厚生労働白書（平成 30 年版）』2019 年

厚生労働省『厚生労働白書（平成 29 年版）』2017 年

厚生労働省『労働経済白書（令和元年版）』2019 年

厚生労働省政策統括官「平成 30 年　我が国の人口動態」

https://www.mhlw.go.jp/toukei/list/dl/81-1a2.pdf（2019 年 10 月 1 日閲覧）

総務省「都市部への人口集中，大都市等の増加について」

https://www.soumu.go.jp/main_content/000452793.pdf（2019 年 10 月 1 日閲覧）

社会福祉の動向編集委員編『社会福祉の動向 2019』2019 年

高橋重郷，大淵寛編『人口減少と少子化対策』原書房，2015 年

国立社会保障・人口問題研究所　日本の地域別将来推計人口（平成 29 年推計）―
平成 28（2016）〜平成 77（2065）年

http://www.ipss.go.jp/pp-shicyoson/j/shicyoson18/6houkoku/houkoku.pdf（2019
年 10 月 1 日閲覧）

総務省統計局「平成 27 年国勢調査」

https://www.stat.go.jp/data/kokusei/2015/kekka.html（2019 年 10 月 1 日閲覧）

総務省統計局「平成 27 年国勢調査人口等基本集計　結果の概要」

https://www.stat.go.jp/data/kokusei/2015/kekka/kihon1/pdf/gaiyou1.pdf（2019 年
10 月 1 日閲覧）

厚生労働省「平成 30 年国民生活基礎調査」

https://www.mhlw.go.jp/toukei/saikin/hw/k-tyosa/k-tyosa18/index.html（2019 年
10 月 1 日閲覧）

文部科学省「平成 28 年度子供の学習費調査の結果について」

http://www.mext.go.jp/b_menu/toukei/chousa03/gakushuuhi/kekka/k_detail/__
icsFiles/afieldfile/2017/12/22/1399308_1.pdf（2019 年 9 月 29 日閲覧）

文部科学省初等中等教育局修学支援プロジェクトチーム「就学援助実施状況等調
査結果（平成 31 年 3 月）」

http://www.mext.go.jp/component/a_menu/education/detail/__icsFiles/afieldfi
le/2019/03/28/1362483_16_1.pdf（2019 年 10 月 1 日閲覧）

読者のための参考図書

菅野仁『教育幻想　クールティーチャー宣言』ちくまプリマー新書，2010 年
教師となることを目指している「今」だからこそ読んでみましょう。本書のエ
ッセンスをもとに，常識を肯定的に疑ってみよう。

堤未果『ルポ貧困大国アメリカ』岩波新書，2008 年
　　アメリカの現状の一端を知ることで，アメリカとは異なる社会保障制度をとる
　日本を多面的に，かつ相対的にみることができるようになる。

岩田正美『現代の貧困―ワーキングプア／ホームレス／生活保護』ちくま新書，
　2007 年
　　貧困はけっして他人事ではない。貧困が及ぼす波及効果の広がりを実感できる。
　貧困は，日本社会の現状をとらえるためには欠かすことができない概念である。

子どもの貧困白書編集委員会『子どもの貧困白書』明石書店，2015 年
　　現代日本における子どもの貧困の実態がデータと事例で示されている。「子ども
　を援助する広いネットワークから生まれた本」であり，福祉分野に限らず教育
　分野におけるトピックも多い。

第一生命経済研究所編『ライフデザイン白書　2011 年』ぎょうせい，2010 年
　　「日本人の生活と意識」に関する定点調査結果は 7 つの領域ごとに豊富な図表を
　もとに解説される。
　　調査結果は，東京大学 SSJ データ・アーカイブで閲覧可能。

高橋重郷・大淵寛編『人口減少と少子化対策』原書房，2015 年
　　数量的現実を基本に，日本の人口政策を見直し，今後のあり方を提案したもの。
　諸外国の出生率動向，少子化対策の変遷，家族労働などを総合的に分析してい
　る。

柏女霊峰『子ども・子育て支援制度を読み解く』誠信書房　2015 年
　　日本の子ども家庭福祉を牽引し，子ども・子育て支援施策に関わった筆者が，
　背景の分析など，わかりやすく解説をしている。

◇◇◇◇◇◇◇◇◇◇◇◇◇◇◇◇◇◇ ❀ 考えてみよう ◇◇◇◇◇◇◇◇◇◇◇◇◇◇◇◇◇◇

❶ 自分が住んでいる地域の高齢化率や子育て環境について調べてみよう。
❷ 少子化や高齢化が子どもの命に及ぼす影響について考えてみよう。
❸ ワーク・ライフ・バランス（仕事と生活の調和）が実現した社会では，ど
　のような生活が営まれているか，想像してみよう。

◇◇

第2章　社会福祉と子ども家庭福祉

　かつて，社会福祉は，貧しい人びとなど社会的要援護者に対して行う選別・保護的な制度とされてきた。しかし，現代の社会福祉はそれだけではなく，すべての人びとの生活する権利を保障し，生活の質（QOL）を維持向上するための社会全体の取り組みと考えられるようになり，普遍化といわれるように，対象の範囲も広くなり，内容や援助方法も体系化されてきた。この章では，社会福祉の理念や定義，構成要素などを基本に，子ども家庭福祉の考え方を示し，現代の社会に生活している子どもたちの環境を分析する。そのことによって，子どもが生まれながらに有している成長・発達の可能性を最大限に発揮できるよう「子どもの最善の利益」を追求し，支援していくことが重要である。それらの体制を整備することが大切であるとの観点から，基本理念，目的，権利保障，歴史，親権などを中心として，子ども家庭福祉の概要について述べる。

キーワード　社会福祉の理念，福祉ニーズ，構成要素，子どもの権利，子どもの最善の利益，親権，歴史

1．社会福祉の定義

　毎日のごとくマスメディアに取り上げられている「社会福祉」「福祉」という言葉は，日常用語として，一般的にさまざまな場面で用いられるようになっている。

　しかし，それでいながら社会福祉あるいは福祉とは何かと考えたとき，国民の間に必ずしも共通の理解ができあがっているわけではない。

　福祉という言葉の意味は，「幸福」「さいわい」，宗教的意味としての「生命の危急からの救い」「生命の繁栄」と説明されている（広辞苑）。

　また，福祉という言葉の語源は，「福」は，神から恵まれた豊かさ，しあわせ，「祉」は，さいわい，神よりうけるしあわせとなっている。したがって

「福祉」とは，神の加護の下でしあわせな生活を営める状況を意味することになる（漢字語源辞典）。

すなわち，しあわせな生活，満たされた生活状態のことを示しているといえる。これらを実現するためには，社会的な制度・政策と社会的努力が必要である。

社会福祉とは，「人間のしあわせ（福祉）を実現するための社会方策あるいは社会的努力であり，社会的な施策」といえよう[1]。

社会福祉という言葉がわが国ではじめて公式に用いられたのは，1946年に制定された日本国憲法第25条第2項においてである。「国は，すべての生活部面について，社会福祉，社会保障及び公衆衛生の向上及び増進に努めなければならない。」と規定されている。この規定により，社会福祉が法制度として明確化されたが，社会福祉，社会保障，公衆衛生それぞれの内容については触れられていない。

福祉という言葉は「ウェルフェア」welfareと英訳される。これは，wellとfareの合成語である。wellは十分に，心身健全な，満足なことなどを表す言葉でありfareは飲食物とか状態，運命などを意味している。結果として，幸福，福祉，繁栄などと訳されるが，総じて「健康的でしあわせな暮らし」となる（新英和大辞典）。

そして，social welfareは，「社会の人びとの健康でしあわせな日常生活をもたらすための社会施策．支援活動」と規定することができるだろう。

最近では，social welfareは貧困者などの要援護者を保護する，事後的な福祉サービスといった概念で考えられており，より積極的に個々の自己実現を指向する概念，すなわち自己実現，充足性や幸福性を包括する概念として「ウェルビーイング」well-beingという表現が用いられるようになってきた。児童福祉の場合，ウェルフェアは児童の保護という考えが中心であり，ウェルビーイングは人権の尊重，自己実現を理念とし，子どもの最善の利益を支援していく考え方である。

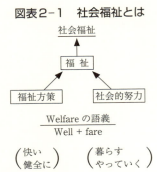

出典）一番ヶ瀬康子編著『新・社会福祉とは何か』ミネルヴァ書房，1990年，p.8

2．社会福祉の概念

　社会福祉の定義については，大きく2つに分けられる。それは「目的概念としての社会福祉」と「実体概念としての社会福祉」である。実体としての社会福祉には，広義のとらえ方と狭義のとらえ方がある。

　目的概念としての社会福祉は，現実の社会福祉の施策が達成しようとする目的，すなわち，個人の生活の安定や幸福な状態を追求するために行われるすべての活動，制度，政策などが共通の目的とすべき理想的な状態を意味するものとしていこうとする考え方である。

　実体概念としての社会福祉は，目的達成のための現実的な手だてである。現実に社会生活を維持・向上させたり，または社会生活上の諸問題に対して，その解決・緩和を図ったりすることを意図的に行う一連の活動・制度・政策などの社会的政策を意味するものとして考えていこうとするものである。

　広義には，社会福祉を，国民のすべてを対象とし，個人の生活を全体的，総合的にとらえて福祉の向上を目指して行う社会的サービス，あるいは手続きの総体としてとらえる考え方がある。イギリスにおいては，社会サービス（social services）として定着している。範囲については，狭義の社会福祉に限

らず，教育，保健・医療，雇用，住宅，所得保障などの公共性を伴うすべての生活関連諸施策が社会福祉のなかに包括されるようになっている。また，「社会サービス」の概念は，社会保障の概念をもとり入れるものとして理解される場合もある。わが国においても広義の社会福祉のとらえ方を「社会サービス」としている場合もある。

　これに対して狭義のとらえ方とは，具体的にある特定の社会的に不利な状態に置かれている人びとが実際に利用できるサービスを社会福祉としてとらえていこうとする場合であり，わが国では伝統的にこのとらえ方がなされてきている。その基本が1950（昭和25）年の社会保障制度審議会の「社会保障制度に関する勧告」であろう。このなかでの定義は，「社会福祉とは，国家扶助の適用をうけている者，身体障害者，児童，その他援護育成を要する者が，自立してその能力を発揮できるよう，必要な生活指導，更生補導，その他の援護育成を行うことをいうのである。」（第4編より）となっている。このように，狭義の社会福祉とは社会生活を営むうえで，何らかの生活障害や生活問題を抱えていて，十分に社会的な役割を担えないことや自立した生活を行うことができないときに，さまざまなサービスを提供していくことである。狭義に社会福祉をとらえていくということは社会福祉の固有の領域が明確になる。しかし，時代の進展とともに，社会福祉が量，質とも増大し，多様化している社会では目的概念の定義を確認しつつ実践に移すことが重要である。

　社会福祉の概念については，2000（平成12）年に社会福祉事業法から改正された「社会福祉法」がもっとも明確に表している。第3条では，「福祉サービスは，個人の尊厳の保持を旨とし，その内容は，福祉サービスの利用者が心身ともに健やかに育成され，またはその有する能力に応じ自立した日常生活を営むことができるように支援するものとして，良質かつ適切なものでなければならない。」，第4条では，「地域住民，社会福祉を目的とする事業を経営する者及び社会福祉に関する活動を行う者は，相互に協力し，福祉サービスを必要とする地域住民が地域社会を構成する一員として日常生活を営み，社会，経済，

1. 目的概念としての社会福祉……現実の社会福祉の施策が達成しようとする目的，すなわち人間の福祉。
2. 実体概念としての社会福祉……目的達成のための現実的な手だて。
   (1) 社会保障
      社会保障，公的扶助を中心とする主として経済的生活保障，一般的。
   (2) 社会福祉事業
      特殊なニード・問題に対応する特殊サービス，老人福祉事業，身体障害者福祉事業等に同じ，特殊的。
   (3) ソーシャル・ワーク
      以上(1)(2)を，それらを必要としている人にもたらし真に効果あらしめる専門技術。
   斜線の重複する部分は，たとえば社会保障における公的扶助は生活保護事業として捉えると社会福祉事業と理解できることを示す。
出典　大塚達雄・井垣章二・澤田健次郎・岡本栄一『社会福祉（第5版）』ミネルヴァ書房，2001年p.21

文化その他あらゆる分野の活動に参加する機会が与えられるように，地域福祉の推進に努めなければならない。」とされており，社会福祉とは，特定の人への特別な保護ではなく，すべての人が地域社会においてあらゆる分野の活動に参加できる機会を保障することとされている。

3．社会福祉の理念

社会福祉は，前述したように，社会の人びとの健康でしあわせな生活を支援していくことが目的である。人間尊重が基本となる理念，価値である。こうした社会福祉の理念は，戦後に定着したのである。その理念を「基本的人権の尊重」「ノーマライゼーション」「QOL（生活の質の向上）」「自立」「ソーシャル・インクルージョン」の5つの基本的な柱から検討する。

（1）基本的人権の尊重（生存権の保障）

　わが国の社会福祉の基本理念は「日本国憲法」第25条「すべて国民は，健康で文化的な最低限度の生活を営む権利を有する」について規定しているが，これは国の責任のもとで国民に対して生きる権利を保障したものである。一般的にこの権利を生存権の保障といい，憲法が認める基本的人権の重要な構成部分とされている。この生存権が世界で最初に規定されたのはドイツのワイマール憲法である。また，第25条第2項においては国の保障義務を規定している。その解釈についてはプログラム規定説と法的権利説の2つの解釈がなされている。

　プログラム規定説は，朝日訴訟にみられるように，憲法第25条は，国家が政策を実施するにあたって，国家の努力目標であって，個々の国民に対して具体的，現実的に義務を負ったものではなく，国民に対して，具体的な内容をもつ請求権を保障したものではない。立法府の裁量によって法および施設の拡充がはかられるので，司法判断には適しないとされている考え方である。

　法的権利説は，国の積極的な配慮は単なるプログラムではなく，国の法的義務であるとする。したがって国がそのことをおこたれば，国民は国の配慮を要求する具体的な権利を有するという考え方である。現在はこの法的権利説が主流となっている。

　なお，第13条「生命，自由及び幸福追求に対する国民の権利」についても，生命，幸福の追求とともに，快適な生活を営む権利として重要なものである。それは物質的に必要な充足だけでなく，精神的な豊かさを追求するものである。

> **朝日訴訟**
>
> 1957（昭和32）年「生活保護法」による結核患者として国立岡山療養所にいた朝日茂氏は当時の長期入院患者の生活保護基準としての日用品費が，健康で文化的な最低限度の生活，特に入院患者として基本的な生活要求を保障するものではないとして，行政訴訟をした。この訴訟にはプログラム規定説が司法より示された。一連の訴訟は大きな社会的関心をよび，「人間裁判」と称された。その後の日本の社会保障制度のあり方にも多大な影響を与えた。

（2）ノーマライゼーション

わが国では，1980年代以降，特に1981（昭和56）年の国際障害者年を契機に強調されてきたのがノーマライゼーション（normalization）である。

ノーマライゼーションは，1950年代のデンマークの知的障害者の親の会の運動から始まり，当時の知的障害者施設における収容，隔離などの劣等処遇問題を中心に，特に人権侵害に対しての批判から始まったものである。デンマークにおいて知的障害者サービスを規定した「1959年法」がノーマライゼーションの理念が具体化された最初の法律である。この法律作成に携わったバンク＝ミケルセン（N. E. Bank-Mikkelsen）は，障害がある人の基本的人権を認め，障害のある人とない人が同じ環境のもとで生活することができ，施設で生活する知的障害者の制約された生活を改善し，知的障害者の人たちが普通の人びとにできる限り近い暮らしをすることを提唱した。これをノーマライゼーションとよんでいる。そしてノーマライゼーションにとって重要なことは，障害者をノーマライズするのではなく，環境をノーマライズするということである。また，スウェーデンのニーリエ（Bengt Nirje）は，「障害者の生活を出来るだけ健常者の生活に近づけること」を主眼として「8つの原則」を定義づけた。

具体的な原則は，①1日のノーマルなリズム，②1週間のノーマルなリズム，③1年間のノーマルなリズム，④ライフサイクルでのノーマルな経験，⑤ノーマルな要求の尊重，⑥異性との生活，⑦ノーマルな経済的規律，⑧ノーマルな環境基準である。これは知的障害のみならず高齢者や子ども，疾病者にも該当する原則である。

第2章　社会福祉と子ども家庭福祉　27

　ノーマライゼーションは，障害のある人に限りない努力を求めるのではなく，環境を改善し，的確な援助にそって実現していくことを認識しなければならない。すべての市民があたりまえの場所で，あたりまえの生活を可能にする社会である。すなわち，① 地域社会で，② 皆と一緒に，③ 普通の生活をすることである。1993（平成5）年に心身障害者対策基本法から改正された「障害者基本法」においても，中心的な理念として具体化されている。

（3）生活の質（QOL）の向上

　QOL（Quality of Life）は「生活の質」と訳す。これは，生活の本当の豊かさを求める思想である。人が人として有意義に生きるにはどうしたらよいのか，自分の生存状況について満足度合いや生きがいなどの主観的な幸福度を追求するものである。本来，利用者はサービスの受け手としての存在ではなく，基本的人権の権利主体者である。そうした考えから，介護やリハビリテーション，訓練活動などの目標にQOL（生活の質向上）が掲げられるようになってきている。すなわち，これまでのように生活の質を物質的な豊かさや量的なものでその価値を測るのではなく，質に基準をおいて価値を測ろうとするものである。これは，従来の施設などでのADL（Activities of Daily Living）の向上が生活目標とされてきたことからの大きな転換である。ADLとは排泄，食事，入浴，脱着衣などの日常生活関連動作であり，従来の入所施設などでは，日常生活，基本的生活習慣などの自立度の向上が大きな生活訓練目標とされてきた。それらの視点はもちつつ，施設での訓練部分でも他人の手助けをうけながら時間を短縮し，生活そのものを楽しむという方向に変わってきている。いわゆるADLからQOLへの転換である。

　さらに今日では，生命．生活．人生の質の考え方を中心として，QWL（労働生活の質），QOC（ケアの質），QOD（死の質）などが論議されている。

（4）自　立

　従来の自立の概念は，経済的自立を中心に，身体的自立，精神的自立，社会的自立などを検討してきたが，その背景には，社会福祉施設が進展していくなかで，不必要な依存やいわゆる施設病が実践の現場で指摘され，1970年代にアメリカで始まった自立生活運動（IL: Independent Living 運動）の影響をうけた。その考え方は，身辺自立，経済的自立いかんに関わりなく，自立生活は成り立つという新しい自立観を提起したのである。「障害者の方が手助けをより多く必要とする事実があっても，その障害者が依存的であるとは必ずしもならない。人の助けを借りて10分程度で衣類を着て，仕事に出かけられる人間は，自分で着るのに1時間以上かかるため家にいるほかない人間よりは自立している。」という有名な自立生活の代表的規定は，ADL自立から，その人の障害に適した生活全体の内容などのQOLを充実させる行為を自立として重要視したのである。

　自立とは，「何でも自分でする」という概念ではなく，必要な人的，物的な資源を用いて，自分らしく生きるということである。

　この自立観は，利用者主体の考え方で，利用者の自己選択と自己決定や自己実現の行動が基本である。自立支援とは，情報の提供などをして利用者主体の支援をしていくことである。この考え方に基づいて支援するのがケースワーカーである。

（5）ソーシャル・インクルージョン

　ソーシャル・インクルージョン（social inclusion）は，すべての人びとを孤独や孤立，排除や摩擦から援護し，健康で文化的な生活の実現につなげるよう，社会の構成員として包み支え合うという理念である。すなわち，貧困やホームレス状態に陥った人びと，障害や困難を有する人びと，社会の谷間にあって社会サービスの行き届かない人びとを排除し孤立させるのではなく，地域社会の参加と参画を支援し，社会の構成員として包み込み，ともに生きることである

（社会的包摂）。

　EUやその加盟国では，近年の社会福祉の再編にあたって，社会的排除（social exclusion）に対処する戦略として，その中心的政策課題のひとつとされている。

　ソーシャル・インクルージョンは，近年の日本の社会福祉や労働施策の改革とその連携にも関わりの深いテーマである。2000（平成12）年12月に厚生省（当時）でまとめられた「社会的な援護を要する人々に対する社会福祉のあり方に関する検討会報告書」では，社会的に弱い立場にある人びとを社会の一員として包み支え合う，ソーシャル・インクルージョンの理念を進めることが提言されている。

　「地域共生社会」の実現という言葉もソーシャル・インクルージョンの実現である。

　一方，教育界を中心にここ数年間で広がってきた概念としてのインクルージョンは，本来的に，すべての子どもは特別な教育的ニーズを有するのであるから，さまざまな状態の子どもたちが学習集団に存在していることを前提としながら，学習計画や教育体制を最初から組み立て直す，すなわち，本来一人ひとりが独自の存在であり，異なっているのがあたりまえであるという前提に立

図表2-3　ノーマライゼーションとソーシャル・インクルージョンとの比較

	ノーマライゼーション	ソーシャル・インクルージョン
対象者	障害者（児）が中心	福祉サービスの利用者だけではなく，失業者，ホームレス，ニート，DVなど
政策範囲	福祉サービス（在宅などが中心）	雇用，教育，住宅，福祉サービスなどの社会政策全般
アプローチ	障害者がおかれている現状を問題とする	社会的排除等をされている人々を問題とする
政策内容	事後的，回復が中心	予防的，例えば，貧困に対しては公的扶助だけではなく，就労や教育への参加が課題
理念	正常なもの，標準的なものが前提	価値の多様性が前提，違いを認め合うのが前提

出典）『高齢者施設用語辞典』中央法規，2007年，p.89より一部改変

ち，すべての子どもたちを包み込んでいこうとする理念であり，これは特別支援（inclusion）教育へとつながっている。ノーマライゼーションは障害問題を中心とする考え方であるが，ソーシャル・インクルージョンは社会的に排除されているすべての人を対象としている。

4．社会福祉の構成要素

　社会福祉はそれぞれ定義するものによって，その意味内容が異なってくる。また，その国々によっても歴史的・社会的状況を反映して，その内容に相違がある。それぞれの国の風土さらに経済，政治，文化などの状況を反映し，歴史的・社会的現実として展開されるものである。

　しかし，そこには援助の対象となる問題が社会的に存在し，一定の目的と方法・技術を用いてその問題解決に向かうシステムが存在することが理解できる。その存在とは，社会福祉の構成要素である。それは，目的，対象，主体，方法から成り立っている。

（1）社会福祉の目的

　社会福祉の目的には，生存権保障の実現，個人の自己実現への支援，社会福祉の全体の向上などがあげられるが，これは必ずしも社会福祉固有の目的ではなく，現在の社会的諸制度・諸施策もそれらを目的としている。社会福祉における目的を社会福祉法第1条では「社会福祉を目的とする事業の全分野における共通的基本項目を定め，社会福祉を目的とする他の法律と相まって，福祉サービスの利用者の利益の保護及び地域における社会福祉の推進を図るとともに，社会福祉事業の公明かつ適正な実施の確保及び社会福祉を目的とする事業の健全な育成を図り，もって社会福祉の増進に資することを目的とする」となっている。社会福祉は，基本的人権である生存権の保障の一環として，利用者本位の社会福祉の実現，福祉サービスの充実強化，総合的な地域福祉の推進を

図ることを目的としている。また，福祉サービス利用者の権利と保護もうたっており，地域での自立生活を中心に据えている。

(2) 社会福祉の対象

社会福祉の対象とは，社会福祉の援助を必要とする人びと，また援助を必要としている状況であり，またはその必要性のある状態に置かれている人が抱えている生活問題や福祉問題のことである。

社会福祉の働きかけを必要としている状況として，イギリスのベヴァリッジ（W. H. Beveridge）が指摘した「5つの巨人悪」として，貧窮，疾病，無知，不潔，怠惰がある。貧窮に対しては生活保護，疾病に対しては医療，無知に対しては教育，不潔に対しては衛生管理，怠惰に対しては就労のシステム作りが重要であると述べている。

これらの状況を背負った人びと，具体的には，親とともに生活ができない児童，単身家庭，貧窮，疾病の人びととといったような福祉サービスが必要と認められる人びとが対象者（利用者）である。最近では社会的要援護者（社会的弱者）のみに限らず，すべての人びとが福祉の対象と考えられている。

ところで，社会福祉の対象者と対象者になる以前の状態の間には，大きな隔たりがあるといわれている。すなわち，社会福祉機関・施設などの援助をうけながら問題解決に取り組んでいく契約を結ぶことによってはじめて「利用者」になるのであって，それ以前は社会福祉の援助を必要とする人なのである。

また，利用者が主体的に自分のもっている力を最大限に発揮して，問題解決に取り組んでいく力を支援するエンパワメント（empowerment）が援助者に求められるようになってきた。

> **エンパワメント（empowerment）**
>
> この言葉の本来の意味は「権利や権限を与えること」である。今日では，社会的差別や社会的要援護者社会的弱者の人たちや組織の中で自らの主体性を奪われた人たちが，支援をうけて主体的に本来の姿を取り戻していくことをいう社会福祉のひとつの理念として考えられている。

（3）社会福祉の主体

社会福祉の主体とは，社会福祉の援助を計画し実施する組織とそれに従事する援助者の総体であり，政策主体，経営主体，実践主体の３つに分けることができる。

政策主体とは，社会福祉に関連する政策を計画・策定し，実行・展開する主体のことをいい，国および地方自治体がこれに該当する。近年，特に市町村において在宅福祉サービスと施設福祉サービスを一元的・総合的に提供することとなり，地方自治体の主体性がますます問われることになってきている。

経営主体とは，社会福祉の事業を経営する主体のことをいう。事業を行う施設や機関の主体は公営と民営の２つに分けられる。公営の経営主体としては，国や地方自治体があり，国立，都道府県立，市町村立の呼称をつけることが多い。民営の場合には，社会福祉法人，その他の公益法人を主とする団体や，企業などの民間団体および個人がある。また，自治体が設置し民間団体に経営を行わせる社会福祉事業団などもある。

実践主体とは，社会福祉を実践する団体および人びとであり，社会福祉現場の担い手である。各種の社会福祉従事者（ソーシャル・ワーカーとよぶこともある），さらに，ボランティアや当事者集団・団体が含まれる。最近では，住民参加による福祉活動が展開されている。民間の人びとや高齢者自身も含めて実践に参加することが期待されている。

（4）社会福祉の方法

社会福祉の方法とは，社会福祉の対象者（利用者）の抱えている生活問題や

福祉問題を効果的に解決するために用いられる援助（支援）の手段の総称である。

社会福祉の方法は，給付による方法として現金給付と現物給付に，また，保障の方法として，保険方式と扶助方式に，さらに保護の形態による方法として，居宅保護，入所保護，通所保護に分けられる。これらの方法は，制度的側面からの分類である。

これとは別に社会福祉の実践活動の場で必要とされる方法・技術の総体，すなわち，社会福祉援助技術（social work）を社会福祉の方法とよぶこともある。

この社会福祉援助技術は，直接援助技術，間接援助技術，関連援助技術の３つに分けることができる。直接援助技術には，① 個別援助技術（ケースワーク），② 集団援助技術（グループワーク），間接援助技術には，① 地域援助技術（コミュニティワーク），② 社会福祉調査法（ソーシャル・ワーク・リサーチ），③ 社会福祉運営管理（ソーシャル・アドミニストレーション），④ 社会活動法（ソーシャル・アクション），⑤ 社会福祉計画法（ソーシャル・プランニング），関連技術には，① ネットワーク，② ケアマネジメント，③ スーパービジョン，④ カウンセリングがあげられる。今日の多様で複雑な福祉ニーズに対応するにはひとつの援助技術の手法のみを活用して問題を解決することは困難であり，いくつかの援助技術を多面的に活用することが重要になってきている。

5．福祉ニーズと福祉サービス

（1）福祉ニーズとその分類

福祉ニーズという言葉は，社会福祉サービスとほぼ同義語でよく使われるようになった。わが国のさまざまな社会福祉の分野において，頻繁に使われているが，必ずしもその概念や意味する内容については，明確にされていない。

全国社会福祉協議会の『現代社会福祉辞典』によれば，ニーズは，欲求，必

要,貧乏,差し迫った事態などと訳される。日常的に用いられる言葉であるが,社会福祉分野においてソーシャル・ニーズという場合には,人間が社会生活を営むために欠かすことのできない基本的要件を欠く状態をいう。社会福祉実践レベルにおいて,対象者の基本的生活の自立に着目して自立を妨げている障害をここにかかえて,社会的ニーズとすることが多い。

社会福祉の諸法令に基づくサービスが「福祉サービス」という用語で包括的に示されている。

福祉ニーズは,人びとの生活支援ニーズのうち,社会福祉という施策や活動によって解決することや緩和することのできる生活支援ニーズである。

さて,福祉ニーズを充足の形態,方法との関連で分類すると,貨幣的ニーズと非貨幣的ニーズに分けることができる。貨幣的ニーズとは,ニーズそのものが経済的要件に規定され,金銭給付などによって充足される。非貨幣的ニーズとは,ニーズを貨幣的にはかることが困難であり,その充足にあたっては,現物または人的サービスなどによらなければならない場合である。

(2) 福祉サービスの供給（「自助」,「互助」,「共助」,「公助」）

従来,社会福祉のサービス供給については,公的責任に基づき公共部門による供給体制の一元的運営がはかられてきが,近年,福祉ニーズの高度化と多様化,さらに一般化が進み,公的責任に一元化された福祉供給では対応できなく

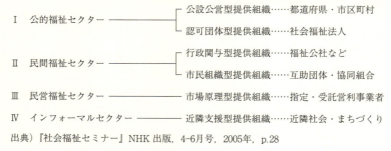

図表2-4　社会福祉援助の提供事業者の類型

出典）『社会福祉セミナー』NHK出版,4-6月号,2005年,p.28

なり，人びとの多様なニーズを充足するための方法として，多様・多元的な福祉サービス供給体制が求められるようになってきた。

多様・多元的な福祉サービスの供給体制とは，社会福祉援助の提供事業者であり，① 公的福祉セクター（都道府県・市町村・社会福祉法人），② 民間福祉セクター（福祉公社・NPO・協同組合），③ 民営福祉セクター（指定事業者・一般企業），④ インフォーマルセクター（家族・友人・近隣）の4つに類型化される。

また，社会福祉援助の資源の供給類型として，購買力の提供と生活便益の提供がある（図表2-5）。

今日，多様な福祉ニーズを充足させるために，福祉サービス供給の多元化は介護保険制度にみられるように，一層進展してきている。最適の組み合わせによる給付やサービスがより効果的に利用者に提供される方向になってきている。このようにサービスの多様化が進めば，そのことを通して国民の選択が拡大し，国民のニーズにあったサービスの利用が可能となってきたのである。

今後，自らの活力や生きる力による「自助」，介護保険制度などの社会保険制度による「共助」，税金による公的サービスを行政が行う「公助」が連携・補完することが重要であるが，地域住民やボランティアなどの活動に関する「互助」の視点が特に重要視されている。「自助」，「共助」，「公助」という3つ

図表2-5 社会福祉援助の資源類型

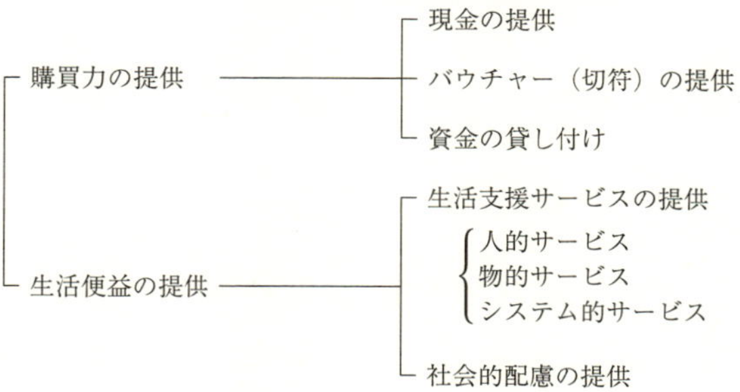

購買力の提供 ─────── 現金の提供
                      バウチャー（切符）の提供
                      資金の貸し付け

生活便益の提供 ─────── 生活支援サービスの提供
                      { 人的サービス
                        物的サービス
                        システム的サービス
                      社会的配慮の提供

出典）図表2-4に同じ

の視点に「互助」という視点が加わることは，個人，当事者団体などによるボランティア，各種の地域団体，行政などの多様な主体間の相互理解や，それぞれの取り組みの促進につながると考えられる。しかし，福祉サービスは，生活の基盤となる社会的な環境条件のひとつとして考えられるようになってきており，福祉サービス推進の主体は，あくまで「公助」を基盤に据えたうえで実施すべきである。

6．社会福祉の法体系

　われわれが生活している社会は，自由な生存競争原理に基づいて，労働による賃金・所得や保有財産（貯金など）などで，自分の家族の生活を維持している。この原則を「自立自助原則」とよんでいる。そして，家族や親族などで暮らしを支えることを「私的扶養原則」といい，現代社会のあらゆる領域での法のベースになっている。

　今日の社会状況は，経済不況でのリストラや核家族社会などにより介護ができにくくなり，生活維持について困難な状況がくる場合がある。このような生活障害が発生した場合，自立自助原則と私的扶養原則での生活が困難な場合を予想して，国や地方公共団体などが補足し，自立を支援する生活保障の仕組みを法治国家として憲法や法律に基づいて構築していることを「公的扶養原則」とよんでいる。

　このシステムによって行われる，多様な生活障害原因に基づく公的な制度政策を規定しているのが社会福祉法をはじめとした福祉八法である。

（1）社会福祉法

　社会福祉法は，児童福祉法や老人福祉法などのように，福祉のニーズに応じて対策を講ずる個別法ではなく，これらの福祉法に対する共通事項について規定するものであり，福祉の基礎・運営基盤的な性格を有している。

第2章　社会福祉と子ども家庭福祉　37

　社会福祉法第3条には，福祉サービスの基本理念として，「福祉サービスは
個人の尊厳の保持を旨とし，その内容は福祉サービスの利用者が心身とも健や
かに育成され，又はその有する能力に応じた日常生活を営むことができるよう
支援するものとして，良質かつ適切なものでなければならない」とある。

　社会福祉法の前身は社会福祉事業法である。社会福祉事業法は，わが国の社
会福祉事業の特徴であった公的福祉措置中心の入所施設サービス体制から，地
域在宅福祉サービスへの転換に合わせて，1990年にその基本理念を改正した。
公的行政責任で社会福祉サービスを行ってきた時代から，利用者による社会福
祉サービスの選択・利用の時代への転換である。

　この社会福祉事業法は，地域福祉，多様な公・私の社会福祉サービス団体の
参加，利用者の権利擁護重視などを盛り込んだ「社会福祉基礎構造改革」によ
る法改正が2000（平成12）年6月に施行され，「社会福祉法」に名称が変更と
なった。

　従来の社会福祉事業法は，社会福祉事業の提供者を中心とした法律であった
が，社会福祉法は，利用者保護を明文化した。

　社会福祉法の目的は，「福祉サービスの利用者の利益の保護及び地域におけ
る社会福祉の推進を図るとともに，社会福祉事業の公明かつ適正な実施の確保
及び社会福祉を目的とする事業の健全な発達を図る」と第1条で示されてい
る。

　その内容は，福祉の理念，福祉事務所や社会福祉主事といった実施機関，社
会福祉法人，社会福祉協議会，共同募金などの実施主体の役割が規定してあ
る。

　また，利用者の人格の尊厳に重大な関係があり，経営安定を通じた利用者の
保護の必要性の高い事業を第一種社会福祉事業とよび，それ以外の社会福祉の
増進に貢献する事業を第二種社会福祉事業としている（図表2-6）。

　以下，社会福祉法などに規定される福祉に関する機関を概観する。

1) 福祉事務所

福祉事務所は，社会福祉法に基づき社会福祉行政の第一線機関として生活保護法，児童福祉法，身体障害者福祉法，知的障害者福祉法，老人福祉法，母子及び父子並びに寡婦福祉法のいわゆる福祉六法に定める援護，育成または更生の措置を行っているほか，必要に応じて，民生委員，災害救助など社会福祉全般に関し，住民が必要とする福祉サービスも行っている。都道府県（特別区も含む）および市には設置が義務づけられている。町村は任意設置である。都道府県の福祉事務所（郡部）と市区の福祉事務所は，1990（平成2）年の福祉八法改正までは，担当エリアの違いであり，機能や権限は同じであった。しかし，改正により，老人福祉法，身体障害者福祉法の援護事務が都道府県の福祉事務所（郡部）から，市町村に移譲された。

福祉事務所の設置，職員配置，業務形態について社会福祉法により，基準が設けられていたが，2000（平成12）年に施行された地方分権一括法により，基準が「標準」に規制緩和され，地方自治体の実状や福祉ニーズに応じた福祉事務所体制をとることが可能になった。

2) 児童相談所

児童相談所は児童福祉法第12条に基づき，都道府県．政令指定都市に設置義務となっている。児相とも略称される。すべての都道府県および政令指定都市（2006年4月から中核市，2016年6月から特別区も設置できるようになった）に最低1以上の児童相談所が設置されており，都道府県によってはその規模や地理的状況に応じて複数の児童相談所およびその支所を設置している。児童相談所は，児童福祉の理念を実現し，児童の基本的権利を具体的に保障することを目的としている。虐待や非行など，児童の要援護性の判定と一時保護などの援護の機能をもつ判定・援護機関となっている。このため福祉事務所にはない児童心理司の配置や一時保護所の設置が特色となっている。職員は，児童福祉司，医師，心理療法担当職員などの専門職員が配置されている。相談の種類と

第2章　社会福祉と子ども家庭福祉　39

図表2-6　社会福祉事業

第一種社会福祉事業
- 生活保護法に規定する救護施設，更生施設
- 生計困難者を無料又は低額な料金で入所させて生活の扶助を行う施設
- 生計困難者に対して助葬を行う事業
- 児童福祉法に規定する乳児院，母子生活支援施設，児童養護施設，障害児入所施設，児童心理施設，児童自立支援施設
- 老人福祉法に規定する養護老人ホーム，特別養護老人ホーム，軽費老人ホーム
- 障害者総合支援法＊に規定する障害者支援施設
- 売春防止法に規定する婦人保護施設
- 授産施設
- 生計困難者に対して無利子又は低利で資金を融通する事業
- 共同募金を行う事業
＊障害者の日常生活及び社会生活を総合的に支援するための法律のこと

第二種社会福祉事業
- 生計困難者に対して日常生活必需品，金銭を与える事業
- 生計困難者生活相談事業
- 児童福祉法に規定する障害児通所支援事業，障害児相談支援事業，児童自立生活援助事業，放課後児童健全育成事業，子育て短期支援事業，乳児家庭全戸訪問事業，養育支援訪問事業，地域子育て支援拠点事業，一時預かり事業，小規模住居型児童養育事業
- 児童福祉法に規定する助産施設，保育所，児童厚生施設，児童家庭支援センター
- 児童福祉増進相談事業
- 就学前の子どもに関する教育，保育等の総合的な提供の推進に関する法律に規定する幼保連携型認定こども園
- 養子縁組のあっせんに係る児童の保護等に関する法律に規定する養子縁組あっせん事業
- 母子及び父子並びに寡婦福祉法に規定する母子家庭等日常生活支援事業，寡婦日常生活支援事業
- 母子及び父子並びに寡婦福祉法に規定する母子・父子福祉施設
- 老人福祉法に規定する老人居宅介護等事業，老人デイサービス事業，老人短期入所事業，小規模多機能型居宅介護事業，認知症対応型老人共同生活援助事業，複合型サービス福祉事業
- 老人福祉法に規定する老人デイサービスセンター，老人短期入所施設，老人福祉センター，老人介護支援センター
- 障害者総合支援法＊に規定する障害福祉サービス事業，一般相談支援事業，特定相談支援事業，移動支援事業
- 障害者総合支援法＊に規定する地域活動支援センター，福祉ホーム
- 身体障害者福祉法に規定する身体障害者生活訓練等事業，手話通訳事業，介助犬訓練事業，聴導犬訓練事業
- 身体障害者福祉法に規定する身体障害者福祉センター，補装具製作施設，盲導犬訓練施設，視聴覚障害者情報提供施設
- 身体障害者更生相談事業
- 知的障害者更生相談事業
- 生計困難者のために，無料又は低額な料金で，簡易住宅を貸し付け，又は宿泊所その他の施設を利用させる事業
- 生計困難者に無料又は低額な料金で診療を行う事業
- 生計困難者に無料又は低額な費用で介護保険法に規定する介護老人保健施設，介護医療院を利用させる事業
- 隣保事業
- 福祉サービス利用援助事業
- 社会福祉事業に関する連絡
- 社会福祉事業に助成を行う事業
＊障害者の日常生活及び社会生活を総合的に支援するための法律のこと

して養護相談，障害相談，非行相談，育成相談，その他の相談がある。

3) 社会福祉法人

社会福祉法人は，社会福祉法第22条によって定義される。社会福祉事業を行うことを目的として設立された法人であり，民間社会福祉事業の公共性と純粋性を確立するために，民間法人とは別に，特別法人として設立されたものである。第一種または第二種の社会福祉事業を営むことを目的に設立され，定款に書かれた目的の範囲内で事業を運営する。

社会福祉法人は公共性が高いため，安定的で適正な運営を行わなければならない。そのため，設立の際は役員，資産などについて一定の要件を課し，運営に関しての規制・監督と支援・助成を一体的に行う仕組みがとられている。

特別養護老人ホームなど，老人福祉施設をはじめとする社会福祉施設は原則として社会福祉法人でなければ経営することができない。つまり，社会福祉施設を経営するためには，施設建設に先立って，その施設を経営する社会福祉法人の設立認可をうける必要がある。

社会福祉法人は，その公共性から設立認可をうけるのに高いハードルがあり，認可後も主務官庁の厳しい監督をうける。しかしその反面，さまざまな支援，助成をうけることができる。

4) 社会福祉協議会

社会福祉協議会は住民サイドから地域福祉を総合的に推進する目的で設置された住民（団体）や福祉関係者（福祉施設，在宅福祉・保健サービスの実施機関，行政機関など）による会員組織の民間団体である。社会福祉法により，各市町村，都道府県，全国を単位に設置されている。社会福祉協議会は，地域福祉活動計画を作成し，市町村との連携を図っている。

運営財源は会費収入，共同募金の配分金，住民や法人からの寄付金，行政からの補助金や委託金，事業収入などである。職員になるための定められた基準

はなく，募集要件は社会福祉協議会によってまちまちで，福祉や社会に対する幅広い知識と情熱はもとより，多くの住民や関係者と手を携えて事業をすすめていくことのできる資質や福祉のセンスが求められる。

資格要件として，社会福祉主事任用資格や社会福祉士などの国家資格が求められることがある。

社会福祉協議会は，行政機関が計画立案した社会福祉の実施機関として，重要性が増している。地域に根ざした福祉サービスを行うことにより，「安全，安心，いきいきした生活」の実現を図っていくことが目標である。

地域福祉の充実ということで社会福祉士を中心とした専門的な職種が重要になってくる。

社会福祉協議会の事業として，社会福祉を目的とする事業の健全な発達を図るために必要な事業，民間の社会福祉活動を行う者を積極的に支援していくと同時に，権利擁護についても追加された。さらに，地域福祉活動の中核として，市町村の在宅福祉サービスの受託実施主体として，住民に密着した地域福祉活動の核となることが求められている。

その他に，援護，育成または更生の措置に関する業務を行う社会福祉主事や共同募金，社会福祉従事者確保の促進のための福祉人材センターなどが定められている。

(2) 福祉六法

ここでは，福祉六法（生活保護法，児童福祉法，身体障害者福祉法，知的障害者福祉法，老人福祉法，母子及び父子並びに寡婦福祉法）の概要を説明する。なお，生活保護法，児童福祉法，身体障害者福祉法をもって福祉三法という。

① 生活保護法（1950年制定施行）

生活保護法は，憲法第25条に規定する理念に基づき，生活に困窮するすべての国民に対し，国が必要な保護を行い，最低限度の生活を保障するとともに，自立を助長することを目的とする法律である。

② 児童福祉法（1947 年）

　児童福祉法第 1 条には「全て児童は，児童の権利に関する条約の精神にのっとり，適切に養育されること，その生活を保障されること，愛され，保護されること，その心身の健やかな成長及び発達並びにその自立が図られることその他の福祉を等しく保障される権利を有する」と児童福祉の基本概念が述べられ，第 2 条 3 項には「国及び地方公共団体は，児童の保護者とともに，児童を心身ともに健やかに育成する責任を負う」と地方公共団体の責務について述べられている。また，児童相談所，児童福祉審議会などの設置についても述べられている。福祉の措置としては，身体障害児の療育指導，児童福祉施設への入所措置，などがある。

③ 身体障害者福祉法（1949 年）

　身体障害者福祉法は，身体障害者の自立と社会経済活動への参加を促進するために援助を行い，身体障害者の福祉の増進を図ることを目的としている。都道府県は，身体障害者における更生援護の利便のため，また市町村の援護の適切な実施支援のため，身体障害者更生相談所を設けることになっている。

④ 知的障害者福祉法（1960 年）

　知的障害者に対し，自立と社会経済活動への参加を促進するために，その更生を援助するとともに，必要な保護を行い，自立に必要な福祉を図ることを目的としている。都道府県は，知的障害者更生相談所と知的障害者福祉司を置かなければならない。なお，1999（平成 11）年に関係者団体などの要望により，「精神薄弱者」から「知的障害者」に名称変更となり施行された。

⑤ 老人福祉法（1963 年）

　高齢者の福祉に関する原理を明らかにするとともに，高齢者に対し，その心身の健康の保持及び生活の安定のために必要な措置を講じることを目的としている。国及び地方公共団体は，高齢者の福祉を増進する責務を負い，高齢者の福祉に関係のある施策を講じることにおいては，基本的理念が具体化されるように配慮しなければならないことになっている。

⑥ 母子及び父子並びに寡婦福祉法（1964 年）

　母子家庭の児童の健やかな育成，母子家庭の母（父子家庭を含む）等及び寡婦の健康で文化的な生活の保障を理念としている。母子家庭及び寡婦の福祉に関する原理を明らかにするとともに，母子家庭及び寡婦に対し，生活の安定と向上に必要な措置を講じ，母子家庭及び寡婦の福祉を図ることを目的としている。母子・父子自立支援員，母子家庭及び寡婦自立促進計画，母子家庭等日常生活支援事業，公営住宅供給や保育所入所に関する特別な配慮が定められている。都道府県・指定都市の福祉事務所には，母子・父子自立支援員（母子相談員）を置くことになっている。一人親家庭への支援を拡充するとともに，子どもの貧困対策に資するため，「母子家庭」を「母子家庭等（母子家庭及び父子家庭）」に改め父子家庭を対象に加えるとともに，母子家庭等同士の交流事業や母子家庭等の親・児童に対する相談支援などを生活向上事業として法定化するなどの改正が行われ，2014（平成 26）年に「母子及び父子並びに寡婦福祉法」に改正された。

　このほかに，わが国において，社会福祉制度（児童関係）を構成する基本法として，以下主要なものをあげる。社会福祉士及び介護福祉士法，児童虐待の防止等に関する法律（児童虐待防止法），民生委員法，児童手当法，母子保健法，精神保健及び精神障害者福祉に関する法律（精神保健福祉法），障害者基本法，障害者の日常生活及び社会生活を総合的に支援するための法律（障害者総合支援法），地域保健法，売春防止法，配偶者からの暴力の防止及び被害者の保護等に関する法律（DV 防止法）などがある。

7. 子どもとは

　子どもの定義においては，「子どもとは何か」が問われることが多い。一般的には，年齢を基準とした考え方と社会成熟度のようなものを基準とした考え方がある。

44

　また，「子ども」と「子供」の違いは，子供の「供」は主従関係の「従」を意味しており，主たる存在に従属するという意味でもある。「供」ということを避けた「子ども」という表記は，子どもを独立した人格の持ち主として尊重することを積極的に表明するものとして，「児童の権利に関する宣言」（1959（昭和34）年）以降使用されるようになった。

（1）社会成熟度からの子ども

　社会成熟度からは，子どもという時期は，成熟性，分別性，自立性という点で十分でないという発達特徴をもっているといわれている。つまり大人からみると弱者であり，劣者であるといえる。

　子どもという本質的意味は，自立（自律）しているかどうかでの判断であり，自助的自立が一定程度できあがっているのが大人とすれば，子どもは自立発展途上の人間ということになる。大人と子どもを区別する必要性や基準は，個人的自立と社会的自立がなされているかどうかである。子どもの段階とそれ以降の段階とを区分すると以下のようになる。[2]

〈個人的自立〉
　① 身体的成熟（発育や体力のピーク，またはそれに近づく性的成熟）
　② 心理的成熟（思慮，分別，判断，適応がほぼ自力で可能）

〈社会的自立〉
　① 社会的認知（通過儀礼）
　② 社会的制約（責任・義務，扶養など）

　子どもにとってより望ましい生活や発達を保障する立場から子どもと大人を区分する重要性や必要性が指摘され，児童福祉や青少年保護育成の制度が整ってきたのである。

　子ども家庭福祉では，一般的に子どもを次のような存在としている。

① ひとつの独立した人格であること。

② 受動的権利（保護される権利）と同時に能動的権利（個性を発揮する権利）も有すること。

③ 成長する存在であり，それを家族や社会から適切に保障されるべきこと。

子ども家庭福祉では，子どもは，生存，発達，自立しようとする成長のプロセスとしてとらえ，子どもの権利と主体性を支援し，それらを含め子どもの生活基盤の支援を中心として，ともに育てていく考えに基づいている。

(2) 子どもとしての年齢

わが国においては，子どもを18歳未満とする場合と，20歳未満とする考え方がある。「児童（子ども）」の定義は，法．制度の目的により，違いがあるが，基本的には，児童福祉法第4条に規定するとおり，「満18歳に満たない者」である。

子ども家庭福祉の分野は，児童福祉法に基づく施策・実施体制が中心となるため，児童福祉法の規定に従い18歳未満を児童（子ども）としている。また，児童福祉法では，児童を，乳児（0歳），幼児（1歳から小学校入学まで），少年（小学校入学から18歳に達するまで）に区分している。

児童の権利に関する条約（以下，子どもの権利条約という）では，「子どもとは，18歳未満のすべての者をいう。ただし，子どもに通用される法律の下でより早く成年に達する場合は，この限りでない」（第1条）とされており，川崎市の条例などでは，「市民をはじめとする市に関係のある18歳未満の者その他これらの者と等しく権利を認めることが適当と認められる者」を子どもと定義している。

8．子どもの権利条約と子ども家庭福祉の理念

（1）ウェルビーイング（well-being）と子ども家庭福祉

　ウェルビーイング（well-being）とは，個人の権利や自己実現が保障され，身体的，精神的，社会的に良好な状態にあることである。すなわち，利用者の主体性や生活の全体性を強調し，積極的に支援を展開することである。展開とは，子どもの育つ力を信じそれを支援していくことや子どもの最善の利益を図るための予防を含めたプログラムを重視するというサービスのあり方に関わる姿勢である。福祉というものが，「最低限度」ではなく，「健康で文化的な」生活に重きを置く考え方である。

　人間らしい生活をより積極的に実現していくために「ウエルフェア（事後処理的な対応）」から「ウェルビーイング（予防，人権の尊重，自己実現）」へという考え方である。

　これまで社会福祉に対する用語として使われていたウエルフェアは，経済的貧困を中心に対処するサービスだけのように受け止められがちであったが，もっと積極的にすべての国民の安寧（幸福，健康）としての自己実現や人権を社会的に保障するための所得保障や生活保障のサービスはもとより，予防・啓発などを含めた人間的に豊かな生活を送れるように支援する福祉観がウェルビーイングなのである。[3]

　子ども家庭福祉におけるこの考え方は，子どもの育つ力を信じてそれを支援していくことである。すなわち，子どもの最善の利益を考えるとともに意見表明権などの利用者の意思を尊重した問題の把握やサービスの枠組みが必要となり，主体的意思を尊重した福祉観が強く意識されている。

　児童福祉は，児童の保護を中心とした福祉サービス体系であったが，今日では問題の発生原因を個人に求めるのではなく社会的な問題としてとらえ，対応についても社会的な枠組みのなかでとらえる福祉サービスの普遍化あるいは一

般化といわれるようになったことで，子ども，家庭，地域を含めた子どもの健全育成のシステムを子ども家庭福祉とよんでいる。

　ウェルビーイングの考え方を具体化するために，1989（平成元）年に「児童の権利に関する条約」が国連で採択され，1994（平成6）年の「家族から始まる小さなデモクラシー」をスローガンとした国際家族年において，家族のなかで一人ひとりの人権が尊重されなければならないという理念のもとに，子どもを健やかに生み育てる環境づくりを重視した展開が求められている。つまり，子どもの成長と福祉にとっては家庭が重要な意味をもつこと，そのためには子どもと家庭を一体として支援する必要があるとの考えで児童（子ども）家庭福祉といわれるようになった。

　ウェルビーイングの考え方を基本に，わが国の子ども家庭福祉の理念をみていくこととする。

1）児童福祉法（1947 年）における理念

　わが国の子ども家庭福祉の理念を明文化したものとして，児童福祉法（1947（昭和22）年）がある。児童の健全育成と権利保障，国，地方公共団体の責務などを述べている。

第1条　全て児童は，児童の権利に関する条約の精神にのっとり，適切に養育されること，その生活を保障されること，愛され，保護されること，その心身の健やかな成長及び発達並びにその自立が図られることその他の福祉を等しく保障される権利を有する。

第2条　全て国民は，児童が良好な環境において生まれ，かつ，社会のあらゆる分野において，児童の年齢及び発達の程度に応じて，その意見が尊重され，その最善の利益が優先して考慮され，心身ともに健やかに育成されるよう努めなければならない。

　2　児童の保護者は，児童を心身ともに健やかに育成することについて第一義的責任を負う。

48

　　　3　国及び地方公共団体は，児童の保護者とともに，児童を心身ともに健やかに育成する責任を負う。

第3条　前2条に規定するところは，児童の福祉を保障するための原理であり，この原理は，すべて児童に関する法令の施行にあたって，常に尊重されなければならない。

　児童福祉法では，子どもの養育の基本は，保護者（父母）を養育責任者とし，さらに国，地方公共団体の公的責任のもとに進められると明記してある。公的責任については，児童福祉法を中心とする法制度によって保障されている。

2) 児童憲章（1951 年）における理念

　1951（昭和26）年5月5日に児童憲章制定会議が制定・宣言したわが国における児童宣言である。3ヵ条の総則と本文12ヵ条から成り，今日でも，わが国の子ども家庭福祉の理念のひとつとなっている。なお，5月5日のこどもの日は児童憲章からきている。児童憲章においても，その前文では，下記のように簡潔に子どもの見方を明らかにしている。

　児童は，人として尊ばれる。

　児童は，社会の一員として重んぜられる。

　児童は，よい環境のなかで育てられる。

　これらの理念は，受動的な表現で子どもが保護され，育成される存在であり，子どもが社会から保護される権利を有することが明確に述べられているものであり，大人や社会は子どもを守り，育む義務を有するとされている。

(2) 自　立

　自立は，ウェルビーイングを実現するための人間のありようである。従来の自立は，経済的自立を中心として，身体的自立，精神的自立，社会的自立などを検討してきた。

第2章　社会福祉と子ども家庭福祉　49

　自立とは，「何でも自分がする」というのではなく，必要な人的・物的な資源を用いて自分らしく生きるということである。自分で選択し，必要に応じて主体的にサービスの利用決定を行うことである。社会福祉では，福祉サービスを利用しないだけが自立ではなく，エンパワメントや自己決定能力を向上させていくプロセスと手段を重視することも重要である。

　網野武博は，ウェルビーイングや自立の理念を基本とし，その意義として，① 尊厳性の原則，② 無差別平等の原則，③ 自己実現の原則をあげている。[4]

（3）児童の権利に関する条約（子どもの権利条約）

　1989（平成元）年10月に国際連合が採択し，翌年9月から発効した児童に関する総合的な条約である。18歳未満の児童が有する権利について規定しており，人権保障を前提とし，その生存，成長，発達の過程で特別な保護と援助を必要とする子どもの視点から詳説し，前文と本文54条からなり，子どもの生存，発達，保護，参加という包括的な権利を実現・確保するために必要となる具体的な事項を規定しているなど，能動的権利を明確にしている点で画期的であるといわれている。現在では世界のほとんどの国が条約を批准している。日本は158番目に批准した。

国連児童基金（ユニセフ）United Nations Children's Fund
すべての子どもたちの権利が守られる世界を実現するために活動する組織である。ユニセフは，その国際的権威を背景に，世界各国・地域の政治的に重要な立場にある人びとに子どもを取り巻く問題の改善のための政策を促し，児童養護計画などに対する援助を行う。本部はニューヨーク。

1）子どもの権利条約の4つの柱

　子どもの権利条約について，国連児童基金（ユニセフ）では以下の4つの柱で権利を説明している。
〔生きる権利〕

50

　子どもたちは健康に生まれ，安全な水や十分な栄養を得て，健やかに成長する権利を持っています。

〔守られる権利〕

　子どもたちは，あらゆる種類の差別や虐待，搾取から守られなければなりません。紛争下の子ども，障害をもつ子ども，少数民族の子どもなどは特別に守られる権利を持っています。

〔育つ権利〕

　子どもたちは教育を受ける権利を持っています。また，休んだり遊んだりすること，様々な情報を得，自分の考えや信じることが守られることも，自分らしく成長するためにとても重要です。

〔参加する権利〕

　子どもたちは，自分に関係のある事柄について自由に意見を表したり，集まってグループを作ったり，活動することができます。そのときには，家族や地域社会の一員としてルールを守って行動する義務があります。

（https://www.unicef.or.jp/crc/　「HOME 子どもの権利条約」）

子どもの権利条約の選択議定書

子どもの権利条約には，2つの「選択議定書」がつくられている。「選択議定書」とは，ある条約に新たな内容を追加や補強する際につくられる文書で，条約と同じ効力をもつ。2000年の国連総会で採択された，この議定書の内容は，「子ども売買，子ども買春及びポルノに関する選択議定書」と「武力紛争における子どもの関与に関する選択議定書」である。

子どもの権利に関する条約の主な内容

1．18歳未満のすべての子どもを対象とします。
2．子どもが人権，性，出身などで差別されてはいけません。
3．子どもの成長のために何が最も大切かを考慮しましょう。
4．両親は子どもを守り，指導する責任があります。
5．両親の意志に反して子どもを両親から引き離してはいけません。

第 2 章　社会福祉と子ども家庭福祉　51

　6．子どもが，自分のことについて自由に意見を述べ，自分を自由に表現し，自由に集いを持つことが認められるべきです。しかし，そのためには子どもも，ほかのみんなのことをよく考え，道徳を守っていくことが必要です。
　7．子どもは暴力や虐待といった不当な扱いから守られるべきです。
　8．家庭を失ったり，難民となった子どもに保護と援助が与えられるべきです。
　9．体などが不自由な子どもには特別な養護が与えられるべきです。
　10．子どもの健康を守るための医療サービスが与えられるべきです。
　11．子どもは教育を受けることが認められるべきです。
　12．子どもは遊びやレクレーションを行い，文化・芸術活動に参加することが認められるべきです。
　13．子どもが法律に反して自由を失われたり，正しい裁判なしに罪を犯したと認められることがあってはなりません。
　14．この条約の内容を，大人にも子どもにも広く知らせなければなりません。

（https://www.unicef.or.jp/crc/　「HOME 子どもの権利条約」）

2）子どもの最善の利益

　子ども家庭福祉では，子どもを，生存し，発達し，自立しようとする主体としてとらえる。こうした考えは，1959（昭和 34）年に国連で採択された「児童の権利に関する宣言」にみられる。また，1989（平成元）年に国連が採択した「子どもの権利条約」は，こうした児童福祉の基本的考えを受け継いでおり，明確に理念をうたった項目はないものの，子どもがひとつの固有の人格であること，子どもは受動的権利のみならず，能動的（主体的）権利をもった存在であること，子どもへのかかわりにおいては，常に子どもの最善の利益を考慮しなければならないことが定められている。

　とりわけ，意見表明権（第 12 条），表現の自由（第 13 条），思想信条の自由（第 14 条），学ぶ権利（第 28 条）など権利行使の主体としての子ども観を鮮明に打ち出した点においては画期的なものとなっている。保護され育成される権利だけでなく，子どもが自分自身で考え行動することを尊重している。

　わが国においては，1994（平成 6）年に批准している。条約は憲法を除くすべての法律に優先することから，国内の子どもをめぐる施策は，子どもの権利条約を意識して実施される必要がある。

　子どもの権利条約は，子どもが権利を実現できるよう支援する役割を果たす

ため，国や地方公共団体，子どもにかかわる公的，私的なあらゆる機関で以下のことが義務づけられている。

① 子どもに関する施策において，「子どもの最善の利益」が守られること。

② 子どもの意見を表明する機会を保障し，その意見を尊重すること。

③ 親は子どもの養育について第1次的な責任をもつこと。

④ 人権侵害の救済

子どもの権利条約は，国内法よりも優位に位置し，条約の実現のため，すべての適当な立法措置，その他の措置を講ずることを義務づけている。

また，この条約は，報告審査制度とよばれる条約の実施確保の仕組みをもっていることから，定期的に子どもの権利状況を国連に報告し，子ども権利委員会で審査し，報告することになっている。5年ごとの報告で，わが国は第4・5回報告書を2017（平成29）年6月に提出し，子どもの権利委員会による審査が2019（令和元）年に総括所見が発表された。その評価において，子どもの権利に関連する国際基準の順守についてビジネスセクターに説明責任を果たさせるための規則を採択し，実施すること，JK ビジネスやイメージビデオなど，児童買春につながるような商業活動の禁止などが勧告された。こうした考えに示された「子どもの権利保障」が子ども家庭福祉の基本的考え方である。

9．子ども家庭福祉の歩み

（1）古代・中世・近世の児童保護

1）古　代

わが国の社会福祉の歴史をさかのぼると，古くは朝廷を中心とした公的救済制度と仏教思想を基本とした慈善救済制度がある。朝廷を中心とした救済は，政策的な意味合いが強く，天皇の恩恵を示すためのものであり，貧窮者のためのものではなかった。わが国における児童救済事業としては，仏教思想による慈悲を背景として，聖徳太子が593年に大阪四天王寺境内に，四箇院（悲田

院，敬田院，施薬院，療病院）をもうけたことが始まりといわれている。これは皇室の権力の強化を含めた仏教的慈善救済活動という意味をもっていた。このうちの悲田院は孤児，捨て子の収容施設として子どもの保護をしたとされている。光明皇后は，730年に施薬院と悲田院を置き，貧民に対して施浴やハンセン病の救済を行ったと伝えられている。

　公的救済の始まりとして，718年の「戸令」があるが，国家による救済というよりは限定された救済制度であった。内容については「鰥寡孤独貧窮老疾自存不能者」で，鰥は61歳以上で妻のない者，寡は50歳以上で夫のない者，孤は16歳以下で父のいない者，独は61歳以上で子のない者，貧窮は財貨に乏しい無産の者，老は66歳以上の者，疾は疾病者のことである。このように救済の制限があり，多くは近親者などの血縁・地縁による相互扶助であった。

2）中　世

　鎌倉時代の封建社会では，親に対して子どもは絶対服従といった忠孝思想が支配し，子どもは独立した人格をもつ存在としてみられず，単なる労働力や商品としてみなされ，人身売買も行われていた。また，公的救済は範囲が狭く私的意味合いが強く，賑給，徳政令などがあるが，多くは領主大名の支配下のみであり，民生安定のためであった。

　鎌倉期には仏教が普及し宗派が広まった。慈悲の教えは叡尊，忍性などの慈善活動を生み，広範囲の救済をしている。

　室町時代から戦国時代にかけては，戦乱のなか，人びとの暮らしは貧しさを極め，相互扶助も機能せず，堕胎，間引き，子女の売買などが後を絶たなかった。そのなかで，北条泰時・時頼は私的慈善事業として，天災での大飢饉や物価暴騰での困窮者に対し，救済をしている。1549年イエズス会のフランシスコ・ザビエルがキリスト教の伝道を開始した。布教とともに始めた慈善事業はキリスト教徒のみならず一般の人びとも救済の対象として，養老，孤児，難民などを救済した。ルイス・アルメーダは孤児院，療病院（ハンセン療養所）を

大分に設立した。荘園の制度に代わって「惣」による自治が行われるようにな
り，寄り合いを開き連携を強めたが，逆に「ウチ・ソト」の壁をつくり，対象
外の部落や非人の差別を生んだ。

3) 近　世

　江戸時代に入っても，幕府と藩による搾取と度重なる天災，飢餓などで農民
の生活は困窮を極めた。貧しい庶民は，堕胎，間引き，捨て子などの育児制限
を余儀なくされた時代であった。助け合いと連帯責任の五人組制度をつくり，
住民の相互扶助を強要した時代でもある。

　そのようななかで幕府は「享保の改革」において，1722 年，目安箱の投書
から小石川養生所を開設し，貧困な病人を救済するようになった。これは行政
が設立した最初の病院である。「寛政の改革」では，農村の復旧を目指し帰農
政策と江戸下層民対策として，町会所の設立と浮浪者収容施設である石川島人
足寄場を設立した。「天保の改革」においては，難民の御救小屋を設け救済を
した。1792 年に「七分積金」制度を創設し，備荒や窮民，孤児救済などの資
金として運用している。

　庶民の子弟に対する教育機関としては，寺子屋があり，寺院の僧侶，医者，
浪人などによる手習いがなされていた。

(2) 明治時代以降の児童保護

1) 明治・大正時代

　明治時代に入ると，わが国では，封建制度が崩れ，近代化が進められるなか
で生活困窮者が増加していった。このような状況のなか，明治・大正期には生
活困窮者への対応の必要性から国の制度として社会福祉施策が整備され始めた
時期でもある。

　1874（明治7）年，政府としての政策「恤救規則」を制定した。「人民相互
の情誼」すなわち，国民の相互扶助，隣人同士の助け合いを基本理念とした制

度であった。そのため，恤救規則では，救済の対象は，誰の助けも期待できない独り身の困窮者である「無告の窮民」で，① 廃失者（障害者），② 老衰者（70歳以上），③ 疾病により労働できないもの，④ 幼年者（13歳以下）などの労働のできないものに限定していた。公的扶助よりも私的救済を優先させ，しかも家族制度に依存していた制度である。手続きの煩雑さと中央集権を強調していて近代的な公的扶助制度とはいいがたいものであった。

　この時代に，都市では「貧民窟」とよばれる下層社会ができ，社会問題となっていたが政府の積極的福祉政策はなかった。一方で，民間の社会福祉慈善事業のセツルメント活動がおこり，これらを実践した者の多くは，海外の実践を学んだプロテスタントの信者であった。

　このように公的な社会福祉施策が不十分であったため，それを補完するかたちで民間社会福祉事業が展開していった。

　仏教系の福田会育児院（1878年）をはじめとして，石井十次はキリスト教思想に影響され1887（明治20）年に岡山孤児院を設立する。組織的な経営をし，その理論「小舎制」「里親委託」「実業教育」の実践のなかで多くの児童を育てた。また，北川波津の東京孤児院（1897年）なども設立された。これらは今日の児童養護施設に相当する施設であるといえよう。

　児童保護の面では，犯罪少年や12歳未満の触法少年は刑務所の一部である「懲治場」に収容していたが，1900（明治33）年に「感化法」が制定され，混合収容から分類収容の方向性が打ち出された。しかし，この法律は，社会防衛的な色彩が強く，院内での教育は懲戒的な内容が中心であった。1885（明治18）年，高瀬真卿による「東京感化院」が開設される。また留岡幸助は，1899（明治32）年，非行少年の感化事業として，「東京家庭学校」を東京に，1914（大正3）年に「北海道家庭学校」を設立し，大自然に学ぶ労作教育の立場をとり，教護事業に貢献した。今日の児童自立支援施設の原型となっている。

　その他，貧困の児童の保育所として，1900（明治33）年に野口幽香は，森島峰とともに「二葉幼稚園」を設立した。保育事業としては，赤沢鍾美が1890

（明治23）年にわが国で最初の託児所である「新潟静修学校付設託児所」を設立した。

石井亮一は，わが国で最初の知的障害児施設である「滝乃川学園」を1891（明治24）年に設立し，知的障害児の福祉と教育に専念した。

この時期における社会問題は，「貧困」が中心にあり，感化事業や保育・救済事業がみられた。それまで，貧困と労働問題は，同一次元であったが，大正時代にデモクラシーの風潮とともに，労働運動と社会事業は分岐していった。

セツルメント

貧しい人が多くすむ区域に定住し，住民と親しくふれあってその生活の向上に努める運動。また，そのために学習レクリエーションなどを通して意識や行動の改善，地域の生活改善などが行われた。日本において片山潜は，1897（明治30）年わが国初のセツルメントであるキングスレー館を設立した。

2）昭和初期（戦前）

大正・昭和初期は，児童保護事業の考え方もエレン・ケイ（E. Key）やデューイ（J. Dewey）の考え方が紹介され，近代的なケアのあり方も紹介された。社会事業研究者の生江孝之は，児童保護の必要性は，① 本能性の要求，② 人類の理想，③ 国家社会の基礎を堅固にするため，④ 家庭の至宝として，⑤ 親の義務として，⑥ 児童の権利としての6つをあげている。特に，「児童の権利」について触れており，慈善救済的な権利から「児童の権利」に踏み込んだ点が評価される。

一方では，明治以降の社会福祉にとって皇室の下賜金は，経済的に大きく，精神的教化と施設の社会的承認という意味からも大きな意義があった。

また方面委員制度は現在における民生委員制度の原型となり，欧米の公私分離と異なる日本型公私並立の制度の始まりとなった。この頃は社会事業の体系化・組織化が始められた時期でもあった。昭和に入り，社会は世界恐慌の影響による不況に陥り，国民生活は非常に苦しい状態にあった。このような状況の

なかで，「恤救規則」は廃止され，1929（昭和4）年新たな生活困窮者の救済制度である「救護法」が公布され，1932（昭和7）年から実施された。

救護法では，貧困で生活不能の者に，公的救護義務主義にたち救護することとした。しかし，まだ公私混同型福祉であり，財源の面からも不十分であった。

救護法と児童保護との関係は，① 困窮妊産婦に分娩前後の4週間の生活・医療扶助，② 13歳以下の困窮児童への生活・医療扶助，③ 必要があると認められた1歳未満児のいる困窮する母子に対する母子救護などがみられた。

1933（昭和8）年には，「感化法」が「少年教護法」に改められ，懲罰的な感化法から14歳未満の不良少年に家庭的な監護教育を与え教育的保護を行うこととし，「感化院」という名称を「少年教護院」と改めた。さらに「児童虐待防止法」も同年に制定され，14歳未満の児童で虐待されている者を保護し，肉体的・精神的に危険，有害な業務に従事させることを禁止した。今日の虐待防止とは違い，当時は，貧困問題の解決が虐待防止には最重要であったと考えられる。

1937（昭和12）年には，日中戦争が勃発し，国民の生活も大きく変動した。この年に救護法が改正され，方面委員（現・民生委員）を救護の補助機関として扱うことになった。同年「母子保護法」が制定され，13歳未満の子を養育している寡婦や寡婦に準じる貧困のために生活や養育が困難になっている母親を子どもとともに救護するとした。第二次世界大戦が激化するに伴い，1938（昭和13）年厚生省が新たに設置され，「社会事業」が「有資格構成員に力を入れた厚生事業」となった。従来の児童保護は，「児童愛護」となり，従来の児童保護対象児童への援助は切り捨てられ社会事業は縮小されていった。1944（昭和19）年に「学童疎開促進要綱」が定められ，学童疎開が行われた。

戦時下は国民を人的資源としてとらえており，大正デモクラシーを基調としてきた社会事業とは異質なものへと転換していった。

3）戦　後

　1945（昭和20）年終戦を迎え，米軍の占領下において新たな施策が展開された。この戦争のため，戦災孤児，浮浪児などが生み出された。戦災で両親を失ったり，引き揚げ孤児などは，浮浪したり，生活のために金品を盗むなどの不良行為により社会問題となった。戦災孤児などの対策として，1945（昭和20）年9月に「戦災孤児等保護対策要綱」が決められ，施設収容が行われた。これらの対策推進のために1947（昭和22）年に厚生省に児童局が設置され，これを中心として，また，GHQ の指示のもと，児童福祉法ができた。

　このように現行の児童福祉法は1947（昭和22）年に制定され，翌年1月1日より施行された。当時の緊急かつ最大の課題は，戦災孤児・浮浪児の収容・保護であったが，それまでの児童に関する法律のように，要保護児童のみを対象としたものではなく，すべての児童を対象とし，その健全な育成，福祉の積極的な増進を目的とした画期的なものであり，児童福祉を進めるための基本的な法律となった。

　1960年に入ると障害児の施設が新設されるようになった。糸賀一雄は戦後の混乱時に知的障害児施設「近江学園」を創設し，施設の基本的な考え方として「この子らを世の光に」ということばを残している。糸賀は施設の障害児も地域の一員として生活できることを実践した。いわゆる日本でのノーマライゼーションの先駆けでもある。

　これらのような社会状況のなかで生まれた児童福祉法であるが，少子高齢社会の進展，夫婦共働き家庭の増大，都市化，核家族化に伴う家庭や地域における子育て機能の低下，離婚の増加，児童虐待の増加など，児童や家庭を巡る環境が大きく変化しつつあり，制度と実態の乖離が指摘されるようになった。

　このため，これらの変化をふまえて，子育てしやすい環境の整備をはかるとともに，次世代を担う児童の健全育成と自立を支援し，子ども家庭福祉制度の再構築をはかるために幾度かの法改正が行われてきた。

　1990（平成2）年の福祉関係八法改正に伴った在宅サービスの強化や社会福

祉基礎構造改革などは利用者本位の考え方を取り入れたものである。

1999（平成 11）年には「児童買春，児童ポルノに係る行為等の規制及び処罰並びに児童の保護等に関する法律（児童買春児童ポルノ法）」が，また 2000（平成 12）年には「児童虐待の防止等に関する法律」が制定され，子どもに対する虐待の禁止が強く求められるようになった。

「発達障害者支援法」（2004 年），「障害者の日常生活及び社会生活を総合的に支援するための法律（障害者総合支援法）」（2012 年）は発達障害児・身体障害児・知的障害児・精神障害児の自立支援を目的として成立した。

保育関係では，低年齢保育や保育時間の延長など，保育需要の多様化が進行しており，それらに対応する保育所の充実が叫ばれている。それらの問題解決のため，1994（平成 6）年「今後の子育て支援のための施策の基本方向について」（エンゼルプラン）が文部，厚生，労働，建設の 4 大臣によって策定された。

エンゼルプランを実施するため，保育所の量的拡大や低年齢児保育や延長保育などの多様なサービスの充実，地域子育て支援センターの整備などを図るための「緊急保育対策等 5 か年事業」が示され，1999（平成 11）年度を目標年次として整備されることになった。同年に，「重点的に推進すべき少子化対策の具体的実施計画について」（新エンゼルプラン）が 3 つの柱，保育サービス，子育て相談・支援体制，母子保健を少子化対策として位置づけた。

2003（平成 15）年には，少子化社会対策基本法が成立した。これは，「我が国において急速に少子化が進展しており，その状況が 21 世紀の国民生活に深刻かつ多大な影響を及ぼすものであることにかんがみ，このような事態に対し，長期的な視点に立って的確に対処するため，少子化社会において講ぜられる施策の基本理念を明らかにするとともに，国及び地方公共団体の責務，少子化に対処するため（中略）講ずべき施策の基本となる事項その他の事項を定めることにより，少子化に対処するための施策を総合的に推進し，もって国民が豊かで安心して暮らすことのできる社会の実現に寄与すること」（第 1 条）を

目的としたものである。

2005（平成17）年「子ども・子育て応援プラン」が策定され，① 若者の自立，② 子育て不安の解消，③ 子育ての新たな支え合い，④ 生命の大切さ，家庭の役割という視点に根ざした少子化対策の展開が開始された。2010（平成22）年「子ども・子育てビジョン」が策定され，社会全体で子育てを応援する社会の実現を目指し，施策内容と具体的に数値目標をあげた。

また，同年には，10年間の時限立法として，「次世代育成支援対策推進法」が成立し，「少子化対策プラスワン」とともに次世代育成支援の取り組みの促進のための計画を策定することになった。2007（平成19）年には，「新たな保育の仕組み」が検討され，認定こども園などが検討された。

2004（平成16）年の児童福祉法の改正では，児童虐待防止対策等の充実・強化として，

　㋐ 児童相談に関する体制の充実，

　㋑ 児童福祉施設，里親等のあり方の見直し，

　㋒ 要保護児童に関する司法関与の見直し

などを行うとともに，新たな小児慢性特定疾患対策を確立して，長期にわたり療養の必要な慢性疾患の児童に対する医療費の給付などの事業を創設するとなっている。

また，要保護児童については，児童虐待の増加など，問題が複雑・多様化するなかで，相談体制の中核である児童相談所の支援体制が早期発見・早期対応といった予防的な機能を含めて不十分であるという問題が生じているため，それらに対応するために改正が行われた。

ワーク・ライフ・バランス実現のための憲章及び行動指針の策定・推進を図ることとされ，2007（平成19）年12月「仕事と生活の調和（ワーク・ライフ・バランス）憲章」及び「仕事と生活の調和推進のための行動指針」が策定された。

2010（平成22）年には，児童福祉法が改正になり，① 地域における次世代

第2章　社会福祉と子ども家庭福祉　61

図表2-7　児童虐待防止対策の抜本的強化について
（平成31年3月19日関係閣僚会議決定）（ポイント）

昨今の虐待相談件数の急増，昨年の目黒区の事案，今年の野田市の事案等を踏まえ，以下の通り，児童虐待防止対策の抜本的強化を図る．本対策を実施するため，児童虐待を防止するための児童福祉法等の改正法案を今国会に提出するとともに，2020年度予算に向け，さらにその具体化を図る．

1　子どもの権利擁護
① 体罰禁止及び体罰によらない子育て等の推進
法・体罰禁止について法定化する．
・体罰や暴力による悪影響が広く理解され，体罰によらない子育てが進められるよう，普及啓発活動を行う．
法・民法上の懲戒権の在り方について，施行後2年を目途に必要な見直しを検討する．
② 子どもの権利擁護の在り方に関する検討
法・子どもの保護及び支援に当たって，子どもの意見表明権を保障する仕組みについて，施行後2年を目途に必要な検討を進める．

2　児童虐待の発生予防・早期発見
① 乳幼児健診未受診者等に関する定期的な安全確認
② 地域における相談窓口や子育て支援拠点の設置促進等
・子育て世代包括支援センターの2020年度末までの全国展開に向け設置を促進する．
・子育て世代包括支援センターと子ども家庭総合支援拠点の一体的運用ができるよう，要件の明確化・支援の拡充により，母子保健分野と子ども家庭福祉分野の連携を強化し，切れ目ない支援を行うことができる体制整備を図る．
③ 相談窓口の周知・徹底
・189（いちはやく）の周知，啓発．通話料の無料化．
④ 学校等における虐待等に関する相談体制の強化
・スクールカウンセラーやSNS等を活用した相談体制を充実．

出典）内閣府「子ども・子育て会議」2018年5月　https://www8.cao.go.jp/shoushi/shinseido/meeting/kodomo_kosodate/k_43/pdf/s3.pdf（2019年9月20日閲覧）

育成支援対策，② 職場における次世代育成支援対策の推進を中心に改正が行われた。また，少子化社会対策会議を経て「子ども・子育てビジョン」が閣議決定された。これらの改正の基本は，少子化対策と well-being の実現である。

　2012（平成24）年には，「子ども・子育て支援法」が公布され，保育給付や幼保連携型認定こども園，地域子ども・子育て支援事業などが法的に位置づけられた。2017（平成29）年には，「子育て安心プラン」が5年間で女性の就業率について80％を目標としている。

　児童健全育成施策として，2014（平成26）年には，「放課後子ども総合プラン」を中心として，放課後児童クラブの充実を図り，2017（平成29）年から

は，児童の年齢を小学校に就学している児童が対象となった。

このほかに，2013（平成25）年に子どもの貧困問題に対応するため「子ども貧困対策法（子どもの貧困対策の推進に関する法律）」が公布された。2000（平成12）年に成立した「児童虐待防止法」においては児童虐待問題が社会問題となるにつれて，2017年に児童の安全確認・安全確保，一時保護等の改定があった。また，幼児期の学校教育や保育，地域の子育て支援の量の拡充や質の向上を進める「子ども・子育て支援新制度」が，2015（平成27）年にスタートした（図表2-7）。同年，すべての子どもの安心と希望の実現に向け，政府全体として関係省庁が連携して，効果的にひとり親家庭・多子世帯等の自立支援策及び児童虐待防止対策を講じるため，「すべての子どもの安心と希望の実現プロジェクト」が決定実施されることになった。2016（平成28）年の改正では，すべての児童が健全に育成されるよう，児童虐待について発生予防から自立支援まで一連の対策の更なる強化等を図るため，① 児童福祉法の理念の明確化等，② 児童虐待の予防，③児童虐待の発生時の迅速・的確な対応，④ 被虐待児童への自立支援等が講じられた。2019（令和元）年児童福祉法の改正で，① 体罰の禁止，② 児童相談所の体制強化，③ 子どもの安全確保など児童虐待防止に向けての体制を整えた。

10. 子ども家庭福祉と親権

子ども家庭福祉の理念は，子どもの権利条約や児童福祉法の内容とも重なり合っている。子どもの親権について考えてみる。

（1）親権とは

親権とは，日本大百科全書（小学館）によれば，父母が未成年の子に対してもつさまざまな権利・義務の総称である（民法818条〜）。親の子に対する権利をどのような性質のものにするかについては，歴史的にみて2つの流れがあ

第2章　社会福祉と子ども家庭福祉　63

る。ひとつは，父親あるいは家長は絶対的な支配権を有するというものである。子は成年に達しても親権に従うことになる（ローマ法）。

　他のひとつは，親は子に対してさまざまな権利をもつが，それは弱者に対する保護という目的からくるものであると考える。そこでは母親も親権者になりうる。親権に服するのは未成年の子だけということになる（ゲルマン法）。

　親権法は，権威を柱とする前者の考え方から保護を目的とする後者の考え方に変遷してきたといえる。

(2) 親権者

　親権を行うのは，原則として未成年の子の父母である。未成年の子の父母が健在であれば，共同で親権を行うのが原則である。その一方がいなかったり，長期間不明のため親権を行使することができなかったり，親権喪失の宣告をうけたりしたときは，他の一方だけが親権者となる（民法818条3項）。また，父母が離婚する場合においては，父母のどちらかが親権者となる。嫡出でない子に対しては，母が親権を行うが，父が認知した場合，父が親権者となりうる。親権者となるべき者がいなくなり，また親権者が管理権を有しないときは，未成年後見を開始することになる（民法838条1項）。

(3) 親権の内容

未成年の子の健全育成のために民法は親権者の権利・義務を示している。

① 親権者は，子の利益のために子の監護，教育をする権利を持ち義務を負う（民法820条）。父母が離婚する場合は，どちらが未成年の子の監護・教育するかを協議する。協議が伴わない場合，家庭裁判所が決定する。

② 親権者は監護・教育の目的を達成するために，子に対して居所を指定する権利がある（民法821条）。他人が未成年の子を連れ去って親のもとに帰さないときなどは，親はこの権利に基づいて，他人の妨害の排除を裁判所に請求できる。

64

③ 監護・教育のために必要な範囲内で自分の子を懲戒することができる（民法第 822 条）。

④ 未成年の子は親権者の許可を得なければ職業を営めない。いったん許可を与えても，未成年者がまだ営業に耐えられないと見られるときは，許可を取り消すことや制限することができる（民法第 823 条）。

⑤ 親権者は自分の財産を管理すると同じ程度の注意を払って，子の財産の管理をする（民法第 827 条）。

（4）親権の制限と喪失

親権者が，親と雇い主との間で勝手に子の就職を決めてはならない（労働基準法第 58 条 1 項）。

親権は子のために負う義務であるから，親権者を勝手にやめることはできないが，親権を濫用するなど，著しく不行跡な親権者であるときは親権全部を，また子の財産管理人として適当でないときは親権喪失などの宣告を家庭裁判所が行う（民法第 834 条の 2）。

吉田恒雄は，「現行制度の背景には，親が子どもの適切な養育者であり，親に全面的に子どもをゆだねることが子どもの福祉に合致するとの理念がある。この考え方は，子どもの権利条約にもみられるように普遍的であり，親子の養育をめぐる権利を保障するとすれば国家による私的養育への干渉には慎重でなければならない。しかし，共働きや離婚の増加，少子化による親の期待の増大，育児に対する社会的支援の絶対的不足など子どもの養育をめぐる環境は大きく変わってきている。私的養育の全面的依存は現状では過大な養育負担になっており，その矛盾が虐待などとなって子供に向けられている」といっている[5]。

2016（平成 28）年度の虐待による死亡人数（心中以外）は 49 人となっている。虐待によって死亡した子どもの年齢は 0 歳児が 32 人ともっとも多く高い割合を占めている。そのなかでも月齢「0 か月」が 16 人となっており，極め

て多い。主たる加害者は実母がもっとも多く30人で，全体の61％を占めている。さらに居住実態が把握できない児童数は，調査対象児童1,183人のうち28人であった（2018（平成30）年6月1日現在）。なお，2017（平成29）年度調査で居住実態が不明な児童は28人（2017年（平成29）年6月1日時点・調査対象児童数1,630人中）であり，そのうち8人が2017年度も引き続き居住実態が把握できなかった児童として，その28人のなかに含まれている。児童虐待が頻発するようになったことから，2011（平成23）年6月に，民法において，親権停止制度が創設されるとともに，親権喪失や管理権喪失の原因も見直されて，子の利益が害されている場合に親権が制限されうることが明確になった（親権の制限）。親権の制限には法律では3つに分けられる。親権喪失，親権停止，管理権の喪失である。これらは民法で規定されている。親権喪失とは，親の親権を喪失させる（親権者の権利義務を失わせる）手続きである（民法834条）。

親権停止とは，2年以内という期限付きで親が親権を行使することができな

図表2-8　親権制限事件・児童福祉法28条事件の新受件数一覧
（平成20年から平成29年まで）

| | 親権制限事件 | | | | 児童福祉法28条1項事件 | 児童福祉法28条2項事件 |
	合計	うち親権喪失	うち親権停止	うち管理権喪失		
平成20年	139	－		－	199	125
平成21年	110	－		－	202	92
平成22年	147	－		－	237	129
平成23年	119	－		－	235	98
平成24年	239	111	120	6	300	123
平成25年	315	111	186	14	276	130
平成26年	274	108	153	10	279	143
平成27年	267	63	192	6	254	150
平成28年	316	108	202	4	269	160
平成29年	373	118	250	4	288	133

※司法統計による。平成29年の数値は速報値である。
※親権制限事件について，平成23年までは，内訳を把握していない。
出典：最高裁判所事務総局家庭局「親権制限事件及び児童福祉法28条事件の概況」
　　　平成29年1月～12月

くする手続きである（民法 834 条の 2 の 2 項）。管理権喪失とは，親権者である父母が子どもの財産を適切に管理することが困難な場合や，財産管理を行うことが不適当な場合に，父母の財産管理権を制限する手続きである。子どもの監護養育に大きな問題がなくても，財産管理や法律行為の代理などを行わせるのが適当でないときに，親権のうち管理権だけを喪失させることができる（民法 834 条）。近年の親権喪失，親権停止，管理権の喪失の状況については上記した図表 2-8 で示している。

2019（令和元）年の児童福祉法の改正では，虐待を理由に「しつけ」をあげる保護者がいるため，罰則はないものの体罰禁止の規定が設けられた。なお，親権については 2021（令和 3）年の改正に向けて，民法が定めている親による子どもへの『懲戒権』のあり方について関係機関と協議をしている。

以上のことを考えれば，親権については，親の権利というよりは，むしろ未成年の子を養育するために，親に与えられた義務であるとする方が一般的である。その義務は「子どもの最善の利益」をいかに保障することができるかにかかっているといえるだろう。

注）
1）一番ヶ瀬康子編『新・社会福祉とは何か』ミネルヴァ書房，1990 年，p.8
2）社会福祉士養成講座編集委員会編『児童や家庭に対する支援と児童・家庭福祉制度』中央法規，2013 年，pp.30-31
3）高橋重宏編『子ども家庭福祉論』放送大学教育振興会，1998 年，p.12
4）社会福祉学習双書編集委員会編『児童家庭福祉論』全国社会福祉協議会，2011 年，pp.3-4
5）吉田恒雄・荒牧重人，吉永省三編『児童支援・救済』日本評論社，2008 年，p.186

参考文献
一番ヶ瀬康子編『新・社会福祉とは何か』ミネルヴァ書房，1990 年
一番ヶ瀬康子監修，大久保秀子著『社会福祉とは何か（新版）』一橋出版，2005 年
社会福祉の動向編集委員会『社会福祉の動向 2019』中央法規，2019 年
社会福祉士養成講座編集委員会編『児童や家庭に対する支援と児童・家庭福祉制

度』中央法規，2017 年

高橋重宏編『子ども家庭福祉論—子どもと親のウェルビーイングの促進』放送大
　学教育振興会，1998 年

厚生労働省『厚生労働白書（平成 30 年版)』2019 年

柏女霊峰『子ども家庭福祉・保育のあたらしい世界』生活書院，2006 年

山縣文治編『よくわかる子ども家庭福祉』（第 9 版）ミネルヴァ書房，2017 年

横倉聡・田中利則・和田光一編『児童家庭福祉』ミネルヴァ書房，2013 年

宮武正明　『子どもの貧困　貧困の連鎖と学習支援』みらい，2014 年

山縣文治『子ども家庭福祉論』ミネルヴァ書房，2016 年

読者のための参考図書

『厚生労働白書』各年版
　児童家庭サービスを含む厚生労働行政の全般にわたり，最新の動向と政府の取
　り組みについての報告をしている．その取り組みを理解することができる．

国民の福祉の動向編集委員会『国民の福祉と介護の動向』厚生労働統計協会，各
　年版
　子ども家庭福祉の実施体制や児童福祉施設，具体的サービスの動向について，
　基本的な解説や統計資料が詳しく載っている．統計資料の分析にはもっとも適
　している．

社会福祉の動向編集委員会『社会福祉の動向』各年版
　社会福祉の全般の動向を示すとともに，分野別社会福祉の現状分析がなされて
　いる．社会福祉の制度にとどまらず，公的扶助，所得保障，医療保険制度など
　の社会保障の中核を構成する各分野にわたり，最近の動向を解説している．

内閣府『子ども・子育て白書』各年版
　平成 22 年までの『少子化社会白書』からの変更．これまでの少子化対策や現状
　分析をするなかで，子ども・子育て支援や健全育成について，施策の概要の説
　明と今後の方向性が述べられている．なお，平成 25 年版からは『少子化社会対
　策白書』と名称変更になった．

一番ヶ瀬康子編『新・社会福祉とは何か』ミネルヴァ書房，1990 年
　社会福祉とは，福祉をめぐる方策である．その理論によってわかりやすく分析
　していると同時に，生活の変化についても分析している．

馬場茂樹・和田光一編『現代子ども家庭福祉のすすめ』学文社，2008 年
現代社会福祉の入門書．社会福祉全体の現状，制度などを網羅してある。現代社会と社会福祉の問題を明らかにしつつ，社会福祉の理念を考察している。社会福祉の分野についても課題を分析している。

山縣文治『子ども家庭福祉論』ミネルヴァ書房，2016 年
子ども家庭福祉サービス全体の最新の現状と課題について，分析．解説および考察をしている。児童福祉の課題と今後の展望を理解することができる入門書。

山縣文治編『よくわかる子ども家庭福祉（第９版）』ミネルヴァ書房，2017 年
はじめて児童福祉や子ども家庭福祉を学ぶ人のことを考えて，子ども家庭福祉を学習するポイントを項目として取り出し解説をしている。

横倉聡・田中利則・和田光一編『児童家庭福祉』ミネルヴァ書房，2013 年
子どもの最善の利益のために現代社会と子どもたちがおかれている環境を分析し，今問われている課題を探る。保育士資格のためのテキストでもある。

宮武正明　『子どもの貧困　貧困の連鎖と学習支援』みらい，2014 年
子どもの悩みに寄り添い，生活を支援してきた 30 年にわたる実践の記録で，生活保護世帯などの子どもたちへの学習支援を中心とした取り組みが紹介されている。

島田妙子『虐待の淵を生き抜いて』毎日新聞出版，2016 年
死を覚悟するまでの虐待をうけながら育ってきた著者の記録をまとめたものである。

✲ 考えてみよう

❶ 社会福祉の理念についてはそのほかにもいくつかある。調べてみよう。
❷ 多様・多元化した福祉サービス供給体制（４つのセクター）の具体的な展開を通して，長所と短所を整理しよう。
❸ 子どもの定義について法的な確認をしよう。
❹ 子どもの権利保障に関する自治体の取り組みについて選べてみよう。

第3章　児童福祉の実施体制と仕組み

　児童福祉サービスを具体的に展開するには，どのように制度化されているのか，その仕組みや方法を理解することが重要である。児童福祉サービスは，児童福祉法を基本としてさまざまな法令により推進されており，公的機関だけではなくさまざまな実施主体によって運営されている。

　本章では，児童福祉法を始めとする児童福祉にかかわる法律，サービスを実際に運営する児童福祉機関および児童福祉施設などの理解を通して，児童や家庭への支援・援助の目的・方法・展開などの仕組みを学ぶ。

キーワード　児童福祉法，市町村，児童福祉機関，児童福祉施設，社会的養護

1．子ども家庭福祉の法体系

（1）児童福祉法

　子ども家庭福祉の根幹を成し，かつ総合的な法律が児童福祉法である。児童福祉法は 1947（昭和 22）年 12 月に制定・公布され，翌年 1 月に施行された。

　第二次世界大戦前の児童福祉関係の中心的な法律は，少年教護法，救護法，児童虐待防止法（1947 年廃止），母子保護法の 4 つであったが，これらの法律では対応できない部分も多く，児童福祉に関する総合的な法律の制定が課題とされていた。さらに，第二次世界大戦後の日本の社会経済における混乱は，児童を取り巻く環境においても例外ではなく，戦争孤児や引き揚げ孤児が浮浪児となってちまたにあふれ，これらの児童の保護が緊急の課題であった。これらを背景に，児童福祉法では要保護児童への対応にとどまることなく，すべての児童の健全な育成と福祉の積極的な推進を基本原理としていることに特徴がある。

児童福祉法は，総則，福祉の保障，事業・養育里親及び養子縁組里親並びに施設，費用，国民健康保険団体連合会の児童福祉法関係業務，審査請求，雑則ならびに罰則の全8章から構成されている。総則の第1条で示されていた児童福祉の原理が，2016（平成28）年の改正により，児童は適切な養育をうけ，心身の健やかな成長・発達や自立が図られることなどを保障される，権利を有する主体であることが明確化された。さらに第2条では，児童の年齢及び発達の程度に応じて，その意見が尊重され，その最善の利益を優先して考慮するよう努めることが定められた。また，育成の第一義的責任を負うのは児童の保護者であることが新たに規定され，国・地方公共団体とともに児童の心身の健やかな成長・発達を支え，児童の福祉を保障していくことが示された。

核家族化，子育て機能の変化や少子社会化など，児童や家庭をめぐる環境の変化に対応し，児童家庭福祉の再構築ができるように，児童福祉法は制定後50年を迎えた1997（平成9）年に保育施策，児童自立支援施策，母子家庭施

図表3-1　児童福祉法改正による総則の変化

	1947年12月～2016年6月2日	2016年6月3日～
第1条	第1項　すべて国民は，児童が心身ともに健やかに生まれ，且つ，育成されるよう努めなければならない。 第2項　すべて児童は，ひとしくその生活を保障され，愛護されなければならない。	全て児童は，児童の権利に関する条約の精神にのつとり，適切に養育されること，その生活を保障されること，愛され，保護されること，その心身の健やかな成長及び発達並びにその自立が図られることその他の福祉を等しく保障される権利を有する。
第2条	国及び地方公共団体は，児童の保護者とともに，児童を心身ともに健やかに育成する責任を負う。	第1項　全て国民は，児童が良好な環境において生まれ，かつ，社会のあらゆる分野において，児童の年齢及び発達の程度に応じて，その意見が尊重され，その最善の利益が優先して考慮され，心身ともに健やかに育成されるよう努めなければならない。 第2項　児童の保護者は，児童を心身ともに健やかに育成することについて第一義的責任を負う。 第3項　国及び地方公共団体は，児童の保護者とともに，児童を心身ともに健やかに育成する責任を負う。
第3条	前2条に規定するところは，児童の福祉を保障するための原理であり，この原理は，すべての児童に関する法令の施行にあたつて，常に尊重されなければならない。	

第 3 章　児童福祉の実施体制と仕組み　71

図表3-2　児童福祉法で規定されている内容

総　　　則	原理，用語や事業の定義，実施機関，児童福祉司・児童委員・保育士など
福祉の保障	保健・医療，障害児福祉，保育，要保護児童などへの援助や被措置，児童等虐待の防止，障害児福祉計画など
事業，養育里親及び養子縁組里親並びに施設	児童福祉事業，養育里親および児童福祉施設
費　　　用	国および都道府県，市町村，本人または扶養義務者による費用負担の割合，補助
国民健康保険団体連合会の児童福祉法関係業務	障害児入所給付費や障害児通所給付費等の支払い
審査請求	障害児通所給付費等に関する審査請求
雑則／罰則	その他の例外的な規定，児童福祉法に違反した場合の罰則

策について大幅な改正がなされ，1998（平成10）年4月に施行された。

　その後も一部法改正がなされ，2001（平成13）年の改正では，保育士の国家資格化・名称独占資格化，主任児童委員の法定化，認可外保育施設などに対する監督の強化，認可保育所整備のための公設民営方式の推進等の措置などが規定された。2003（平成15）年には市町村における子育て支援事業の実施，市町村保育計画の作成，2004（平成16）年には児童虐待防止対策の推進，児童相談における市町村の役割強化，2005（平成17）年には障害児施設給付制度の導入，2008（平成20）年には社会的養護や子育て支援の充実，2012（平成24）年には障害児支援，2016（平成28）年には児童福祉法の理念の明確化，児童虐待の予防・発生時の対応，被虐待児童の自立支援などがそれぞれ規定されている。

要保護児童

児童福祉法では，保護者のない児童または保護者に監護させることが不適当であると認められる児童とされ，要保護児童を発見した者は，これを市町村，都道府県の設置する福祉事務所もしくは児童相談所（または児童委員を介して）に通告しなければならない。

一時保護

要保護児童の処遇が決まるまでの間，一時的に保護することをいう。期間は原則として
2ヵ月以内。児童相談所所長が児童相談所附設の一時保護所あるいは適当な者に委託し
て行う。市町村は，一時保護の必要性を都道府県知事に通知することができる。

要保護児童対策地域協議会

2004年の児童福祉法の改正により，虐待をうけた児童などに対する市町村の体制を強
化するため，関係機関が連携を図り児童虐待などに対応するため設置された。子どもを
守る地域ネットワークともいわれる。2016年には児童福祉法が改正され，要保護児童
対策地域協議会の調整機関に児童福祉司などの専門職を配置することとなった。

(2) 児童福祉関連法

1) 児童虐待の防止等に関する法律

　児童虐待の防止等に関する法律（以下，児童虐待防止法）が制定されるまで
は，子どもの虐待について，児童福祉法を運用しながら対応してきたが，近年
になって児童相談所に寄せられる虐待相談件数の増加や，児童虐待問題の深刻
化を背景に，2000（平成12）年5月に新たに法律として制定され，同年11月
に施行された。

　児童虐待防止法では，児童虐待の定義がはじめて明記された。また，子ども
に対する虐待の禁止，国および地方公共団体における責務，児童虐待の早期発
見・通告，通告または送致をうけた場合の調査・判定・援助などの措置，立入
調査等の警察の援助等が定められている。

　児童虐待を早期発見し安全を確認するには，家庭というプライバシー空間に
外部から入りこむことも多くなるため，法的な根拠をもって安全確認や一時保
護などを行わなければならない。通告後の対応は，基本的に児童福祉法に基づ
き行われ，保護者が指導をうけなければならないこと，施設に入所している児
童への保護者からの面会・通信の制限，児童の住所等の付近を徘徊することの
禁止など，児童福祉法と一体となった運用がなされるように援助することが児
童虐待防止法で規定されている。

第3章　児童福祉の実施体制と仕組み　73

図表3-3　児童虐待防止法における児童虐待の定義

身体的虐待	殴る，蹴る，投げ落とす，激しく揺さぶる，やけどを負わせる，溺れさせる，首を絞める，縄などにより一室に拘束するなど
性的虐待	子どもへの性的行為，性的行為を見せる，性器を触るまたは触らせる，ポルノグラフィの被写体にするなど
ネグレクト	家に閉じ込める，食事を与えない，ひどく不潔にする，自動車の中に放置する，重い病気になっても病院に連れて行かないなど
心理的虐待	言葉による脅し，無視，きょうだい間での差別的扱い，子どもの目の前で家族に対して暴力をふるう（ドメスティック・バイオレンス：DV）など

出典：厚生労働省：児童虐待防止対策「児童虐待の定義」
　　　https://www.mhlw.go.jp/stf/seisakunitsuite/bunya/kodomo/kodomo_kosodate/dv/about.html
　　　（2019年9月25日閲覧）

　児童虐待防止法は，その時々の社会の要請に合わせて改正を繰り返しながら，現在まで児童福祉の基盤として位置づけられている。2004（平成16）年の改正では，虐待通告先として市町村が加わり，児童相談所および市町村との二層構造で虐待に対応する仕組みとなった。また，市町村の体制強化として，要保護児童対策地域協議会が法定化され，地域の関係機関が連携を図り，児童虐待への対応が行われることとなった。

図表3-4　児童虐待対応のながれ

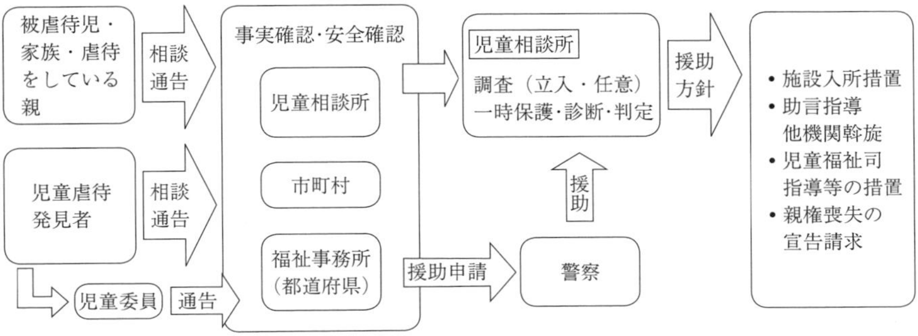

2) 少年法

　少年法は1948（昭和23）年に制定され，少年の健全な育成のため，非行の

図表3-5　少年事件の手続き

```
                                                          処分の種類
犯罪少年 ──通告──────────→ 家庭      ──────→ 審判を開始しない
                               裁判所
触法少年              児童   送致 （少年審判）          保護処分
虞犯少年 ─通告→ 相談所 ←────    審判      • 保護観察
                          送致               • 児童自立支援施設
                                                児童養護施設送致
                                             • 少年院送致

                                              都道府県知事または
           懲役      地方                      児童相談所長に送致
           禁錮 ←── 裁判所 ←──────
           など      （刑事裁判）             検察官送致

                                              不処分
```

ある少年に対する性格の矯正，環境の調整に関する保護処分を行い，少年の刑事事件について特別の措置を講ずることを目的とする。対象となるのは20歳未満の者であり，非行のある少年は，①犯罪少年（14歳から20歳までの罪を犯した少年），②触法少年（14歳に満たない刑罰法令に触れる行為をした少年），③虞犯少年（将来，罪を犯すおそれがあるか，刑罰法令に触れる行為をするおそれのある少年）に分類されており，それぞれに応じた対応が取られるようになっている。

　犯罪少年はすべて家庭裁判所の審判に付され，触法少年と虞犯少年（14歳に満たない者）は，警察の判断によって児童相談所に通告され，児童相談所が指導や援助にあたる。触法少年と虞犯少年のなかには，児童相談所の判断の結果，家庭裁判所に送致されることがある。家庭裁判所が少年事件として受理した後，少年，保護者などの行状，経歴，素質，環境などについて，医学，心理学，社会学，教育学などの専門的知識，特に少年鑑別所の鑑別結果などの科学的知見を活用して調査を行う。調査後の審判では処分が決定され，保護処分には，①保護観察，②児童自立支援施設または児童養護施設に送致，③少年院送致がある。

　2007（平成19）年の少年法改正により，一定の重大事件にかかわる触法少年

に対する家庭裁判所送致の措置，14歳未満の少年の少年院送致，保護観察中に付された者に対する指導を効果的にするための措置，国選付添人制度が導入された。

2014（平成26）年の改正では，18歳未満の少年に対し，無期懲役に代わって言い渡せる有期懲役の上限が15年から20年に引き上げられた。また20歳未満の少年に対し言い渡せる不定期刑が，最長で短期5年，長期10年から，短期10年，長期15年に引き上げられた。さらに，より適切に事実認定をするために，検察官が少年審判手続きに関与できる対象を殺人・強盗などだけではなく，窃盗や傷害などにも拡大された。また少年の権利・保護に対して配慮する観点から，国選付添人の弁護士が立ち会える事件の対象も併せて広げられた。

3) 配偶者からの暴力の防止及び被害者の保護等に関する法律（DV防止法）

「配偶者からの暴力の防止及び被害者の保護に関する法律」（以下，DV防止法）は，配偶者からの暴力にかかわる通報，相談，保護，自立支援などの体制を整備することにより，配偶者からの暴力の防止と被害者の保護を図ることを目的に，2001（平成13）年4月に成立し，同年10月に施行された。2004（平成16）年，2007（平成19）年に法改正が行われており，2013（平成25）年の一部法改正により，法律名が「配偶者からの暴力の防止及び被害者の保護等に関する法律」に改められた。

配偶者からの暴力とは，配偶者からの身体に対する暴力，またはこれに準ずる心身に有害な影響を及ぼす言動をいい，事実婚関係での暴力や離婚後も続く場合も含む。2013（平成25）年7月3日に公布された一部法改正では，生活の本拠をともにする交際関係にある相手にも適用されることになった。

配偶者からの暴力の防止と被害者の保護のため，配偶者暴力相談支援センターが，① 相談対応，相談機関の紹介，② カウンセリング，③ 緊急時の安全確保，一時保護，④ 就業支援，在宅確保，援護などに関する情報提供，助言，

図表3-6 配偶者暴力防止法の概要

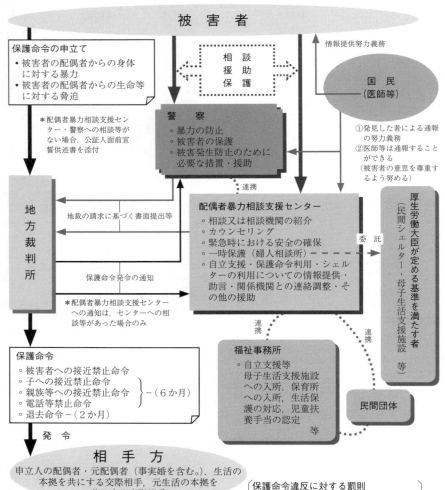

出典）内閣府　男女共同参画局（内閣府）配偶者からの暴力被害者支援情報サイト
　　　配偶者からの暴力の防止及び被害者の保護等に関する法律の概要
　　　http://www.gender.go.jp/policy/no_violence/e-vaw/law/pdf/140527dv_panfu.pdf（2019年9月27日閲覧）

関係機関との連携調整などの業務を行っている。2002（平成14）年度から，婦人相談所など適切な施設が配偶者暴力相談支援センターの機能を果たせるように，都道府県が相談業務を開始した。2007（平成19）年の法改正では，市町村についても，「自らが設置する適切な施設において，配偶者暴力相談支援センターの機能を果たすよう」に努めることが規定された。

　配偶者からの身体に対する暴力をうけた被害者が，生命または身体に重大な危害をうけるおそれが大きいときは，裁判所が被害者からの申立てにより，配偶者に対して保護命令を発令することができる。保護命令には，以下の3種類がある。

① 接近禁止命令は，6か月，住居．勤務先などへの接近を禁止（被害者本人・子・親族等）。

② 退去命令は，2か月間，住居からの退去を命令。

③ 電話等禁止命令は，午前10時～午後6時までの間，無言電話，連続電話，ファクシミリ，電子メールを禁止。

　DV防止法では，被害者の自立支援を含む国および地方公共団体の責務が規定されており，主務大臣は基本方針を，都道府県は都道府県基本計画をそれぞれ策定する義務がある。2007（平成19）年の法改正では，市町村に市町村基本計画を進める努力義務が規定された。

　2013（平成25）年の改正では，生活の本拠を共にする交際関係にある相手からの暴力及びその被害者についても，法の適用対象とされた。

2．子ども家庭福祉の機関

(1) 児童相談所

　児童相談所は，児童福祉法に基づいて設置される児童福祉の行政機関である。18歳未満の子どもに関する問題について，本人，家族，学校の先生，地域住民などからの相談に応じ，問題を解決するために必要な援助を行う。都道

府県および指定都市に設置が義務づけられており，2006（平成18）年からは中核市，2016（平成28）年からは特別区も設置できるようになった。中核市や特別区などに児童相談所を設置することで，その市の特性を活かし，地域住民にとっての身近な存在となり，児童の相談・問題解決の体制の強化が期待できる。2018（平成30）年10月1日現在，児童相談所は全国に212か所設置されている。

　2004（平成16）年12月の児童福祉法改正により，児童相談所の役割が大きく変化し，緊急性が高く，専門的な知識や技術を要するものに対応することになった。身近な市町村で対応できる相談は市町村で対応し，児童相談所は市町村で対応困難な相談，施設への入所措置，一時保護や心理判定など児童相談所の設備や専門性を要する相談への対応，市町村への後方支援（市町村間の連絡調整，職員研修，技術的援助など）にあたるようになったのである。

　児童相談所には，所長をはじめ児童福祉司，児童心理司，精神科医や小児科医などの医師，児童指導員，保育士などの職員が配置され，専門職のチームにより業務を行っている。

　児童福祉司は，相談に応じ必要な調査や社会診断を行い，子ども，保護者，関係者などに必要な指導や関係の調整を行っている。児童心理司は，子ども，保護者などに対して，心理診断，心理療法，カウンセリング，助言指導を行う。児童指導員・保育士は，一時保護している子どもの生活指導・学習指導・行動観察・診断など生活の支援にあたるとともに，児童福祉司などと連携して子どもや保護者の指導をしている。

　2016（平成28）年に策定された児童相談所強化プランでは，2016年度〜2019年度を対象期間として，児童福祉司や児童心理司などの増員と児童福祉司の資質の向上，法律に関する専門的な知識や経験に基づいた業務を適切かつ円滑に行うために，弁護士の積極的な配置の推進が目標とされている。

1）児童相談所が受け付ける相談の種類と内容

児童相談所が受け付ける相談の種類は，養護相談，保健相談，障害相談，非行相談，育成相談，その他の相談に分類される。内容については，図表3−7に示したとおりである。

相談受付件数の推移をみると，1960年代の半ば以降，多少の増減はあるものの横ばい傾向であったが，1988（昭和63）年以降は増加を続け，2002（平成14）年度は398,552件の相談があった。2004（平成16）年の児童福祉法改正による市町村との児童相談に関する役割分担の見直しにより，いったん相談件数は減少したが，その後は増減を繰り返し，2017（平成29）年度の児童相談所における相談の対応件数は466,880件となっている。相談の種類別にみると，「養護相談」が195,786件（構成割合41.9%）ともっとも多く，次いで「障害相談」が185,032件（同39.6%），「育成相談」が43,446件（同9.3%）となっている。また，「養護相談」の構成割合は年々上昇している（図表3−8ＡＢ）。

2）児童相談所における相談援助活動の流れ

児童相談所で相談を受け付けると，図表3−9で示すように，調査，診断，判定によって，指導方針や措置が決定される。

（2）福祉事務所

福祉事務所は，社会福祉法で定められた福祉に関する事務所のことであり，社会福祉行政の第一線機関である。地方分権化の流れが強まるなかで，福祉事務所の役割はますます大きくなっている。

福祉事務所では，福祉六法（「生活保護法」「児童福祉法」「母子及び父子並びに寡婦福祉法」「身体障害者福祉法」「知的障害者福祉法」「老人福祉法」）に定められている援護，育成または更生の措置に関する業務を行っている。児童福祉関連業務では，①子どもおよび妊産婦の福祉に関して必要な実情の把握に努めたり，②子どもおよび妊産婦の福祉に関する相談や調査を実施し，個別または

図表3-7 受け付ける相談の種類及び主な内容

	種類	主な内容
養護相談	1．児童虐待相談	児童虐待の防止等に関する法律の第2条に規定する次の行為に関する相談 (1) 身体的虐待 　生命・健康に危険のある身体的な暴行 (2) 性的虐待 　性交，性的暴行，性的行為の強要 (3) 心理的虐待 　暴言や差別など心理的外傷を与える行為，児童が同居する家庭における配偶者，家族に対する暴力 (4) 保護の怠慢，拒否（ネグレクト） 　保護の怠慢や拒否により健康状態や安全を損なう行為及び棄児
	2．その他の相談	父又は母等保護者の家出，失踪，死亡，離婚，入院，稼働及び服役等による養育困難児，迷子，親権を喪失・停止した親の子，後見人を持たぬ児童等環境的問題を有する子ども，養子縁組に関する相談。
保健相談	3．保健相談	未熟児，虚弱児，ツベルクリン反応陽転児，内部機能障害，小児喘息，その他の疾患（精神疾患を含む）等を有する子どもに関する相談
障害相談	4．肢体不自由相談	肢体不自由児，運動発達の遅れに関する相談。
	5．視聴覚障害相談	盲（弱視を含む），ろう（難聴を含む）等視聴覚障害児に関する相談。
	6．言語発達障害等相談	構音障害，吃音，失語等音声や言語の機能障害をもつ子ども，言語発達遅滞を有する子ども等に関する相談。ことばの遅れの原因が知的障害，自閉症，しつけ上の問題等他の相談種別に分類される場合は該当の種別として取り扱う。
	7．重症心身障害相談	重症心身障害児（者）に関する相談。
	8．知的障害相談	知的障害児に関する相談。
	9．発達障害相談	自閉症，アスペルガー症候群，その他広汎性発達障害，学習障害，注意欠陥多動性障害等の子どもに関する相談。
非行相談	10．ぐ犯等相談	虚言癖，浪費癖，家出，浮浪，乱暴，性的逸脱等のぐ犯行為若しくは飲酒，喫煙等の問題行動のある子ども，警察署からぐ犯少年として通告のあった子ども，又は触法行為があったと思料されても警察署から法第25条による通告のない子どもに関する相談。
	11．触法行為等相談	触法行為があったとして警察署から法第25条による通告のあった子ども，犯罪少年に関して家庭裁判所から送致のあった子どもに関する相談。受け付けた時には通告がなくとも調査の結果，通告が予定されている子どもに関する相談についてもこれに該当する。
育成相談	12．性格行動相談	子どもの人格の発達上問題となる反抗，友達と遊べない，落ち着きがない，内気，緘黙，不活発，家庭内暴力，生活習慣の著しい逸脱等性格もしくは行動上の問題を有する子どもに関する相談。
	13．不登校相談	学校及び幼稚園並びに保育所に在籍中で，登校（園）していない状態にある子どもに関する相談。非行や精神疾患，養護問題が主である場合等には該当の種別として取り扱う。
	14．適性相談	進学適性，職業適性，学業不振等に関する相談。
	15．育児・しつけ相談	家庭内における幼児の育児・しつけ，子どもの性教育，遊び等に関する相談。
	16．その他の相談	1～15のいずれにも該当しない相談。

出典）厚生労働省『児童相談所運営指針』子発1025第1号，平成30年10月25日

第3章 児童福祉の実施体制と仕組み 81

図表3-8A 児童相談所における相談の種類別対応件数（2017（平成29）年度）

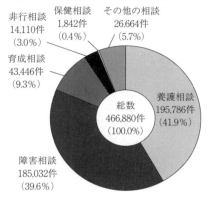

図表3-8B 児童相談所における相談の種類別対応件数の年次推移

(単位：件)

	平成25年度		26年度		27年度		28年度		29年度		対前年度	
		構成割合(％)		構成割合(％)		構成割合(％)		構成割合(％)		構成割合(％)	増減数	増減率(％)
総　　数	391,997	100.0	420,128	100.0	439,200	100.0	457,472	100.0	466,880	100.0	9,408	2.1
養護相談	127,252	32.5	145,370	34.6	162,119	36.9	184,314	40.3	195,786	41.9	11,472	6.2
障害相談	172,945	44.1	183,506	43.7	185,283	42.2	185,186	40.5	185,032	39.6	△154	△0.1
育成相談	51,520	13.1	50,839	12.1	49,978	11.4	45,830	10.0	43,446	9.3	△2,384	△5.2
非行相談	17,020	4.3	16,740	4.0	15,737	3.6	14,398	3.1	14,110	3.0	△288	△2.0
保健相談	2,458	0.6	2,317	0.6	2,112	0.5	1,807	0.4	1,842	0.4	35	1.9
その他の相談	20,802	5.3	21,356	5.1	23,971	5.5	25,937	5.7	26,664	5.7	727	2.8

出典）厚生労働省『平成29年度福祉行政報告』
　　　https://www.mhlw.go.jp/toukei/saikin/hw/gyousei/17/dl/gaikyo.pdf（2019年9月28日閲覧）

集団に対して必要な指導を行ったりしている。児童相談所の機能と重複しているが，福祉事務所では，児童相談所のような専門的な判断を必要としない比較的軽易なケースを担当する。

　都道府県，市，特別区には設置が義務づけられており，町村での設置は任意である。2017年4月1日現在，全国に1,247か所が設置されている（都道府県207，市（特別区を含む）997，町村43）。他の社会福祉に関する公的な機関に比べると設置数は多く，福祉事務所は地域の社会福祉に関する中心的な相談機関

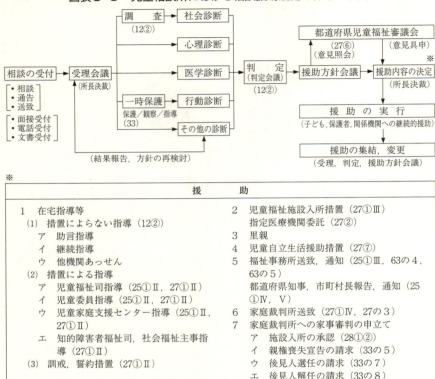

図表3-9 児童相談所における相談援助活動の体系・展開

出典）厚生労働省「児童相談所の運営指針について」
https://www.mhlw.go.jp/bunya/kodomo/dv-soudanjo-kai-zuhyou.html（2019年9月25日閲覧）

という性格をもつ。

　福祉事務所には，所長をはじめ，指導監督を行う所員，現業を行う所員，事務員などが配置されている。現業を行う所員とその指導監督を行う所員は，社会福祉主事でなければならない。

第3章　児童福祉の実施体制と仕組み　83

（3）児童家庭支援センター

　児童家庭支援センターは，1997（平成9）年の児童福祉法改正により，新た
に児童福祉施設として規定された施設である。児童家庭支援センター設置運営
要綱では児童家庭支援センターの目的を，地域の児童の福祉に関する各般の問
題につき，児童に関する家庭その他からの相談のうち，専門的な知識及び技術
を必要とするものに応じ，必要な助言を行うとともに，市町村の求めに応じ，
技術的助言その他必要な援助を行うほか，保護を要する児童又はその保護者に
対する指導を行い，児童相談所や児童福祉施設等と連絡調整等を総合的に行
い，地域の児童，家庭の福祉の向上を図ることと定めている。

　児童家庭支援センターで行う事業は，児童家庭支援センター設置運営要綱
（厚生労働省児童家庭局長通知）において以下のように定められている。

　① 子ども・家庭・地域からの相談に応ずる事業

　　地域の児童の福祉に関する各般の問題につき，児童に関する家庭その他か
らの相談のうち，専門的な知識及び技術を必要とするものに対して必要な助
言を行う。

　② 市町村の求めに応ずる事業

　　市町村の求めに応じ，技術的助言その他必要な援助を行う。

　③ 都道府県又は児童相談所からの受託による指導

　　児童相談所において，施設入所までではないが保護する必要がある児童，
施設退所後間もない児童など，継続的な指導措置が必要であるとされた児童
およびその家庭について，指導措置を受託して指導を行う。

　④ 里親やファミリーホームへの支援

　　里親およびファミリーホームからの相談に応じる等，必要な支援を行う。

　⑤ 関係機関との連絡・調整

　　児童や家庭に対する支援を迅速かつ的確に行うため，児童相談所，市町
村，福祉事務所，里親，児童福祉施設，自立援助ホーム，ファミリーホー

ム，要保護児童対策地域協議会，民生委員（児童委員），母子・父子自立支援員，母子・父子福祉団体，公共職業安定所，婦人相談員，保健所，市町村保健センター，精神保健福祉センター，教育委員会，学校等との連絡調整を行う。

児童家庭支援センターは，乳児院，児童養護施設，母子生活支援施設，児童自立支援施設，児童心理治療施設などの児童福祉施設に附置されている。2008（平成20）年の児童福祉法の一部改正により，施設附置要件が削除され，医療機関やNPOなどにも設置できるようになり，多様な設置主体による児童家庭支援センターの増設が期待されている。2019（令和元）年度末までに340か所を設置目標としているが，2018年5月1日現在で全国に123か所となっている。

児童家庭支援センターの職員は，運営管理責任者，相談・支援を担当する職員2名および心理療法などを担当する職員1名となっている。

今後の課題としては，児童養護施設などを多機能化するために児童家庭支援センターを設置するのではなく，地域の子育て支援の拠点となるように，児童家庭支援センターそのものを中心とした機能を付加し，より専門性の高い部分を受けもつ役割を高められるようにすべきである。

（4）保健所など

1）保健所

保健所は，地域保健法に基づいて，都道府県，指定都市，中核市，その他政令で定める市または特別区などに設置されている。保健所では，地域住民の健康の保持と増進を図るために，生活環境衛生の向上，疾病予防など地域の公衆衛生に関わる事柄について企画，調整，指導などを行う。保健所における児童福祉に関する業務は，児童福祉法に基づき，以下の通り行われている。

① 子どもの保健についての正しい衛生知識の普及

② 子どもの健康相談，健康診査，保健指導

③ 身体に障害のある子ども及び疾病により長期にわたり療養を必要とする子どもの療育指導

④ 児童福祉施設に対する栄養の改善，その他衛生に関して必要な助言

　職員には，所長をはじめ，医師，歯科医師，薬剤師，獣医師，診療放射線技師，臨床検査技師，管理栄養士，保健師，助産師，看護師などが配置されている。2018年4月現在，全国に469か所設置されている。

2）市町村保健センター

　1994年から，地域保健法によって，市町村に市町村保健センターを設置できるようになった。ただし設置は任意である。市町村保健センターでは，地域住民の健康の保持と増進のため，地域住民により身近で密着したはたらきができるように，健康相談や健診などの地域住民の健康づくりを中心とした活動を展開している。

（5）その他
1）家庭児童相談室

　福祉事務所の児童家庭福祉に関する相談指導業務を充実させるために，1964年度から福祉事務所に任意で設置されている。社会福祉主事と家庭相談員が配置され，18歳までの子どもやその養育をしている家庭に関する相談を受け付け必要な情報を提供したり，児童相談所などの関係機関と連携をすることで，専門的技術を必要とする業務を行ったりしている。家庭児童相談室は設置数が多いため，地域住民が身近なところで児童家庭福祉に関する相談に応じることができる。

2）家庭裁判所

　家庭裁判所は裁判所法に基づき設置され，夫婦関係や親子関係の紛争など家

86

庭に関する事件の調停や審判，非行を犯した少年の事件について審判を行う。

　家庭裁判所では，家庭内のトラブルや非行の背景にある原因を探り，どのようにすれば，家庭の問題が解決されるのか，非行を犯した少年が更生できるのかを考えて，それぞれのケースに応じた対応がとられている。家事審判官（裁判官），家庭裁判所調査官，調停委員などが働いている。

> **家庭裁判所調査官**
> 家庭内での事件や少年事件の審判に必要とされる。紛争の原因や少年が非行に至った動機，その背後にある人間関係や生活環境などを調査している。

3．児童委員・主任児童委員

　児童委員は，児童福祉法第16条で規定されており，都道府県知事が推薦し厚生労働大臣によって委嘱されたボランティアである民生委員が充てられる。主な職務は，担当区域の子どもや妊産婦，家庭の生活状況を把握し必要な情報を提供したり，地域の相談窓口として相談に応じたりしている。また，行政などの関係機関に保護が必要な児童の連絡をし，児童福祉司や社会福祉主事の職務に協力することで，児童家庭福祉の増進に貢献している。2018（平成30）年3月31日現在，全国で232,041人が活動している。民生委員としての任期は3年で再任も可能である。

　児童委員は民生委員が兼務しており，児童家庭福祉以外に関係する問題にも携わっている。民生委員が2017年度にうけた分野別の相談件数をみると，高齢者に関すること56.8％，障害者に関すること4.7％，児童に関すること20.7％，その他17.8％となっており，高齢者に関係する相談に関わることが多い。

　一方，主任児童委員は，児童福祉に関する問題を専門に担当する。特定の区域を担当せずに，地域の児童家庭福祉に関する機関との連携を図り，児童委員の活動をサポートしている。1994（平成6）年に創設された。主任児童委員

は，児童委員の中から厚生労働大臣により指名される。2018（平成30）年3月31日現在，全国に21,475人がおり活動している。

　民生委員・児童委員の活動では，個人の私生活に立ち入ることもあるため，活動上知り得た情報については守秘義務が課せられている。この守秘義務は，委員退任後も引き続き課される。

民生委員・児童委員のマーク
1960（昭和35）年に公募で選ばれた。幸せのめばえを示す四つ葉のクローバーを背景に，民生委員の「み」の文字と児童委員を示す双葉を組み合わせ，平和のシンボルである鳩を形どって，愛情と奉仕を表している。

4．児童福祉施設の体系

　児童福祉法は12種類の施設，すなわち，助産施設，乳児院，母子生活支援施設，保育所，幼保連携型認定こども園，児童厚生施設，児童養護施設，障害児入所施設，児童発達支援センター，児童心理治療施設，児童自立支援施設及び児童家庭支援センターを児童福祉施設と定義している（児童福祉法第7条）。

　児童福祉施設の概要は図表3-10のとおりとなる。

　児童福祉施設は入所によるものと，通所利用によるものとに大別される。このうち，入所による児童福祉施設はおおむね社会福祉法第2条第2項により第一種社会福祉事業に，通所・利用による児童福祉施設は同法第2条第3項により第二種社会福祉事業に分類される。

　第一種社会福祉事業は，「利用者への影響が大きいため，経営安定を通じた利用者の保護の必要性が高い事業（主として入所施設サービス）」である。原則として行政ないし社会福祉法人が経営主体となる。児童福祉施設に関しては個別法による経営主体の制限がないため，行政ないし社会福祉法人以外のものも都道府県知事などの許可を得ることで施設経営をすることができる。

第二種社会福祉事業は，「利用者への影響が比較的小さいため，公的規制の必要性が低い事業（主として在宅サービス）」であるため，経営主体は制限されず，すべての主体が届出により事業経営をすることができる。

児童福祉施設は，措置制度に基づく利用が主であったが，1997（平成9）年の児童福祉法改正により，保育所の利用が保護者と市町村が契約する方式（行政との契約方式）に改められた。その後，2000（平成12）年の法改正で，助産施設と母子生活支援施設も行政との契約方式に移行した。

また，障害児入所施設への入所を希望する場合は，児童相談所に，通所である児童発達支援センターの利用を希望する場合は，市町村に支給申請を行い，支給決定を受けた後，利用する施設と契約を結ぶ。ただし，保護者の精神疾患や虐待，不在などにより利用契約の締結が困難であると児童相談所が判断した場合は，措置制度により利用することとなる。

児童福祉施設の入所・通所にあたっては，児童福祉法第56条に基づき，入所・通所に要する費用の全部または一部が，本人または扶養義務者の負担能力（所得状況）に応じて負担金（保育所においては保育料の場合も）として徴収される。児童厚生施設の場合は，すべての子どもを対象とした事業であり，サービス利用に関しての申込み手続きや利用料は原則として必要ない。

措置（委託）制度

第二次世界大戦後の日本における社会福祉の制度的中核を社会福祉法人制度とともに担う。自己選択・自己決定が重視される現代にあっては，そのパターナリズムな部分が問題視されることが多く，介護保険法や障害者総合支援法においては利用・契約制度が導入されている。

（1）児童福祉施設の種類

児童福祉法第45条の規定に基づき，「児童福祉施設最低基準」が定められていたが，2012年の改正により「児童福祉施設の設備及び運営に関する基準」（以下，「設備運営基準」）に改められた。

第3章　児童福祉の実施体制と仕組み　89

図表3-10　児童福祉施設の概要

名称	社会福祉事業としての種別	利用形態		窓口等	対象者と目的
助産施設	第二種	入所	行政との契約	福祉事務所	保健上必要があるにもかかわらず，経済的理由により，入院助産を受けることができない妊産婦を入所（入院）させて，助産を受けさせる。〈第一種〉医療法の病院又は診療所〈第二種〉医療法の助産所
乳児院	第一種	入所	措置	児童相談所	乳児（保健上 安定した生活環境の確保その他の理由により特に必要のある場合には，幼児を含む。）を入院させて，これを養育し，あわせて退院した者について相談その他の援助を行う。
母子生活支援施設	第一種	入所	行政との契約	福祉事務所	配偶者のない女子またはこれに準ずる事情にある女子及びその者の監護すべき児童を入所させて，これらの者を保護するとともに，これらの者の自立の促進のためにその生活を支援し，あわせて退所した者について相談その他の援助を行う。
保育所	第二種	通所	行政との契約	市町村	日々保護者の委託を受けて，保育に欠けるその乳児または幼児を保育する（とくに必要があるときは，日々保護者の委託を受けて，保育に欠けるその他の児童を保育することができる）。
幼保連携型認定こども園	第二種	通所	行政との契約	市町村	義務教育及びその後の教育の基礎を培うものとしての満三歳以上の幼児に対する教育及び保育を必要とする乳児・幼児に対する保育を一体的に行い，これらの乳児又は幼児の健やかな成長が図られるよう適当な環境を与えて，その心身の発達を助長する。
児童厚生施設	第二種	利用	—	施設へ直接	児童遊園，児童館等児童に健全な遊びを与えて，その健康を増進し，または情操をゆたかにする。
児童養護施設	第一種	入所	措置	児童相談所	保護者のない児童（乳児を除く。ただし，安定した生活環境の確保その他の理由によりとくに必要のある場合には，乳児を含む）。虐待されている児童その他環境上養護を要する児童を入所させて，これを養護し，あわせて退所した者に対する相談その他の自立のための援助を行う。
障害児入所施設	第一種	入所	契約（措置）	児童相談所	障害児を入所させて，以下に定める支援を行う。〈福祉型〉保護，日常生活の指導および独立自活に必要な知識技能の付与〈医療型〉保護，日常生活の指導，独立自活に必要な知識技能の付与及び治療
児童発達支援センター	第二種	通所	契約（措置）	市町村	障害児を日々保護者の下から通わせて，以下に定める支援を提供する。〈福祉型〉　日常生活における基本的動作の指導，独立自活に必要な知識技能の付与または集団生活への適応のための訓練〈医療型〉　日常生活における基本的動作の指導，独立自活に必要な知識技能の付与または集団生活への適応のための訓練および治療
児童心理治療施設	第一種	入所通所	措置	児童相談所	家庭環境，学校における交友関係その他の環境上の理由により社会生活への適応が困難となった児童を，短期間，入所させ，又は保護者の下から通わせて，社会生活に適応するために必要な心理に関する治療及び生活指導を主として行い，あわせて退所した者について相談その他の援助を行う。
児童自立支援施設	弟一種	入所通所	措置	児童相談所家庭裁判所	不良行為をなし・またはなすおそれのある児童及び家庭環境その他の環境上の理由により生活指導等を要する児童を入所させ，または保護者の下から通わせて，個々の児童の状況に応じて必要な指導を行い，その自立を支援し，あわせて退所した者について相談その他の援助を行う。
児童家庭支援センター	第二種	利用	—	直接相談	児童養護施設等の児童福祉施設に付置され，地域の児童の福祉に関する各般の問題につき，①児童に関する家庭その他からの相談のうち，専門的な知識および技術を必要とするものに応じ，必要な助言を行う。②市町村の求めに応じ，技術的助言その他必要な援助を行う。③児童相談所から委託による児童または保護者に対する指導を行う。④児童相談所，児童福祉施設等との連絡調整その他厚生労働省令の定める援助を総合的に行う。

改正をうけて，都道府県は設備運営基準を斟酌して条例により児童福祉施設の「最低基準」を定めることとなった。最低基準の設定にあたっては，児童の身体的，精神的および社会的発達のために必要な生活水準を確保しなければならず，「児童福祉施設に配置する従業者及びその員数」「児童福祉施設に係る居室及び病室の床面積その他児童福祉施設の設備に関する事項であって児童の健全な発達に密接に関連するものとして厚生労働省令で定めるもの」「児童福祉施設の運営に関する事項であって，児童（助産施設にあっては，妊産婦）の適切な処遇の確保及び秘密の保持，妊産婦の安全の確保並びに児童の健全な発達に密接に関連するものとして厚生労働省令で定めるもの」という3点については，設備運営基準に従わなければならない。

設備運営基準，最低基準ともに，その目的は，都道府県知事の監督に属する児童福祉施設に入所している者が，明るくて衛生的な環境において素養があり，かつ適切な訓練をうけた職員（児童福祉施設の長を含む。）の指導により，心身ともに健やかにして，社会に適応するように育成されることを保障することである。これらの基準については，あくまでも最低限守らなければならない基準であり，常に向上させることが求められている。

児童福祉施設における原則としては，「一般原則」（5項目）と「入所した者を平等に取り扱う原則」が定められている（図表3-11）。

また，2011（平成23）年7月にとりまとめられた「社会的養護の課題と将来像」に基づき，施設運営などの質の向上を図るため，社会的養護関係施設においては施設種別ごとに運営理念などを示す指針として，「児童養護施設運営指針」「乳児院運営指針」「情緒障害児短期治療施設（現・児童心理治療施設）運営指針」「児童自立支援施設運営指針」「母子生活支援施設運営指針」「里親及びファミリーホーム養育指針」という6つの指針が示されている。2015（平成27）年4月には，厚生労働省雇用均等・児童家庭局長より「自立援助ホーム運営指針」が通知された。なお，通所機能のみをもつ施設や障害児のための施設は，社会的養護関係施設に含まれないため，こうした指針は示されていない

第3章　児童福祉の実施体制と仕組み　91

図表3-11　児童福祉施設における原則（設備運営基準第5条・第9条）

児童福祉施設は，入所している者の人権に十分配慮するとともに，一人一人の人格を尊重して，その運営を行わなければならない。

児童福祉施設は，地域社会との交流及び連携を図り，児童の保護者及び地域社会に対し，当該児童福祉施設の運営の内容を適切に説明するよう努めなければならない。

児童福祉施設は，その運営の内容について，自ら評価を行い，その結果を公表するよう努めなければならない。

児童福祉施設には，法に定めるそれぞれの施設の目的を達成するために必要な設備を設けなければならない。

児童福祉施設の構造設備は，採光，換気等入所している者の保健衛生及びこれらの者に対する危害防止に十分な考慮を払って設けられなければならない。

児童福祉施設においては，入所している者の国籍，信条，社会的身分又は入所に要する費用を負担するか否かによって，差別的取扱いをしてはならない。

（保育所を除く）。

　社会的養護の原理としては，社会的養護関係施設に共通するものとして，「家庭的養護と個別化」「発達の保障と自立支援」「回復をめざした支援」「家族との連携・協働」「継続的支援と連携アプローチ」「ライフサイクルを見通した支援」の6点が示されている。

　また，社会的養護関係施設においては，社会福祉法第78条に基づく「自己評価（自己点検）」の実施が義務化されただけでなく，外部の目を入れるために3年に1回以上「第三者評価」を受審し，結果を公表することも義務づけられた。なお，社会福祉事業共通の第三者評価では，利用者調査は任意であるが，社会的養護関係施設における第三者評価に際しては，利用者調査が必ず実施される。

1）助産施設

　助産施設は，「保健上必要があるにもかかわらず，経済的理由により，入院助産を受けることができない妊産婦を入所させて，助産を受けさせることを目的とする施設」（児童福祉法第36条）であり，医療法における病院または診療

所である第一種助産施設と医療法における助産所である第二種助産施設とに分けられる。2017（平成29）年10月1日現在，全国で387か所が助産施設としての指定をうけている。利用を希望する場合は，居住地域の福祉事務所に申請をする。利用の可否については福祉事務所が調査のうえ判断する。生活保護受給世帯や市町村民税非課税世帯などが該当する。世帯の所得に応じた自己負担がある。

2) 乳児院

乳児院は，「乳児（保健上，安定した生活環境の確保その他の理由により特に必要のある場合には，幼児を含む。）を入院させて，これを養育し，あわせて退院した者について相談その他の援助を行うことを目的とする施設」（児童福祉法第37条）である。乳幼児を10人以上入所させる乳児院と10人未満を入所させる乳児院では設備運営基準が一部異なる。児童福祉法は乳児を満1歳に満たない者と定義しているが，乳児院は概ね2歳未満の乳幼児が入所措置される。2004（平成16）年の法改正により，入所する乳幼児の年齢要件が弾力化された。

乳児を入所させるために看護師の配置が義務付けられている。2018（平成30）年3月31日現在，全国で140か所が設置されている。児童養護施設や病院などに併設されることもある。

3) 母子生活支援施設

母子生活支援施設は，「配偶者のない女子又はこれに準ずる事情にある女子及びその者の監護すべき児童を入所させて，これらの者を保護するとともに，これらの者の自立の促進のためにその生活を支援し，あわせて退所した者について相談その他の援助を行うことを目的とする施設」（児童福祉法第38条）である。母子生活支援施設には，母子の生活支援を行うために，母子支援員が置かれる。

生活支援は，親子関係の再構築等および退所後の生活の安定が図られるよ

う，個々の母子の家庭生活および稼働の状況に応じ，就労，家庭生活および児童の養育に関する相談，助言および指導ならびに関係機関との連絡調整を行う等の支援により，その自立の促進を目的とし，かつ，その私生活を尊重して行わなければならない。

　配偶者からの暴力（DV）をうけたこと等により個別に特別な支援を行う必要があると認められる母子に支援を行う場合には，個別対応職員も置かれる。2018（平成30）年3月31日現在，全国で227か所が設置されている。配偶者からの暴力（DV）に対するシェルターとしても機能している。

4）保育所

　保育所は，「保育を必要とする乳児・幼児を日々保護者の下から通わせて保育を行うことを目的とする施設」（児童福祉法第39条）である。2018（平成30）年4月1日現在，児童福祉法による認可をうけた保育所は23,524か所である。なお，2018（平成30）年4月1日現在における認可保育所入所待機児童数は19,895人となっている。

　これに対して，児童福祉法第35条第3項に基づき市町村が都道府県に設置を届け出たり，同条第4項に基づき民間事業者などが都道府県知事などの認可をうけて設置したりした子どもを預かる施設は，認可外保育施設と総称される。このうち，夜8時以降の保育や宿泊を伴う保育，一時預かりの子どもが利用児童の半数以上である，のいずれかを常時満たしている施設は「ベビーホテル」ともよばれる。

5）幼保連携型認定こども園

　幼保連携型認定こども園は，「義務教育及びその後の教育の基礎を培うものとしての満三歳以上の幼児に対する教育及び保育を必要とする乳児・幼児に対する保育を一体的に行い，これらの乳児又は幼児の健やかな成長が図られるよう適当な環境を与えて，その心身の発達を助長することを目的とする施設」で

ある（児童福祉法第 39 条の 2）。幼保連携型認定こども園は，認定こども園法（就学前の子どもに関する教育，保育等の総合的な提供の推進に関する法律）の改正により学校及び児童福祉施設の双方の位置づけをもつ"単一の施設"となり，単一の認可，指導監督の一本化，財政措置は「施設型給付」で一本化された。

6）児童厚生施設

児童厚生施設は，「児童に健全な遊びを与えて，その健康を増進し，又は情操をゆたかにすることを目的とする施設」（児童福祉法第 40 条）で，屋外の児童厚生施設である児童遊園と屋内の児童厚生施設である児童館とからなる。児童厚生施設には「児童の遊びを指導する者（児童厚生員）」が必置される。児童厚生施設の数は，近年減少してきており，2017（平成 29）年 10 月 1 日現在では，児童遊園が 2,380，児童館が 4,541 となっている。

7）児童養護施設

児童養護施設は，「保護者のない児童（乳児を除く。ただし，安定した生活環境の確保その他の理由により特に必要のある場合には，乳児を含む。以下この条において同じ。），虐待されている児童その他環境上養護を要する児童を入所させて，これを養護し，あわせて退所した者に対する相談その他の自立のための援助を行うことを目的とする施設」（児童福祉法第 41 条）である。2004（平成 16）年の児童福祉法改正により，「当該施設を退所した者に対する相談その他の援助を行うこと」が追加された。また，児童福祉法第 48 条の 2 では，「地域の住民につき，児童の養育に関する相談に応じ，助言を行うよう努める」旨が規定されている。

2018（平成 30）年 3 月 31 日現在，全国に 605 の施設があり，32,253 人が在所している。18 歳の年度末（高校卒業時点）で，就職または進学などにより退所するケースが多いが，子どもの最善の利益のために必要な場合には 20 歳未満まで措置延長することができる。2011（平成 23）年 12 月には措置延長の積

第3章 児童福祉の実施体制と仕組み 95

極的活用が通知された。

　児童養護施設に入所している児童の半数以上は虐待をうけている。また，障害のある児童の入所も増加しており，児童養護施設に入所している児童のおよそ4分の1は，知的障害などをもっている。

　児童養護施設は1養育単位あたりの定員数により，大舎制・中舎制・小舎制に分けられる。定員20人以上を大舎制，13～19人を中舎制，12人以下を小舎制とよぶ。近年では，施設の小規模化と家庭的養護が推進されており，ケア単位の小規模化を進めるため，定員6～8名の小規模グループケアを行う児童養護施設が増えている。2017（平成29）年10月時点では，大・中・小舎制が約6割，小規模グループケアが約3割と，年々小規模グループケアが増加している。

　また，児童養護施設は，本体施設のほかに分園（グループホーム）を設置するようになってきている。こうした分園のうち，「地域小規模児童養護施設設置運営要綱」の基準に適合するものは，都道府県知事（指定都市市長，児童相談所設置市市長）から，地域小規模児童養護施設の指定をうけることができる。こうした地域小規模児童養護施設（グループホーム）の定員は本体施設とは別に6人となり，常に現員5人以上となる（指定直後を除く）ことが求められている。

　「社会的養護の課題と将来像」においては，本体施設の小規模化と施設機能の地域分散化，本体施設の高機能化という方向性が明確に示されている。児童養護施設の小規模化の意義については図表3-12のとおりである。2016（平成28）年に改正された児童福祉法の理念を具体化するために，「社会的養護の課題と将来像」が全面的に見直され，「新しい社会的養育ビジョン」がとりまとめられた。

図表3-12　児童養護施設の小規模化の意義

一般家庭に近い生活体験を持ちやすい
子どもの生活に目が届きやすく，個別の状況にあわせた対応をとりやすい
生活の中で子どもたちに家事や身の回りの暮らし方を普通に教えやすい
調理することにより，食を通じたかかわりが豊かに持てる
近所とのコミュニケーションのとりかたを自然に学べる
集団生活によるストレスが少なく，子どもの生活が落ち着きやすい
日課や規則など管理的になりやすい大舎制と異なり，柔軟に運営できる
安心感のある場所で，大切にされる体験を提供し，自己肯定感を育める
子どもたちが我が家という意識で生活でき，それが生活の主体性につながり，
　　自立の力が日常生活を通じて身についていく
家庭や我が家のイメージを持ち，将来家庭を持ったときのイメージができる
　　自立を意識し，意図的に子どもにかかわれる
少人数のため行動しやすい
地域の中にグループホームを分散配置することにより，地域での社会的養護の理解が深まる
地域の子ども会，自治会，学校区の関係者との交流が深まる

出典）厚生労働省「児童養護施設等の小規模化及び家庭的養護の推進について」より作成

子ども（児童）の最善の利益

社会的養護の中心となる理念のひとつ。「児童に関するすべて措置をとるに当たっては，児童の最善の利益が主として考慮されるものとする」（児童の権利に関する条約第3条）

---

8) 障害児入所施設と児童発達支援センター

　2012（平成24）年4月より，従来あった「5種類の児童福祉施設（障害児施設）」が，入所・通所といった利用形態および医療の必要性の度合いに応じて現在の施設種に再編された。詳しくは，第4章第6節「障害や難病のある子どもへの施策」を参照のこと。入所により利用するのが障害児入所施設（児童福祉法第42条）であり，通所により利用するのが児童発達支援センター（児童福祉法第43条）である。従来から，医療法における病院や診療所としての機能をもたなければならないと規定されていた施設種があり，それらは「医療型」として再編成され，それ以外は「福祉型」に再編成された。

　両施設において提供される支援は，「① 日常生活における基本的動作の指導，② 独立自活に必要な知識技能の付与，③ 集団生活への適応のための訓練

を行う」であり，医療型の場合は，これに ④ 治療が加わる。

主に入所・通所させる児童の特徴により設備や職員配置は変わる。医療型障害児入所施設には医療法に規定する病院として必要な設備を設けたり，職員を配置したりしなければならない。

9) 児童心理治療施設

児童心理治療施設は，「家庭環境，学校における交友関係その他の環境上の理由により社会生活への適応が困難となった児童を，短期間，入所させ，又は保護者の下から通わせて，社会生活に適応するために必要な心理に関する治療及び生活指導を主として行い，あわせて退所した者について相談その他の援助を行うことを目的とする施設」（児童福祉法第43条の2）である。2018（平成30）年3月31日現在，児童心理治療施設は46か所あり，増加傾向にある。

10) 児童自立支援施設

児童自立支援施設は，「不良行為をなし，又はなすおそれのある児童及び家庭環境その他の環境上の理由により生活指導等を要する児童を入所させ，又は保護者の下から通わせて，個々の児童の状況に応じて必要な指導を行い，その自立を支援し，あわせて退所した者について相談その他の援助を行うことを目的とする施設」（児童福祉法第44条）である。1997（平成9）年の児童福祉法改正により，それまでの「教護院」から名称が変更されるとともに，その機能や対象が拡大された。2017（平成29）年10月1日現在，全国に58か所設置されているが，その多くは県立施設である。

11) 児童家庭支援センター

第2節 (3)「児童家庭支援センター」（83ページ）を参照のこと。

（2）児童福祉施設における教育

　児童養護施設，障害児入所施設，児童心理治療施設および児童自立支援施設の長や里親等は，学校教育法に規定する保護者に準じて，その施設に入所中または受託中の児童を就学させなければならない（児童福祉法第48条）とされ，そのために必要な費用については措置費として支弁される。

　このうち，児童自立支援施設に入所中の児童に関しては，教育委員会の判断により，地域の小中学校への通学だけでなく，施設内に設置された分校や分教室に通学することも可能とされている。

　また，1997（平成9）年の児童福祉法等の一部を改正する法律の経過措置として当分の間，児童自立支援施設の長は，「やむを得ない事由」として就学義務の猶予，免除をうけることで，入所中の児童に学校教育に準ずる教科指導を実施することもできる。この場合，教科を修めた児童に対し，当該施設の長が発行する修了の事実を証する証明書は，学校教育法により設置された各学校の長が授与する卒業証書その他の証書と同一の効力を有する。

　2009（平成21）年度には幼稚園費，学習塾費，部活動費が新設，2012（平成24）年度には資格取得などのための高校生の特別育成費の加算が新設されるとともに，就職・大学進学等支度費の増額が行われるなど，義務教育以外に対する教育費の充実が進められている（図表3-13）。

（3）児童福祉施設における医療

　児童福祉施設に入所している児童や里親に委託されている児童，一時保護されている児童に対しては公費負担医療制度（児童福祉施設措置医療）が適用される。そのため，疾病などに対する治療をうける際には，児童相談所が発行する受診券（医療券）を医療保険証とともに提示することで，医療費の自己負担分が公費により負担される。なお，実親が公的医療保険に加入していない場合は，自己負担分にとどまらず，医療費の全額が公費負担される。ただし，接骨院や鍼灸治療院については受診券を利用できないので，窓口で自己負担額を支

第3章　児童福祉の実施体制と仕組み　99

払い，後日，都道府県に請求することとなる。

(4) 職員配置基準

　児童福祉施設における施設の設備や人員配置に関しては，「児童福祉施設の設備及び運営に関する基準」（以下，設備運営基準，旧児童福祉施設最低基準）に定められている。

　児童福祉施設における職員の一般的要件は，「児童福祉施設に入所している者の保護に従事する職員は，健全な心身を有し，豊かな人間性と倫理観を備え，児童福祉事業に熱意のある者であつて，できる限り児童福祉事業の理論及

図表3-13　措置費による教育及び自立支援のための経費

		支弁される額（平成31年度（案））	
幼稚園費		実費　　　※平成21年度〜	
入進学支度費		小学校1年生：40,600円（年額／1人）　中学校1年生：47,400円（年額／1人）	
教育費	学用品費等	小学校：2,170円（月額／1人）中学校：4,300円（月額／1人）	
	教材代	実費	
	通学費	実費	
	学習塾費	実費（中学生を対象）　※平成21年度〜	
	部活動費	実費	
特別育成費		公立高校：22,910円（月額／1人） 私立高校：33,910円（月額／1人） 通学費：実費　　　※平成31年度〜 高等学校第1学年の入学時特別加算：61,090円（年額／1人） 資格取得等のための特別加算（高校3年生）：56,570円（年額／1人）※平成24年度〜 　※平成25年から義務教育終了児童のうち高等学校等に在学していないものも対象 補習費（学習塾費等）：20,000円（高校3年生は＋5,000円）（月額／1人） 　※平成30年度までは15,000円 補習費特別保護単価（個別学習支援）：25,000円（月額／1人）	
学校給食費		実費（小学生及び中学生を対象）	
見学旅行費		小学校6年生　：　21,190円（年額／1人） 中学校3年生　：　57,290円（年額／1人） 高等学校3年生：111,290円（年額／1人）	
就職，大学進学等支度費		就職支度費・大学進学等自立生活支度費：81,260円（1人1回） 特別基準（親の経済的援助が見込めない場合の加算）：194,930円	合計276,190円

出典）厚生労働省子ども家庭局家庭福祉課「社会的養育の推進に向けて（平成31年4月）」
　　　https://www.mhlw.go.jp/content/000503210.pdf（2019年9月28日閲覧）

び実際について訓練を受けた者でなければならない」とされる（設備運営基準第7条）。児童福祉施設には，児童の直接処遇を行うために保育士や児童指導員（児童の生活指導を行う者）が配置される。また，母子生活支援施設には母子の生活支援を行う母子支援員が，児童自立支援施設には児童の自立支援を行う児童自立支援専門員や児童の生活支援を行う児童生活支援員が置かれる。障害児入所施設や児童発達支援センターには，「障害児通所支援」「障害児入所支援」の提供の管理を行う者として児童発達支援管理責任者が置かれる。近年では，多様化・複雑化する問題に対応するために多様な職員が配置されるようになっている（図表3-14）。

　入所型の児童福祉施設においては，職員の一部が，「児童と起居を共にする職員」となる。

5．里親制度

　保護者の無い児童又は保護者に監護させることが不適当であると認められる児童（以下「要保護児童」という）の養育を個人に委託する制度を里親制度という。現状では，社会的養護を必要とする児童のうち，里親制度の対象となっているのは，2017（平成29）年度末でおよそ2割であり，今後はその比重を高めることが求められている。

　里親委託とは，「子どもの幸せを実現するための実親と関係者との協働だと位置づけられるもの[1]」とされている。「里子にだす」という昔ながらのイメージに基づけば，里親制度は家庭における子どもの養育機能を代替するものとなってしまうが，それだけでなく家庭における子どもの養育機能を補完するための制度としても理解してほしい。里親は子どもの養育チームの一員であり，近年では児童養護施設などに「里親支援専門相談員」が配置され，「里親候補者の週末里親等の調整」「里親への研修」「里親家庭への訪問及び電話相談」などが行われている。

第3章　児童福祉の実施体制と仕組み　101

　里親は児童福祉法第6条の4に規定されており，「養育里親」「養子縁組里親」「親族里親」に区別される。また，養育里親のうち，都道府県知事がその養育に関し特に支援が必要と認めた，「① 児童虐待等の行為により心身に有害

図表3-14　児童福祉施設へ配置されるようになった職種

名　　称	目的・趣旨	配置施設	資格要件
家庭支援専門相談員（ファミリーソーシャルワーカー）	虐待等の家庭環境上の理由により入所している児童の保護者等に対し，児童相談所との密接な連携のもとに電話，面接等により児童の早期家庭復帰，里親委託等を可能とするための相談援助等の支援を行い，入所児童の早期の退所を促進し，親子関係の再構築等を図る。	児童養護施設，乳児院，児童心理治療施設，児童自立支援施設	社会福祉士，精神保健福祉士の資格を有する者等
里親支援専門相談員（里親支援ソーシャルワーカー）	児童養護施設，乳児院に地域の里親及びファミリーホームを支援する拠点としての機能をもたせる。児童相談所の里親担当職員，里親委託等推進員，里親会等と連携して，(a) 所属施設の入所児童の里親委託の推進，(b) 退所児童のアフターケアとしての里親支援，(c) 所属施設からの退所児童以外を含めた地域支援としての里親支援を行い，里親委託の推進及び里親支援の充実を図る。	里親支援を行う児童養護施設，乳児院	社会福祉士，精神保健福祉士の資格を有する者等
心理療法（指導）担当職員	心理療法を必要とする児童や母子に，遊戯療法，カウンセリング等の心理療法を実施し，心理的な困難を改善し，安心感・安全感の再形成及び人間関係の修正等を図ることにより，自立を支援する。	10人以上の児童ないし母子等に心理療法を行う必要があると認められる児童養護施設，乳児院，母子生活支援施設	個人及び集団心理療法の技術を有する者等
個別対応職員	虐待を受けた児童等の施設入所の増加に対応するため，被虐待児等の個別の対応が必要な児童への1対1の対応，保護者への援助等を行う職員を配置し，虐待を受けた児童等への対応の充実を図る。	児童養護施設，乳児院・児童心理治療施設，児童自立支援施設，母子生活支援施設	（なし）
職業指導員	勤労の基礎的な能力及び態度を育て，児童がその適性，能力等に応じた職業選択を行うことができるよう，適切な相談，助言，情報の提供，実習，講習等の支援により職業指導を行うとともに，就労及び自立を支援する。	実習設備を設けて職業指導を行う児童養護施設，児童自立支援施設	（なし）
医療的ケアを担当する職員	被虐待児や障害児等継続的な服薬管理などの医療的ケア及び健康管理を必要とする児童に対し，日常生活上の観察や体調把握，緊急時の対応などを行い医療的支援体制の強化を図る。	医療的ケアを必要とする児童が15人以上入所している児童養護施設	看護師

出典）厚生労働省雇用均等・児童家庭局長通知「家庭支援専門相談員，里親支援専門相談員，心理療法担当職員，個別対応職員，職業指導員及び医療的ケアを担当する職員の配置について」（https://www.mhlw.go.jp/bunya/kodomo/pdf/tuuchi-70.pdf（2019年9月28日閲覧））より作成

な影響を受けた児童，②非行のある又は非行に結び付くおそれのある行動をする児童，③身体障害，知的障害又は精神障害がある児童」を養育するものとして里親名簿に登録されたものを「専門里親」という。

①養育里親

　養子縁組を目的とせずに，家庭で暮らすことのできない子どもを一定期間（1か月以上）養育する里親

②専門里親

　被虐待児，非行等の問題を有する子ども及び障害児など，一定の専門的ケアを必要とする子どもを，養子縁組を目的とせずに一定期間（原則として2年間）養育する里親

③養子縁組里親

　養子縁組を前提として，家庭で暮らすことのできない子どもを養育する里親

④親族里親

　両親の死亡・拘禁等により，児童養護施設，乳児院に生活している子どもを引き取り養育する，当該児童の扶養義務者である里親

　里親の認定は，都道府県知事や指定都市市長，児童相談所設置市の市長（以下，「都道府県知事等」という）が児童福祉法施行規則第1条の35の規定に基づき行う。その要件は，図表3-15に示す3つの要件のいずれをも満たしていることである。2008（平成20）年の児童福祉法改正により，養育里親の欠格事由について4点が定められた。本人と同居人が欠格事由に該当する場合は，養育里親になることはできず，他の里親もこれに準じる。また，専門里親の要件は図表3-16のとおりである。なお，養育里親研修に関しては，児童福祉に関する事業に関する経験などにより，その一部が免除される。里親としての認定を希望する場合は，居住地を管轄する児童相談所に申請することになる。里親としての認定・登録をうけている者の数は図表3-17のとおりである。

第3章　児童福祉の実施体制と仕組み　103

図表3-15　養育里親の認定要件と欠格事由

認定要件 （児童福祉法施行規則第1条の35）	欠格事由 （児童福祉法第34条の20）
・要保護児童の養育についての理解及び熱意並びに要保護児童に対する豊かな愛情を有していること。 ・経済的に困窮していないこと（要保護児童の親族である場合を除く。）。 ・養育里親研修を修了したこと。	・成年被後見人又は被保佐人 ・禁固以上の刑に処せられ，その執行を終わり，又は執行を受けることがなくなるまでの者 ・児童福祉法，児童買春，児童ポルノに係る行為等の処罰及び児童の保護等に関する法律その他国民の福祉に関する法律で政令で定めるもの*の規定により罰金の刑に処せられ，その執行を終わり，又は執行を受けることがなくなるまでの者 ・児童虐待の防止等に関する法律第2条に規定する児童虐待又は被措置児童等虐待を行った者その他児童の福祉に関し著しく不適当な行為をした者

＊社会福祉法，児童扶養手当法，特別児童扶養手当等の支給に関する法律，児童手当法（子ども手当に関係する法律も含む）

出典）児童福祉法等をもとに作成

図表3-16　専門里親の要件

以下の3つのうちいずれかに該当する（経験や能力）こと
　　イ　養育里親として3年以上の委託児童の養育の経験を有する者であること。
　　ロ　3年以上児童福祉事業に従事した者であって，都道府県知事が適当と認めたものであること。
　　ハ　都道府県知事がイ又はロに該当する者と同等以上の能力を有すると認めた者であること。
専門里親研修の課程を修了していること
委託児童の養育に専念できること

出典）児童福祉法施行規則第1条の37をもとに作成

図表3-17　里親数と里親に委託されている児童数の推移

	1955	1965	1975	1985	1995	2005	2006	2007	2008	2009	2010	2011	2012	2013	2014	2015	2016
登録里親数	16,200	18,230	10,230	8,659	8,059	7,737	7,882	7,934	7,808	7,180	7,669	8,726	9,392	9,441	9,949	10,679	11,405
委託里親数	8,283	6,090	3,225	2,527	1,940	2,370	2,453	2,582	2,727	2,837	2,971	3,292	3,487	3,560	3,644	3,817	4,038
未委託里親数	7,917	12,140	7,005	6,032	6,119	5,367	5,429	5,352	5,081	4,343	4,698	5,434	5,905	5,881	6,305	6,862	7,367
委託児童数	9,111	6,909	3,851	3,322	2,377	3,293	3,424	3,633	3,870	3,836	3,875	4,295	4,578 (5,407)	4,636 (5,629)	4,731 (5,903)	4,973 (6,234)	5,190 (6,546)

注）平成24年度以降委託児童数の（　）はファミリーホームを含む。
出典）福祉行政報告例　各年度末現在

児童の委託をうけると里親には子どもの一般生活費やその他の費用が支給される。また，養育里親と専門里親には里親手当も支給される。里親手当は2017（平成29）年度に引き上げられ，月額，養育里親は86,000円（2人目以降は43,000円），専門里親は137,000円（2人目以降は94,000円）となった。

　養育里親が同時に養育することができる委託児童は4人（委託児童および委託児童以外の児童の人数の合計は6人）を超えることができない。また，専門里親の場合は，専門里親としての対象児童数は2人までとなる。なお，専門里親による養育は原則として2年間となる（都道府県知事等が認めるときは更新可能）。

　2009（平成21）年度には，児童5〜6人の養育を行う小規模住居型児童養育事業（ファミリーホーム）が創設された。ファミリーホームには原則として2人の養育者と1人以上の補助者が置かれる。対象となるのは，要保護児童のうち，「家庭的な養育環境の下で児童間の相互作用を活かしつつ養育を行うことが必要とされたもの」として措置された者である。

　ファミリーホームは里親型のグループホームだといえ，3つの類型が想定されている（図表3-18）。

図表3-18　小規模住居型児童養育事業の類型

養　育　者	事　業　者	養育する場所
養育里親（専門里親）として委託児童の養育の経験を有する者		自らの住居
児童養護施設等の職員の経験を有する者※		自らの住居
児童養護施設等を設置する法人に雇用される職員	児童養護施設等を設置する法人	児童養護施設等を設置する法人が当該職員に提供する住居

注）児童養護施設等：児童養護施設，乳児院，児童心理治療施設または児童自立支援施設
　※当該児童養護施設等を設置する法人が支援を行うものを含む。
出典）厚生労働省雇用均等・児童家庭局長「小規模住居型児童養育事業（ファミリーホーム）実施要綱」https://www.mhlw.go.jp/bunya/kodomo/syakaiteki_yougo/dl/yougo_genjou_12.pdf（2019年9月28日閲覧）より作成

注)
1）全国里親委託等推進委員会『里親・ファミリーホーム養育指針ハンドブック』
　2013 年

参考文献

厚生労働統計協会『国民の福祉と介護の動向 2018/2019』2018 年
内閣府「配偶者からの暴力被害者支援情報」
　http://www.gender.go.jp/policy/no_violence/e-vaw/index.html（2019 年 9 月 27 日
　閲覧）
厚生労働省「平成 29 年社会福祉施設等調査の概況」
　https://www.mhlw.go.jp/toukei/saikin/hw/fukushi/17/dl/gaikyo.pdf（2019 年 9 月
　27 日閲覧）
厚生労働省「児童家庭支援センターに関する資料」
　https://www.mhlw.go.jp/file/05-Shingikai-11901000-Koyoukintoujidoukateikyoku-
　Soumuka/0000150263.pdf（2019 年 9 月 28 日閲覧）
厚生労働省「児童虐待防止対策」
　https://www.mhlw.go.jp/stf/seisakunitsuite/bunya/kodomo/kodomo_kosodate/dv/
　index.html（2019 年 9 月 28 日閲覧）
厚生労働省「保育所等関連状況取りまとめ（平成 31 年 4 月 1 日）」
　https://www.mhlw.go.jp/content/11907000/000544879.pdf（2019 年 9 月 28 日閲
　覧）
厚生労働省「平成 29 年度福祉行政報告」
　https://www.mhlw.go.jp/toukei/saikin/hw/gyousei/17/dl/gaikyo.pdf（2019 年 9 月
　28 日閲覧）
厚生労働省子ども家庭局家庭福祉課「社会的養育の推進に向けて（平成 31 年 4
　月）」
　https://www.mhlw.go.jp/content/000503210.pdf（2019 年 9 月 28 日閲覧）
新たな社会的養育の在り方に関する検討会「新しい社会的養育ビジョン」
　https://www.mhlw.go.jp/file/05-Shingikai-11901000-Koyoukintoujidoukateikyoku-
　Soumuka/0000173888.pdf（2019 年 9 月 28 日閲覧）
厚生労働省「児童相談所の運営指針について」
　https://www.mhlw.go.jp/bunya/kodomo/dv-soudanjo-kai-zuhyou.html（2019 年 9
　月 28 日閲覧）
厚生労働省「児童養護施設等の小規模化及び家庭的養護の推進について」
　https://www.mhlw.go.jp/bunya/kodomo/pdf/tuuchi-92.pdf（2019 年 9 月 28 日閲
　覧）
厚生労働省雇用均等・児童家庭局長通知「家庭支援専門相談員，里親支援専門相

106

談員，心理療法担当職員，個別対応職員，職業指導員及び医療的ケアを担当する職員の配置について」

https://www.mhlw.go.jp/bunya/kodomo/pdf/tuuchi-70.pdf（2019 年 9 月 28 日閲覧）

厚生労働省雇用均等・児童家庭局長通知「里親制度の運営について」

https://www.mhlw.go.jp/content/000477820.pdf（2019 年 9 月 28 日閲覧）

厚生労働省雇用均等・児童家庭局長通知「小規模住居型児童養育事業（ファミリーホーム）の運営について」

https://www.mhlw.go.jp/bunya/kodomo/syakaiteki_yougo/dl/yougo_genjou_12.pdf（2019 年 9 月 28 日閲覧）

厚生労働省：児童虐待防止対策「児童虐待の定義」

https://www.mhlw.go.jp/stf/seisakunitsuite/bunya/kodomo/kodomo_kosodate/dv/about.html（2019 年 9 月 25 日閲覧）

内閣府　男女共同参画局（内閣府）配偶者からの暴力被害者支援情報サイト

配偶者からの暴力の防止及び被害者の保護等に関する法律の概要

http://www.gender.go.jp/policy/no_violence/e-vaw/law/pdf/140527dv_panfu.pdf（2019 年 9 月 27 日閲覧）

読者のための参考図書

浅井春夫編著『〈施設養護か里親制度か〉の対立軸を超えて──「新しい社会的養育ビジョン」とこれからの社会的養護を展望する』明石書店，2018 年
　2017 年 8 月に発表された「新しい社会的養育ビジョン」の論点と問題点を通して，日本の児童養護のあり方を検討するために必要な問題提起と提言・提案がまとめられている。

藤林武史編著『児童相談所改革と協働の道のり──子どもの権利を中心とした福岡市モデル』明石書店，2017 年
　福岡市こども総合相談センターが，児童相談所が抱える問題を克服し組織づくりをしていくまでがわかる。弁護士配置による法的権限の行使，教育機関や警察との協働体制構築など児童相談所をどのように改革していったかを理解することができる。

宮島清・林浩康・米沢普子編著『子どものための里親委託・養子縁組の支援』明石書店，2017 年
　転換期を迎える日本の家庭養護の学問的な到達点を確認し，里親委託や養子縁組の支援に対する実践者の思いや工夫について報告がなされている。

第3章　児童福祉の実施体制と仕組み　107

全国社会福祉協議会『よくわかる社会福祉施設　教員免許志願者のためのガイドブック　第5版』2018年
　高齢者，障害者，児童，生活保護などに関わる施設の概要を簡潔にまとめたガイドブック。写真などが豊富に掲載されており，社会福祉施設の雰囲気を感じとるための事前テキストとして活用できる。

高橋亜美・早川悟司・大森信也『子どもの未来をあきらめない　施設で育った子どもの自立支援』明石書店，2015年
　18歳以降，児童養護施設の子どもたちは自立を余儀なくされる。施設を退所した子どもたちの内面や葛藤を詩やエッセイにしたエピソード形式で紹介し，子どもたちとの関わりについてヒントを説明する。

永野咲『社会的養護のもとで育つ若者の「ライフチャンス」―選択肢とつながりの保障，「生の不安定さ」からの解放を求めて』明石書店，2017年
　英国の社会的養護領域で導入されている「ライフチャンス」という概念を用いて，社会的養護で育った子どもたちの生活状況を量的データ，質的調査両面から分析し，社会的養護が保障すべきものは何かを明らかにしようとする。

◇◇◇◇◇◇◇◇◇◇◇◇◇◇◇◇◇◇ ✻ 考えてみよう ◇◇◇◇◇◇◇◇◇◇◇◇◇◇◇◇◇◇

❶ 保育所保育指針と児童養護施設運営指針を読み比べてみよう。
❷ 小規模化が求められている児童養護施設は，今後，地域社会とどのように関わっていったらよいだろうか考えてみよう。
❸ 里親制度を「親になる」という観点から考察してみよう。

◇◇◇

第4章　児童福祉施策の実際

　この章では，子どもに対する福祉施策が，実際にどのように行われているのかを詳細にみていく。少子化・子育て支援など，国の施策や方針から，学生に身近である保育所・児童館・保健所まで，幅広い範囲を扱っていく。

キーワード　子育て支援，子ども・子育て支援新制度，健全育成，認定こども園

1. 少子化と子育て支援の施策

（1）1.57ショックが契機となった少子化対策

　1989（平成元）年の合計特殊出生率が，社会に与えた衝撃を「1.57ショック」とよんでいる。これは，「ひのえうま（1966年）」という特殊要因で極端に合計特殊出生率が低かったときの数値（1.58）を下回ったことへの衝撃を示す言葉である。これ以降1990年代から，厚生省（現厚生労働省）が中心となり，子どもを生み育てやすい環境づくりの検討が行われ始めた。

　政府が策定した最初の具体的な計画が，1994（平成6）年の「エンゼルプラン」（「今後の子育て支援のための施策の基本的方向について」）だった。これは，子育てを夫婦や家庭だけの問題ととらえるのではなく，国や地方公共団体をはじめ，企業や地域社会も含めた社会全体で子育てを支援していくことを目指した画期的な提案だった。このエンゼルプランを具体化するため，保育所の量的拡大や低年齢児（0～2歳児）保育や延長保育などの多様な保育サービスの充実，地域子育て支援センターの整備などを図るための「緊急保育対策等5か年事業」が策定され，1999（平成11）年度を目標年次として，整備が進められることとなった。1994年から始まった少子化対策であったが，少子化に歯止め

をかけることはできなかった。そこで政府は，1999（平成11）年12月，少子化対策推進関係閣僚会議において，「少子化対策推進基本方針」を決定し，基本方針に基づく重点施策の具体的実施計画として，「新エンゼルプラン」（「重点的に推進すべき少子化対策の具体的実施計画について」）を策定した。「基本方針」では，少子化対策の核は，子育て自体の負担感，仕事との両立の負担感などを緩和・除去し，安心して子育てができるようなさまざまな環境整備を進め，家庭や子育てに夢や希望をもつことができるような社会を目指すことが示された。そしてそれまでの「エンゼルプラン」と「緊急保育対策等5か年事業」を見直した「新エンゼルプラン」（2000年度〜2004年度）には，従来の保育サービスばかりでなく，雇用，母子保健，相談事業などに関する施策が加えられた。

(2)「次世代育成支援対策推進法」制定へ

　2002年9月，少子化に歯止めをかけることができない厚生労働省は，「少子化対策プラスワン」をまとめた。これは，それまでの支援が「仕事と子育ての両立」という観点からの施策であったのに対し，「男性を含めた働き方の見直し」や「地域における子育て支援」なども含め，社会全体が一体となった取り組みを進めていこうという提案であった。

　これをうけて2003（平成15）年7月，「次世代育成支援対策推進法」が制定された。これは，地方公共団体のみならず事業主まで含めて，次世代育成支援のための取り組みを促進するための行動計画を策定せねばならないという画期的なものであった。その主な内容は，①国は地方公共団体及び事業主が行動計画を策定する際の指針（行動計画策定指針）を策定すること，②都道府県および市町村は，地域における子育て支援，親子の健康の確保，教育環境の整備，子育て家庭に適した居住環境の確保，仕事と家庭の両立等について，目標および目標達成のために講ずる措置の内容を記載した行動計画（都道府県行動計画，市町村行動計画）を策定すること（策定が義務づけられていた都道府県行動

110

図表4-1 これまでの少子化と子育て支援の取り組み

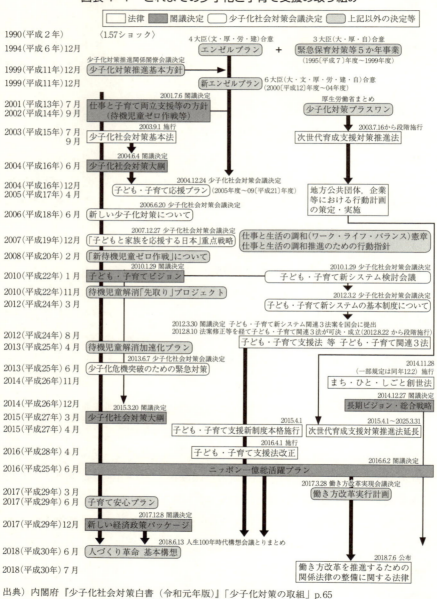

出典）内閣府『少子化社会対策白書（令和元年版）』「少子化対策の取組」p.65

計画・市町村行動計画は，2015（平成27）年度より任意），③事業主は，子育てを行う労働者等の職業生活と家庭生活との両立を支援するための雇用環境の整備などに関して，達成しようとする目標および目標達成のための対策等を定めた一般事業主行動計画を策定し，その旨を都道府県労働局長に届け出ること，④事業主からの申請に基づき行動計画を定め目標を達成する等一定の要件を満たした事業主を，子育てサポート企業として厚生労働大臣が認定（くるみん認定）すること，⑤301人以上の労働者を雇用する事業主には，この行動計画を策定し届け出ることを義務化，300人以下の事業所は努力義務（2011年からは101人以上の事業所は義務化，100人以下は努力義務），⑥国及び地方公共団体の機関は，職員の仕事と家庭の両立等に関し，目標，目標達成のために講じる措置の内容等を記載した行動計画（特定事業主行動計画）を策定・公表することとし，2005（平成17）年4月から施行されている。

　当初は2005年度から10年間の時限立法であったが，子どもが健やかに生まれ，育成される環境の改善・充実のために，2014（平成26）年に改正され，法律の有効期限が2024（令和6）年度末まで延長された。また，2015（平成27）年4月からは，くるみん認定をうけた企業のうち，特に次世代育成支援対策の実施状況が優良な企業に対して，新たな特例（プラチナくるみん）認定制度が創設された。特例認定をうけた場合，行動計画の策定・届出が免除される代わりに，次世代育成支援対策の実施状況を公表する必要がある。

くるみんマーク，プラチナくるみんマーク

出典）厚生労働省「くるみんマーク・プラチナくるみんマークについて」
　　　https://www.mhlw.go.jp/stf/seisakunitsuite/bunya/kodomo/shokuba_kosodate/kurumin/（2019年6月29日閲覧）

112

(3)「少子化社会対策基本法」と「少子化社会対策大綱」の制定へ

2003（平成15）年7月，急速な少子化の進展が21世紀の国民生活に深刻な影響をもたらすという共通認識のもとで，少子化に的確に対処するための施策を総合的に推進することを目的として「少子化社会対策基本法」が制定された。そして，この法律に基づき，政府は内閣総理大臣を会長に全閣僚によって構成される少子化社会対策会議を設置し，2004（平成16）年6月，「少子化社会対策大綱」を策定した。

「少子化社会対策大綱」は，少子化の流れを変えるために，「3つの視点」と「4つの重点課題」，「28の具体的行動」を提示している。3つの視点とは，若者の自立が難しくなっている状況を変えていくという「自立への希望と力」，子育ての不安や負担を軽減し，職場優先の風土を変えていくという「不安と障壁の除去」，生命を次代に伝えはぐくんでいくことや，家庭を築くことの大切さの理解を深めていくことと，子育て・親育て支援社会をつくり，地域や社会全体で変えていくという「子育ての新たな支え合いと連帯—家族のきずなと地域のきずな—」である。

4つの重点課題とは，政府が特に集中的に取り組むべき課題で，「若者の自立とたくましい子どもの育ち」などの4つの分野を設け，これらの重点課題をうけて，当面の具体的行動として28の施策を掲げている。さらに，「少子化社会対策大綱」に盛り込まれた施策について，その効果的な推進を図るため，2004年中に「施策の具体的実施計画（新新エンゼルプラン）」を策定するものとされ，その結果，策定されたものが「子ども・子育て応援プラン」である。

(4) 子ども・子育て応援プラン

2004（平成16）年度は，新エンゼルプランの最終年度であった。1995（平成7）年度からのエンゼルプランの実施以来，10年間にわたって少子化対策が講じられてきたが，1994（平成6）年の合計特殊出生率1.50だったのに対し，その後も少子化に歯止めがかからず，2004（平成16）年には1.29と最低の記

録を更新した。

この状況を打破すべく，少子化社会対策大綱の具体的実施計画である「子ども・子育て応援プラン」が，少子化社会対策基本法の趣旨や少子化社会対策大綱の掲げる4つの重点課題の内容を反映させ，さらには市町村と都道府県，従業員301人以上の企業などに対して次世代育成支援に関する行動計画の策定を義務付けた「次世代育成支援対策推進法」（2003年）の趣旨も加えて，2004（平成16）年に策定された。その内容は，2005（平成17）年度から2009（平成21）年度までの5年間に講ずる具体的な施策内容と目標である。

これまでのプラン（エンゼルプランおよび新エンゼルプラン）では，保育関係事業を中心に目標値が設定されていたが，子ども・子育て応援プランは，少子化社会対策大綱に基づき，若者の自立や働き方の見直しなども含めた幅広い分野で具体的な目標値を設定しているのが特徴である。たとえば，「若者の自立とたくましい子どもの育ち」の項では，失業やフリーターの増大，ニートの増大など若者の就労問題からくる経済的不安定が，「結婚できない」という未婚化現象を通じて，出生率の低下につながっているおそれがあると指摘し，常用雇用移行率を80％にするという目標を掲げている。また，教育をうける意欲と能力のある学生が経済的理由で修学を断念することがないように，日本学生支援機構奨学金事業において，基準を満たす希望者全員に貸与できるよう努めることなどを計画の目標としている。少子化社会からの脱却を図るために，子育てに関する社会の各分野を包括した総合的な見地で，4つの側面から「目指すべき社会の姿（おおむね10年後を展望）」を示し，そうした社会を実現するための政策的目標も5年以内に講ずると期限を定め，より具体的に提示していることが特徴である。

(5) 新しい少子化対策について

2005（平成17）5年は，わが国の人口動態において大きな節目となった年である。1889（明治22）年に人口統計をとり始めて以来，はじめて総人口が減少

に転じた。また出生数は 106 万人，合計特殊出生率は 1.26 と，いずれも過去最低を記録した。こうした予想以上の少子化の進行に対処し，少子化対策の抜本的な拡充，強化，転換を図るため，少子化社会対策会議は 2006（平成 18）年6 月「新しい少子化対策について」を決定した。「新しい少子化対策について」では，「社会全体の意識改革」と「子どもと家族を大切にする」観点から施策の拡充を目指し，① 家族・地域のきずなの再生や社会全体の意識改革を図るための国民運動の推進を強調，② 親が働いているかいないかにかかわらず，すべての子育て家庭を支援するという観点から，子育て支援策の強化，③ 子どもの成長に応じて子育て支援のニーズが変わっていくことに着目し，妊娠・出産から高校・大学生期に至るまで，子どもの成長に応じて，年齢進行ごとの4 期に分けて子育て支援策を掲げていること，などが特徴的な点といえる。

「新しい少子化対策について」は，2007（平成 19）年度予算などに反映され，児童手当制度における乳幼児加算の創設（3 歳未満児の児童に対する児童手当の月額を従来の 5,000 円から一律 1 万円に引き上げ），生後 4 か月までの全戸訪問事業（こんにちは赤ちゃん事業）の実施，育児休業給付の引き上げ（育児休業給付の給付率を休業前賃金の 40％から 50％に引き上げ），放課後子どもプランの推進などが展開されることとなった。また企業が一定要件を満たす事業所内託児施設を設置した場合における税制上の優遇措置が講じられた。

(6)「子どもと家族を応援する日本」重点戦略

「子どもと家族を応援する日本」重点戦略（以下「重点戦略」という）は，2007（平成 19）年 2 月，少子化社会対策会議において「重点戦略」の策定方針が決定され，同会議の下に「子どもと家族を応援する日本」重点戦略検討会議（以下「重点戦略検討会議」という）が設置され，同年 12 月にとりまとめられた。

ここで最優先課題とされたのは，働き方の改革による仕事と生活の調和の実現，いわゆる「ワーク・ライフ・バランス」であった。これまでにも指摘され

第4章　児童福祉施策の実際　115

てきたことだが，女性のライフコースに大きな障壁として認識されてきた「就労と結婚，出産，子育ての二者択一構造」の解決には，男性も含めた「ワーク・ライフ・バランス」が欠かせないという視点である。この「働き方の改革による仕事と生活の調和の実現（ワーク・ライフ・バランス）」と「包括的な次世代育成支援の枠組みの構築」の2つを少子化傾向にブレーキをかける「車の両輪」ととらえていることが，大きな特徴である。

（7）子ども・子育てビジョン

　2010（平成22）年1月に閣議決定された「子ども・子育てビジョン」は，少子化社会対策基本法（2003年）に基づく少子化社会対策大綱（2004年6月策定）を5年ぶりに見直し，それまでの「子ども・子育て応援プラン」を名称変更，内容改正したもので，子どもと子育てを応援する社会に向けて，①子どもが主人公（チルドレン－ファースト），②「少子化対策」から「子ども・子育て支援へ」，③生活と仕事と子育ての調和，の3点を理念として掲げている。また，目指すべき社会への政策の4つの柱として，①子どもの育ちを支え，若者が安心して成長できる社会，②妊娠，出産，子育ての希望が実現できる社会，③多様なネットワークで子育て力のある地域社会，④男性も女性も仕事と生活が調和する社会（ワーク・ライフ・バランスの実現）が掲げられ，12の主要施策に従って，具体的な取り組みを進めることとされた。さらに，2014（平成26）年までの施策ごとの数値目標がはじめて示された。

　また男性も女性も子育てと仕事の両立が図れるように，男性の育児休業の取得促進や長時間労働の抑制および年次有給休暇の取得促進，育児休業や短時間労働などの両立支援制度の定着など具体策があげられている。

チルドレン－ファースト（children first）
　家族や社会のあり方として，子どもを守り育てることを最優先するという考え方。チャイルドファーストともいう。

(8) 子ども・子育て支援法

2012（平成24）年8月に「子ども・子育て支援法」,「就学前の子どもに関する教育，保育等の総合的な提供の推進に関する法律の一部を改正する法律」および「子ども・子育て支援法及び就学前の子どもに関する教育，保育等の総合的な提供の推進に関する法律の一部を改正する法律の施行に伴う関係法律の整備等に関する法律」が成立した。この3つの法律をまとめて「子ども・子育て関連3法」といい，2015（平成27）年4月より，子ども・子育て支援新制度が始まった。

子ども・子育て支援法は，「父母その他の保護者が子育てについての第一義的責任を有する」という基本的認識の下に，実施主体を基礎自治体である市町村とし，社会全体で子ども・子育て家庭を支援することを掲げ，① 子ども・子育て支援給付（施設型給付，地域型保育給付，児童手当），② 地域子ども・子育て支援事業（全13事業）が創設された。2016（平成28）年度からは，国が主体となって「仕事・子育て両立支援事業」として，「企業主導型保育事業」と「企業主導型ベビーシッター利用者支援事業」が始まった。

国が基本指針（子ども・子育て支援の意義，提供体制の確保のための参酌基準など）を定め，市町村が市町村子ども・子育て支援事業計画の策定を，都道府県が都道府県子ども・子育て支援事業支援計画の策定をすることが規定された。市町村子ども・子育て支援事業計画では，5年間の計画期間における幼児期の学校教育・保育・地域の子育て支援についての需給計画を立て，都道府県子ども・子育て支援事業支援計画では，市町村子ども・子育て支援事業計画の数値の積上げを基本にして，広域調整を勘案し一定区域ごとに「量の見込み」とその「確保方策」を設定する。

他にも，有識者，地方公共団体，事業主代表・労働者代表，子育て当事者，子育て支援当事者など（子ども・子育て支援に関する事業に従事する者）が，子育て支援の政策プロセスなどに参画・関与することができる仕組みとして，国に子ども・子育て会議が設置され，市町村などの合議制機関（地方版子ども・

図表4-2 子ども・子育て支援新制度の概要

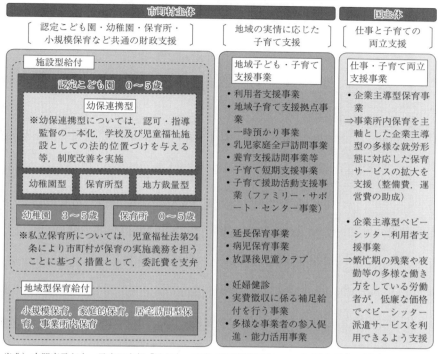

出典）内閣府子ども・子育て本部「子ども・子育て支援新制度について（令和元年6月）」
https://www8.cao.go.jp/shoushi/shinseido/outline/pdf/setsumei.pdf（2019年9月16日閲覧）

子育て会議）の設置努力義務が規定された。

（9）「新たな少子化社会対策大綱」の策定と推進

　少子化社会対策大綱は，少子化社会対策基本法に基づく，総合的かつ長期的な少子化に対処するための施策の指針である。有識者による「新たな少子化社会対策大綱策定のための検討会」の提言をうけ，政府は大綱の検討を行い，少子化社会対策会議を経て，2015（平成27）年3月20日に新たな「少子化社会対策大綱」を閣議決定した。新たな大綱は，従来の少子化対策の枠組みを越え

図表4-3　少子化社会対策大綱（概要）
～結婚，妊娠，子供・子育てに温かい社会の実現をめざして～

基本的な考え方　～少子化対策は新たな局面に～
(1) 結婚や子育てしやすい環境となるよう，社会全体を見直し，これまで以上に対策を充実
(2) 個々人が結婚や子供についての希望を実現できる社会をつくることを基本的な目標
　※個々人の決定に特定の価値観を押し付けたり，プレッシャーを与えたりすることがあってはならないことに留意
(3) 「結婚，妊娠・出産，子育ての各段階に応じた切れ目のない取組」と「地域・企業など社会全体の取組」を両輪として，きめ細かく対応
(4) 今後5年間を「集中取組期間」と位置づけ，5つの重点課題を設定し，政策を効果的かつ集中的に投入
(5) 長期展望に立って，子供への資源配分を大胆に拡充し，継続的かつ総合的な対策を推進

重点課題

1. 子育て支援施策を一層充実

○「子ども・子育て支援新制度」の円滑な実施
　・財源を確保しつつ，「量的拡充」と「質の向上」
　・都市部のみならず，地域の実情に応じた子育て支援に関する施設・事業の計画的な整備
　→27年4月から施行。保育の受け皿確保等による「量的拡充」と保育士等の処遇改善等による「質の向上」
　・地域のニーズに応じて，利用者支援事業，地域子育て支援拠点，一時預かり，多様な保育等を充実
　→今後さらに「質の向上」に努力
○待機児童の解消
　・「待機児童解消加速化プラン」「保育士確保プラン」
　・認定こども園，保育所，幼稚園等を整備し，新たな受け入れを大胆に増加。処遇改善や人材育成を含めた保育士の確保
　→29年度末までに待機児童の解消をめざす
○「小1の壁」の打破
　・「放課後子ども総合プラン」
　→小3までから小6までに対象が拡大された放課後児童クラブを，31年度末までに約30万人分整備

2. 若い年齢での結婚・出産の希望の実現

○経済的基盤の安定
　・若者の雇用の安定
　→若者雇用対策の推進のための法整備等
　・高齢世代から若者世代への経済的支援促進
　・教育に加え，結婚・子育て資金一括贈与非課税制度創設
　・若年者や低所得者への経済的負担の軽減
○結婚に対する取組支援
　・自治体や商工会議所による結婚支援
　→適切な出会いの機会の創出・後押しなど，自治体や商工会議所等による取組を支援

3. 多子世帯へ一層の配慮

○子育て・保育・教育・住居などの負担軽減
　→幼稚園，保育所等の保育料無償化の対象拡大等の検討や保育所優先利用
○自治体，企業，公共交通機関などによる多子世帯への配慮・優遇措置の促進
　→子供連れにお得なサービスを提供する「子育て支援パスポート事業」での多子世帯への支援の充実の促進

4. 男女の働き方改革

○男性の意識・行動改革
　・長時間労働の是正
　・長時間労働の抑制等のための法整備，「働き方改革」
　・人事評価の見直しなど経営者等の意識改革
　・部下の子育てを支援する上司等を評価する方策を検討
　・男性が出産直後から育児できる休暇取得
　・企業独自の休暇制度導入や育休取得促進
○「ワーク・ライフ・バランス」・「女性の活躍」
　・職場環境整備や多様な働き方の推進
　→フレックスタイム制の弾力化，テレワークの推進
　・女性の継続就労やキャリアアップ支援
　→「女性活躍推進法案」

5. 地域の実情に即した取組強化

○地域の「強み」を活かした取組
　・地域少子化対策強化交付金等により取組支援
　・先進事例を全国展開
○「地方創生」と連携した取組
　・国と地方が緊密に連携した取組

きめ細かな少子化対策の推進

1. 各段階に応じた支援

○結婚
　・ライフデザインを構築するための情報提供
　→結婚，子育て等のライフイベントや学業，キャリア形成など人生設計に資する情報提供やコンサル支援
○妊娠・出産
　・「子育て世代包括支援センター」の整備
　→妊娠期から子育て期にわたるまでの総合的な相談支援を提供するワンストップ拠点を整備し，切れ目のない支援を実施
　・産休中の負担軽減
　→出産手当金による所得補償と社会保険料免除
　・産後ケアの充実
　→産後ケアガイドラインの策定検討
　・マタニティハラスメント・パタニティハラスメントの防止
　→企業への指導の強化・徹底
　・周産期医療の確保・充実等

○子育て
　・経済的負担の緩和→幼児教育の無償化の段階的実施
　・三世代同居・近居の促進　・小児医療の充実
　・地域の安全の向上→子供の事故や犯罪被害防止
　・障害のある子供，貧困の状況にある子供など様々な家庭・子供への支援
　→障害のある子供への支援，子供の貧困対策，ひとり親家庭支援，児童虐待防止
○教育
　・妊娠や出産に関する医学的・科学的に正しい知識の教育→教材への記載と教職員の研修
○仕事
　・正社員化の促進や処遇改善
　・ロールモデルの提示
　→就労する・しない，子供を持ちながら働き続ける，地域で活躍を続ける等のロールモデルの提示
　・「地方創生」と連携した地域の雇用創出

第4章　児童福祉施策の実際　119

2．社会全体で行動し，少子化対策を推進

○結婚，妊娠，子供・子育てに温かい社会づくり
- マタニティマーク，ベビーカーマークの普及
- 子育て支援パスポート事業の全国展開

○企業の取組
- 企業の少子化対策や両立支援の取組の「見える化」と先進事例の情報共有
  →次世代育成支援対策推進法に基づく行動計画の策定促進
- 表彰やくるみんマーク普及によるインセンティブ付与

基本目標

個々人が希望する時期に結婚でき，かつ，希望する子供の数と生まれる子供の数との乖離をなくしていくための環境を整備し，国民が希望を実現できる社会をつくる

主な施策の数値目標（2020年）

子育て支援

□認可保育所等の定員：		267万人（2017年度）	（234万人（2014年4月））
	→待機児童	解消をめざす（2017年度末）	（21,371人（2014年4月））
□放課後児童クラブ：		122万人	（94万人（2014年5月））
	→待機児童	解消をめざす（2019年度末）	（9,945人（2014年5月））
□地域子育て支援拠点事業：		8,000か所	（6,233か所（2013年度））
□利用者支援事業：		1,800か所	（291か所（2014年度））
□一時預かり事業：		延べ1,134万人	（延べ406万人（2013年度））
□病児・病後児保育：		延べ150万人	（延べ52万人（2013年度））
□養育支援訪問事業：		全市町村	（1,225市町村（2013年4月））
□子育て世代包括支援センター：		全国展開	支援ニーズの高い妊産婦への支援実施の割合 100%

男女の働き方改革（ワーク・ライフ・バランス）

■ 男性の配偶者の出産直後の休暇取得率：80%（一）
□ 男性の育児休業取得率：13%（2.03%（2013年度））
□ 第1子出産前後の女性の継続就業率：55%（38.0%（2010年））

教育

妊娠・出産に関する医学的・科学的に正しい知識についての理解の割合：70%（34%（2009年））（注）先進諸国の平均は約64%

結婚・地域

■ 結婚・妊娠・出産・子育ての各段階に対応した
総合的な少子化対策を実施している地方自治体数：70%以上の市区町村（243市区町村（約14%）（2014年末））

企業の取組

子育て支援パスポート事業への協賛店舗数：44万店舗（22万店舗（2011年））

結婚，妊娠，子供・子育てに温かい社会

■ 結婚，妊娠，子供・子育てに温かい社会の実現に向かっていると考える人の割合：50%（19.4%（2013年度））　　　■は新規の目標

資料）内閣府『少子化社会対策白書（令和元年版）』「少子化社会の取組」pp.58〜59

て，新たに結婚の支援を加え，子育て支援策の一層の充実，若い年齢での結婚・出産の希望の実現，多子世帯への一層の配慮，男女の働き方改革，地域の実情に即した取り組み強化の5つの重点課題を設け，2020（令和2）年までの5年間を「集中取組期間」と位置付け，政策を効果的かつ集中的に投入した。また，重点課題に加え，長期的展望に立ち，きめ細かな少子化対策を継続的かつ総合的に推進することとしている。

（10）「ニッポン一億総活躍プラン」の策定

2016（平成28）年6月2日に閣議決定された「ニッポン一億総活躍プラン」では，経済成長の隘路である少子高齢化に正面から立ち向かうために，「希望出生率1.8」の実現に向けて，若者の雇用安定・待遇改善，働き方改革の推進，多様な保育サービスの充実，すべての子どもが希望する教育をうけられる環境の整備などの対応策を掲げ，2016（平成28年）年度から2025（令和7）年度の10年間のロードマップを示している。

（11）子育て安心プラン

25歳から44歳の女性就業率が上昇し，保育の利用申し込み率が伸びることが見込まれることから，内閣府は2017（平成29）年6月に「子育て安心プラン」を公表し，2018（平成30）年度から2022（令和4）年度末までに女性就業率80％にも対応できる約32万人分の保育の受け皿を整備することとした。そのうち待機児童解消に必要な受け皿として約22万人分の予算を2018（平成30）年度から2019（令和元）年度末までの2年間で確保し，遅くとも2020年度末までの3年間で全国の待機児童の解消を見込んでいる。

（12）「人づくり革命基本構想」の策定

「人生100年時代構想会議」において，2018（平成30）年6月に「人づくり革命基本構想」が取りまとめられた。人生100年と言われる時代に，高齢者か

第4章　児童福祉施策の実際　121

図表4-4　ニッポン一億総活躍プラン（「希望出生率1.8」の実現に向けた対応策）

働き方改革

同一労働同一賃金の実現	非正規雇用の待遇改善を図るため，ガイドラインの策定等を通じ，不合理な待遇差として是正すべきものを明示。また，その是正が円滑に行われるよう，労働関連法の一括改正。
長時間労働の是正	仕事と子育ての両立，女性のキャリア形成を阻む原因。法規制の執行を強化するとともに，労働基準法については，36（サブロク）協定の在り方について，再検討を開始。
高齢者の就労促進	65歳以降の継続雇用延長や65歳までの定年延長を行う企業等に対する支援等の実施。

子育ての環境整備

保育の受け皿整備	待機児童の解消を目指し，平成29年度末までの整備量を40万人分から50万人分に上積み。企業主導型保育の推進。
保育士の処遇改善	新たに2％相当（月額6,000円程度）の改善を行うとともに，予算措置が執行面で適切に賃金に反映されるようにしつつ，保育士としての技能・経験を積んだ職員について，現在月額4万円ある全産業の女性労働者との賃金差がなくなるよう，追加的な処遇改善。なお，全産業の男女労働者間の賃金差については，女性活躍推進法や同一労働同一賃金に向けた取組を進めていく中で，今後，全体として，縮めていく。保育士についても，必要に応じて，更なる処遇改善。
多様な保育士の確保・育成	返済免除型の貸付制度の拡充，ICT等を活用した生産性向上等の総合的取組。
放課後児童クラブの整備	平成31年度末までに30万人分の追加的な受け皿整備。職員の処遇改善や業務負担軽減対策を進めるとともに，追加的な受け皿整備を平成30年度末に前倒して実現するための方策を検討。

すべての子供が希望する教育を受けられる環境の整備

学びの機会の提供		スクールカウンセラー・スクールソーシャルワーカーの配置など教育相談機能を強化。フリースクール等の学校外で学ぶ子供を支援。地域住民の協力及びICTの活用等による原則無料の学習支援を行う地域未来塾を平成31年度までに5000か所に拡充。
奨学金制度の拡充	無利子	残存適格者の解消と，低所得世帯の子供に係る成績基準の大幅緩和により，必要とするすべての子供たちが受給できるようにする。
	有利子	固定金利方式・金利見直し方式ともに現在の低金利の恩恵がしっかりと行き渡るようにする。特に，金利見直し方式では，ほぼ無利子となるような仕組みを検討。
	給付型	世代内の公平性や財源などの課題を踏まえ創設に向けて検討を進め，本当に厳しい状況にある子供たちへの給付型支援の拡充を図る。
	返還	所得に応じて返還額を変化させる新たな制度を平成29年度の進学者から導入。

「希望出生率1.8」に向けたその他取組

女性活躍，結婚支援の充実，若者・子育て世帯への支援，子育てを家族で支える三世代同居・近居しやすい環境づくり，社会生活を円滑に営む上での困難を有する子供・若者等の活躍支援　等

女性活躍	子育て等で一度退職した正社員の復職が復職する道が一層開かれるよう，企業へ働きかけ。マザーズハローワークの拡充。ひとり親の資格取得を支援。役員候補段階の女性を対象にしたリーダー育成研修等の先進的な取組を推進。
若者・子育て世帯への支援	子育て世代包括支援センターの平成32年度末までの全国展開。不妊専門相談センターを平成31年度までに全都道府県・指定都市・中核市に配置して相談機能を強化。子どもの医療制度の在り方等に関する検討会での取りまとめを踏まえ，国民健康保険の減額調整措置について見直しを含め検討し，年末までに結論を得る。
三世代同居・近居	大家族で，世代間で支え合うライフスタイルを選択肢として広げるための環境づくりを推進。
子供・若者等の活躍支援	困難を有する子供・若者等に対して，地域若者サポートステーション等の関係機関が連携して伴走型の支援を実施。

出典）内閣府『少子化社会対策白書（令和元年版）』「少子化社会の取組」p.61

ら若者まですべての人が活躍し続けることができ，安心して暮らすことのできる社会をつくるには，人材への投資すなわち「人づくり革命」が必要である。「人づくり革命基本構想」の内容として，2019（令和元）年10月から幼児教育の無償化の全面的な実施を目指すことや，所得が低い家庭の子どもたちに限り，大学などの高等教育無償化の実現などを進めることなどが示された。

2．地域子ども・子育て支援事業

（1）地域子ども・子育て支援事業の背景

　1990年代以降に進行した少子化の要因を探っていくなかで，核家族化の進展や地域社会での人間関係の希薄化などを背景に，在宅で子育てをしている親の負担感がかなり増大していることが確認された。そこで政府は，在宅での子育てに関しても，社会的な支援を整備し，親の負担感を緩和して，少子化への歯止めとしていきたいと考えた。そして2003（平成15）年の児童福祉法の改正によって，子育て向けの在宅福祉サービスとして法定化されたのが「子育て支援事業」である。これまでは子育てに関する制度化されたサービスは保育所をはじめとして施設サービスが中心で，在宅で子育てをしている人びとへのサービスはほとんど制度化されていなかった。しかし「子育て支援事業」によって，放課後児童健全育成事業と子育て短期支援事業が始まった。

　さらに2009（平成21）年度から施行された改正児童福祉法においては，在宅子育て支援のためのサービスの多様化，充実を目指して次の事業が法制化された。すなわち，乳児家庭全戸訪問事業，養育支援訪問事業，一時預かり事業，地域子育て支援拠点事業の4種類である。これらの事業の事業費は，国庫補助事業として国が費用の半分を負担するが，残りの2分の1を市町村が担っており，市町村が中心となるような子育て支援サービスの提供を図っている。また2012（平成24）年度の改正において，ファミリー・サポート・センター事業（子育て援助活動支援事業）が法定化された。

第4章 児童福祉施策の実際 123

　このように市町村が実施するようになった「子育て支援事業」は，「子ども・子育て支援法」の成立によって「地域子ども・子育て支援事業」として法律上，明確に位置付けられ，市町村が地域の実情に応じ，市町村子ども・子育て支援事業計画に従って事業を実施することとなった（「子ども・子育て支援法」第59条）。「地域子ども・子育て支援事業」には13の事業があるが，事業実施の費用に充てられるように，国・都道府県が市町村に「子ども・子育て支援交付金」を交付することとなり，財政支援が強化された。ただし，「地域子ども・子育て支援事業」のうち，「妊婦健康診査」は従前どおり市区町村が全額負担することになっており，「子ども・子育て支援交付金」は交付されない。

（2）地域子ども・子育て支援事業の実際

1）地域子育て支援拠点事業

　地域社会における人間関係の希薄化に伴い，親が子育てについて気軽に相談できる相手が身近な地域にいないという状況が多々みられるようになった。そのため育児への悩みを一人で抱え込み，子育てノイローゼひいては児童虐待につながる場合もあることが指摘された。こうした状況を背景に，2007（平成19）年度から地域子育て支援拠点事業は始まった。

　その内容は，保育所などにおいて専業主婦などの育児不安について相談に応じたり，子育て支援活動を展開する団体などとともに地域に出向いたりする「センター型」，公共施設や商店街の空き店舗，民家，マンションなどを活用し，気軽に集うことができる常設の空間を確保する「ひろば型」，学童らが来館する前の時間に児童館などを利用して実施する「児童館型」の3通りの子育て支援であった。そして2009（平成21）年4月から，地域子育て支援拠点事業は，児童福祉法上の事業として位置付けられた。

　地域子育て支援拠点事業は，地域で子育てを支えるという重要な理念を具現化させる事業であり，今後もさらなる充実が期待されている。2012（平成24）年に成立した「子ども・子育て支援法」によって，機能別に再編され，従来の

図表4-5　地域子育て支援拠点事業の概要（2014年度以降）

	一　般　型	連　携　型
機能	常設の地域の子育て拠点を設け，地域の子育て支援機能の充実を図る取組を実施	児童館等の児童福祉施設等多様な子育て支援に関する施設に親子が集う場を設け，子育て支援のための取組を実施
実施主体	市町村（特別区を含む。） （社会福祉法人，NPO法人，民間事業者等への委託等も可）	
基本事業	①子育て親子の交流の場の提供と交流の促進　　②子育て等に関する相談・援助の実施 ③地域の子育て関連情報の提供　　④子育て及び子育て支援に関する講習等の実施	
実施形態	①～④の事業を子育て親子が集い，うち解けた雰囲気の中で語り合い，相互に交流を図る常設の場を設けて実施 •地域の子育て拠点として地域の子育て支援活動の展開を図るための取組（加算） 　一時預かり事業や放課後児童クラブなど多様な子育て支援活動を拠点施設で一体的に実施し，関係機関等とネットワーク化を図り，よりきめ細かな支援を実施する場合に，「地域子育て支援拠点事業」本体事業に対して，別途加算を行う •出張ひろばの実施（加算） 　常設の拠点施設を開設している主体が，週1～2回，1日5時間以上，親子が集う場を常設することが困難な地域に出向き，出張ひろばを開設 •地域支援の取組の実施（加算）※ 　①地域の多様な世代との連携を継続的に実施する取組 　②地域の団体と協働して伝統文化や習慣・行事を実施し，親子の育ちを継続的に支援する取組 　③地域ボランティアの育成，町内会，子育てサークルとの協働による地域団体の活性化等地域の子育て資源の発掘・育成を継続的に行う取組 　④家庭に対して訪問支援等を行うことで地域とのつながりを継続的に持たせる取組 ※利用者支援事業を併せて実施する場合は加算しない。	①～④の事業を児童館等の児童福祉施設等で従事する子育て中の当事者や経験者をスタッフに交えて実施 •地域の子育て力を高める取組の実施（加算） 拠点施設における中・高校生や大学生等ボランティアの日常的な受入・養成の実施
従事者	子育て支援に関して意欲があり，子育てに関する知識・経験を有する者（2名以上）	子育て支援に関して意欲があり，子育てに関する知識・経験を有する者（1名以上）に児童福祉施設等の職員が協力して実施
実施場所	公共施設空きスペース，商店街空き店舗，民家，マンション・アパートの一室，保育所，幼稚園，認定こども園等を活用	児童館等の児童福祉施設等
開設日数等	週3～4日，週5日，週6～7日／1日5時間以上	週3～4日，週5～7日／1日3時間以上

出典）厚生労働省「地域子育て支援拠点事業とは（概要）」https://www.mhlw.go.jp/file/06-Seisakujouhou-11900000-Koyoukintoujidoukateikyoku/kyoten_gaiyou_H29.pdf（2019年9月16日閲覧）

第 4 章　児童福祉施策の実際　125

「ひろば型」・「センター型」は職員配置や活動内容に応じた支援の仕組みとして「一般型」に，「児童館型」は実施対象施設や日数が見直され，「連携型」となった。さらに機能の強化を図るために，「利用者支援（子育て家庭が子育て支援の給付事業のなかから適切な選択ができるよう，地域の身近な立場から情報の集約・提供を行う）」と「地域支援（訪問支援をはじめ多様な世代との交流，地域の団体との協働を通して，親子の育ちを支援する）」を行う「地域機能強化型」が創設され，2013（平成 25）年度に実施された。しかし 2014（平成 26）年度に「利用者支援」機能と「地域支援」機能の一部の機能のさらなる強化のために「利用者支援事業」が新設されたため，地域子育て支援拠点事業は「一般型」と「連携型」となった。

2014（平成 26）年度以降の地域子育て支援拠点事業には，4 つの基本事業が掲げられている。① 子育て親子の交流の場の提供と交流の促進，② 子育て等に関する相談・援助の実施，③ 地域の子育て関連情報の提供，④ 子育て及び子育て支援に関する講習等の実施。これらに加えて，さらなる展開として，一時預かり等の地域の子育て支援活動の展開を図るための取り組み，地域での出張ひろばの開設，高齢者等の多様な世代との交流，伝統文化や習慣・行事の実施等が期待されている。

2017（平成 29）年度には全国 7,259 か所（「一般型」が 6,441 か所，「連携型」が 818 か所）で実施されており，2007（平成 29）年度以降年々増加している。

2) 利用者支援事業

この事業は，「子ども・子育て支援法」の施行に伴い創設された（2015 年 4 月から実施）。子ども・子育て支援の推進にあたって，子ども及びその保護者など，または妊娠している人が自身の選択に基づき，教育・保育・保健その他の子育て支援を円滑に利用できるように，利用者支援専門員などが情報提供をしたり，必要に応じて相談・助言などを行ったりするとともに，関係機関との連絡調整などを実施し支援することを目的とする。

主な事業として，「総合的な利用者支援」と「地域連携」がある。「総合的な利用者支援」は，子育て家庭の個別ニーズを把握し，教育・保育施設及び地域の子育て支援事業などが円滑に利用できるように，情報集約・提供，相談，利用支援・援助を行う。「地域連携」は，子育て支援などの関係機関との連絡調整，連携・協働体制をつくり，地域の子育て資源の育成，地域課題の発見・共有，地域で必要な社会資源の開発などを行う。「利用者支援」と「地域連携」の組み合わせによって，「基本型（「利用者支援」と「地域連携」を共に実施する）」「特定型（主に「利用者支援」を実施する）」「母子保健型（保健師などの専門

図表4-6　利用者支援事業の3つの類型

基本型

○「基本型」は，「利用者支援」と「地域連携」の2つの柱で構成している。

【利用者支援】	【地域連携】
地域子育て支援拠点等の身近な場所で， ○子育て家庭等から日常的に相談を受け，個別のニーズ等を把握 ○子育て支援に関する情報の収集・提供 ○子育て支援事業や保育所等の利用に当たっての助言・支援 　→当事者の目線に立った，寄り添い型の支援	○より効果的に利用者が必要とする支援につながるよう，地域の関係機関との連絡調整，連携・協働の体制づくり ○地域に展開する子育て支援資源の育成 ○地域で必要な社会資源の開発等 　→地域における，子育て支援のネットワークに基づく支援

《職員配置》専任職員（利用者支援専門員）を1名以上配置
　※子ども・子育て支援に関する事業（地域子育て支援拠点事業など）の一定の実務経験を有する者で，子育て支援員基本研修及び専門研修（地域子育て支援コース）の「利用者支援事業（基本型）」の研修を修了した者等

特定型（いわゆる「保育コンシェルジュ」）

○主として市区町村の窓口で，子育て家庭等から保育サービスに関する相談に応じ，地域における保育所や各種の保育サービスに関する情報提供や利用に向けての支援などを行う
《職員配置》専任職員（利用者支援専門員）を1名以上配置
　※子育て支援員基本研修及び専門研修（地域子育て支援コース）の「利用者支援事業（特定型）」の研修を修了している者が望ましい

母子保健型

○主として市町村保健センター等で，保健師等の専門職が，妊娠期から子育て期にわたるまでの母子保健や育児に関する妊産婦等からの様々な相談に応じ，その状況を継続的に把握し，支援を必要とする者が利用できる母子保健サービス等の情報提供を行うとともに，関係機関と協力して支援プランの策定などを行う
《職員配置》母子保健に関する専門知識を有する保健師，助産師等を1名以上配置

出典）厚生労働省「利用者支援事業とは（概要）」https://www.mhlw.go.jp/file/06-Seisakujouhou-11900000-Koyoukintoujidoukateikyoku/riyoshasien.pdf（2019年9月16日閲覧）

職がすべての妊産婦などを対象に「利用者支援」と「地域連携」を共に実施する）」の3つに類型化され，いずれかの類型を選択して実施する。

「母子保健型」は，妊娠期から子育て期にわたるまで切れ目ない支援が実施できるように，ワンストップ拠点として子育て世代包括支援センターが整備されたことによって，本格的に実施されることとなった。

実施主体は，市町村。ただし，市町村が認めた者へ委託することが可能である。地域子育て支援拠点事業と一体的に運営することで，市町村における子育て家庭支援の機能強化を図ることが期待されている。2018（平成30）年度時点で，「基本型」720か所，「特定型」375か所，「母子保健型」1,183か所，合計で2,278か所が実施している。

3）妊婦健康診査

母子保健法第13条には，「市町村は，必要に応じ，妊産婦又は乳児若しくは幼児に対して，健康診査を行い，又は健康診査を受けることを勧奨しなければならない」と規定されている。妊婦健康診査は安全・安心な出産をするために重要であることから，確実に実施できるようにするために，子ども・子育て支援法において「地域子ども・子育て支援事業」に位置付けられた。妊婦健康診査の実施にあたって，厚生労働大臣が，妊婦健康診査の実施時期や回数，検査項目などについて「望ましい基準」を策定している。

4）乳児家庭全戸訪問事業（こんにちは赤ちゃん事業）

乳児家庭全戸訪問事業（こんにちは赤ちゃん事業）では，乳児のいる家庭と地域社会をつなぐ最初の機会と位置付け，乳児家庭の孤立を防ぎ，乳児の健全な育成環境を確保するために，生後4か月までの乳児のいるすべての家庭を訪問する。保護者の不安や悩みを聞き，子育て支援に関する情報提供などを行うとともに，親子の心身の状況や養育環境などの把握を行い，支援が必要な家庭に対しては適切なサービス提供につなげることを目標としている。図表4-8に

図表4-7　標準的な「妊婦健診」の例

期　間	妊娠初期〜23週	妊娠24週〜35週	妊娠36週〜出産まで
健診回数 （1回目が8週の場合）	1・2・3・4	5・6・7・8・ 9・10	11・12・13・14
受診間隔	4週間に1回	2週間に1回	1週間に1回
毎回共通する 基本的な項目	・健康状態の把握…妊娠週数に応じた問診・診察等を行います。 ・検査計測…妊婦さんの健康状態と赤ちゃんの発育状態を確認するための基本検査を行います。基本検査例：子宮底長，腹囲，血圧，浮腫，尿検査〔糖・蛋白〕，体重〔1回目は身長も測定〕 ・保健指導…妊娠期間を健やかに過ごすための食事や生活に関するアドバイスを行うとともに，妊婦さんの精神的な健康に留意し，妊娠・出産・育児に対する不安や悩みの相談に応じます。また，家庭的・経済的問題などを抱えており，個別の支援を必要とする方には，適切な保健や福祉のサービスが提供されるように，市区町村の保健師等と協力して対応します。		
必要に応じて行う 医学的検査	・血液検査［初期に1回］ 血液型（ABO血液型・Rh血液型・不規則抗体），血算，血糖，B型肝炎抗原，C型肝炎抗体，HIV抗体，梅毒血清反応，風疹ウイルス抗体 ・子宮頸がん検診（細胞診）［初期に1回］ ・超音波検査［期間内に2回］	・血液検査 ［期間内に1回］ 血算，血糖 ・B群溶血性レンサ球菌 ［期間内に1回］ ・超音波検査 ［期間内に1回］	・血液検査 ［期間内に1回］ 血算 ・超音波検査 ［期間内に1回］
	・血液検査［妊娠30週までに1回］ HTLV-1抗体検査 ・性器クラミジア［妊娠30週までに1回］		

出典）厚生労働省「妊婦健診 Q & A」https://www.mhlw.go.jp/bunya/kodomo/boshi-hoken13/dl/02.pdf
（2019年9月24日閲覧）

そのイメージを示した。

　訪問者の人材確保は各市町村が行うが，保健師，助産師，看護師の他，保育士，母子保健推進員，愛育班員，民生・児童委員（主任児童委員），母親クラブ，子育て経験者などから幅広く人材を発掘し，訪問に先立って，訪問の目的や内容，留意事項などについて必要な研修をうける必要がある。また，市町村の児童福祉担当部署と母子保健担当部署との連携の下，事前の情報などを踏まえ，支援の必要性が高いと見込まれる家庭に対しては可能な限り保健師などの専門職ができるだけ早期に訪問することとなっている。

図表4-8 乳児家庭全戸訪問事業のイメージ図

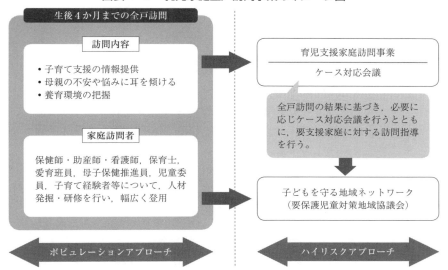

出典）内閣府『少子化社会白書（平成21年版）』「生後4か月までの全戸訪問事業（こんにちは赤ちゃん事業）の概要（実施主体：市区町村）」より

　訪問結果により支援が必要と判断された家庭について，適宜，関係者によるケース会議を行い，養育支援訪問事業をはじめとした適切なサービスの提供につなげることもこの事業の重要な任務である。

　全国の市町村のうち，2017（平成29）年度に乳児家庭全戸訪問事業を実施した市町村99.6％にのぼる。実際に訪問した家庭は913,682世帯で，そのうち何らかの支援を必要とした家庭は，129,531世帯（14.2％）であった。

5）養育支援訪問事業

　養育支援訪問事業は，育児ストレス，産後うつ病，育児ノイローゼなどの問題によって，子育てに対して不安や孤立感などを抱える家庭や，さまざまな原因で養育支援が必要であると判断した家庭に対して，保健師，助産師，保育士などがその居宅を訪問し，養育に関する指導，助言などを行うことにより，

個々の家庭の抱える養育上の諸問題の解決，軽減を図るための事業である。

この事業の対象となるのは，乳児家庭全戸訪問事業（こんにちは赤ちゃん事業）の実施結果や母子保健事業との連携体制に基づく情報提供，そして福祉・医療その他の関係機関からの連絡・通告などにより把握した家庭の児童及びその養育者である。具体的には，たとえば以下の家庭が考えられる。

① 若年の妊婦および妊婦健康診査未受診や望まない妊娠などの妊娠期からの継続的な支援を特に必要とする家庭

② 出産後間もない時期（おおむね1年程度）の養育者が，育児ストレス，産後うつ状態，育児ノイローゼなどの問題によって，子育てに対して強い不安や孤立感などを抱える家庭

③ 食事，衣服，生活環境などについて，不適切な養育状態にある家庭など，虐待のおそれやそのリスクを抱え，特に支援が必要と認められる家庭

④ 児童養護施設などの退所，里親委託の終了により，児童が復帰した後の家庭

このような子育てに関しての課題を抱えやすい家庭を「中核機関」とよばれる市町村保健センターや児童福祉課などが乳児家庭全戸訪問事業などの情報をもとに把握して，課題を抱えた家庭への支援内容を決定する。そして社会福祉法人やNPO法人，民間事業者などに所属している訪問支援者の派遣へとつなげていくのである。なお専門的相談支援は保健師，助産師，看護師，保育士，児童指導員などが，育児・家事援助については，保健師のほかに子育て経験者，ヘルパーなどが実施する。

この養育支援訪問事業は，全国の市町村の76.7％（2017年度）で実施されている。全国で相談・支援を実施した家庭は79,201世帯（2016年4月1日〜2017年3月31日）。課題を抱えた家庭の発見の経路は乳児家庭全戸訪問事業がもっとも多く，要保護児童対策地域協議会の支援ケース，保健師の活動，医療機関からの情報提供と続く。対象となった家庭の特徴として，「育児不安」によるものが多くみられ，次いで「養育者の育児技術がない又は未熟である」，3番

第4章　児童福祉施策の実際　131

目に「養育者が精神疾患を抱えている又は精神的問題がある」があげられる。

• 子どもを守る地域ネットワーク機能強化事業

　要保護児童対策地域協議会（子どもを守る地域ネットワーク）の機能強化を図るため，調整機関職員やネットワーク構成員（関係機関）の専門性強化と，ネットワーク機関間の連携強化を図ることを目的とする。

　乳児家庭全戸訪問事業，子どもを守る地域ネットワーク機能強化事業，養育支援訪問事業を関連させながら，児童虐待の発生予防と早期発見・早期対応に取り組むことを目指している。

図表4-9　児童虐待の発生予防と早期発見・早期対応のための連携

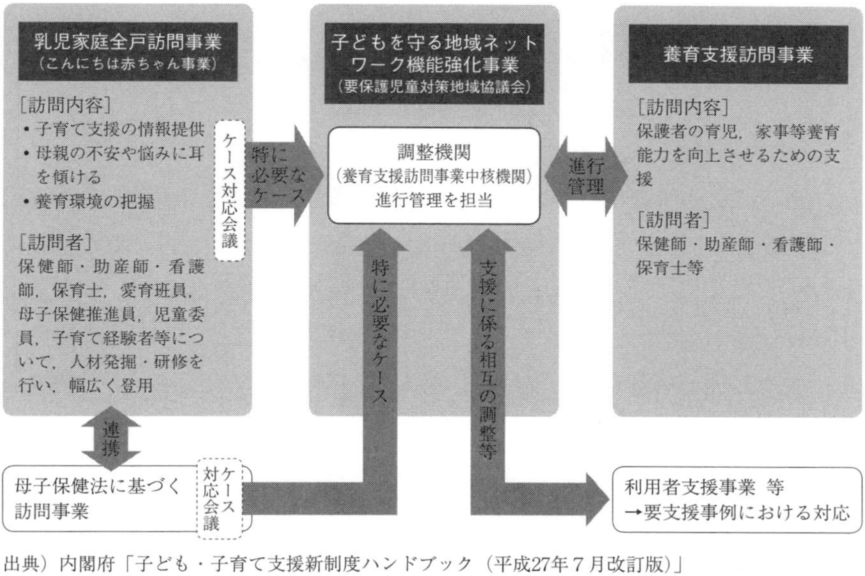

出典）内閣府「子ども・子育て支援新制度ハンドブック（平成27年7月改訂版）」
　　　https://www8.cao.go.jp/shoushi/shinseido/faq/pdf/jigyousya/handbook.pdf（2019年 9 月16日 閲覧）

6) 子育て短期支援事業

　子育て短期支援事業には，短期入所生活援助（ショートステイ）事業と夜間養護等（トワイライトステイ）事業の2種類がある。これらの事業の実施主体は市町村であるため，この事業を展開するか否かは市町村が決定するが，事業を展開するのは，市町村から委託された児童養護施設などを運営する社会福祉法人やNPO法人となっていることが多い。また利用料や利用時間などのサービス内容も各市町村，各施設が決定する。

　① 短期入所生活援助（ショートステイ）事業

　保護者が，疾病や仕事あるいは社会的事由（冠婚葬祭，公的行事への参加など），育児疲れなどにより子どもの養育が一時的に困難となった場合に，乳児院や児童養護施設などで養育・保護を行う（原則として7日以内）事業である。

　また母子が夫の暴力などで緊急一時的に保護を要する場合などは，母子生活支援施設が利用される。2014（平成26）年度にこの事業を展開している福祉施設は720か所である。

　② 夜間養護等（トワイライトステイ）事業

　1991（平成3）年から父子家庭等児童夜間養護事業という名称で取り組まれてきた事業で，2003（平成15）年の児童福祉法改正によって，「子育て支援事業」のひとつとして法定化された。現在は，ひとり親家庭に限らず，保護者が仕事その他の理由により，恒常的に平日の夜間または休日に不在となり児童の養育が困難となる場合，その他緊急の必要がある場合に，児童養護施設や乳児院で児童を預かり，生活指導や食事の提供などを行う事業である。宿泊することもできる。2014（平成26）年度にこの事業を展開している福祉施設は374か所である。

7) ファミリー・サポート・センター事業

ファミリー・サポート・センター事業とは，乳幼児や児童の預かりなどの援助を希望する保護者（依頼会員）と援助を行うことを希望する者（提供会員）との相互援助活動に関する連絡，調整を行う事業である。依頼または提供を希望する者は，ファミリー・サポート・センター（以下「センター」と表記）に対し登録を行い，センターが依頼会員と提供会員の間の仲介を行う。そして会員間で，保育施設までの送迎や保育施設の開始前や終了後（学校の放課後）の預かり，保護者の病気や急用時の預かり，冠婚葬祭や他の子どもの学校行事の際の預かりなどの相互援助活動が行われている。実施主体は市町村（特別区を含む）となっているが，センターの多くは市町村社会福祉協議会のなかに設けられている。

この事業は 2005（平成 17）年度から始まり，2009（平成 21）年度からは，病児・病後児の預かり，早朝・夜間などの緊急時の預かりなどの事業（病児・緊急対応強化事業）も加わった。そして，子ども・子育て支援法ならびに 2012（平成 24）年の児童福祉法改正において「子育て援助活動支援事業」として法定化された。2017 年度末時点で，依頼会員が 57 万人，提供会員が 13 万人登録している。

8) 一時預かり事業

1980 年代に入って，核家族化の進展やひとり親家庭の増加，そして余裕のない労働環境などを要因として，緊急的・一時的な保育の需要が高まってきた。そこで国は，1990（平成 2）年から保育所の特別保育事業のなかで，保護者の短時間勤務や傷病，出産，看護，介護などやむをえない事情で一時的に保育が必要な子を対象に，一時保育事業を制度化した。2003（平成 15）年からは，親の就労形態の多様化（パートなど非正規雇用の増加）に伴う保育需要に応えるため，3 歳未満児を対象にして週に 2，3 日程度，または午前か午後のみ必要に応じて利用できる特定保育事業が制度化された。そして，児童福祉法改

正によって2009（平成21）年から一時預かり事業として法定化され，保育所以外の施設でも事業を実施できるようにした。

一時預かり事業には，保育所で実施する「保育所型」と比較的駅周辺の利便性の高い場所や地域子育て支援センターなどで実施する「地域密着型」の2種類であったが，事業の普及を図るため，事業類型が見直された。2015（平成27）年度より，「一般型（基幹型加算），（保育所，幼稚園，認定こども園，地域子育て支援拠点または駅周辺等利便性の高い場所など，一定の利用児童が見込まれる場所で実施）」「余裕活用型（保育所等において，利用児童数が定員に達していない場合に，定員の範囲内で実施）」「幼稚園型（幼稚園における預かり保育）」「訪問型（児童の居宅において一時預かりを実施）」の4形態に再編された。

法制上の実施主体は市町村となっているが，多くは社会福祉法人やNPO法人，民間事業者に委託して事業を展開している。

9) 延長保育事業

近年，就労形態の多様化などに伴い，やむをえない理由により，保育時間を延長して児童を預けられる環境の整備が課題となっている。こうした課題に対応するため，保育認定をうけた児童について，通常の利用日・利用時間帯以外の日や時間において，保育所，認定こども園などで引き続き保育を実施する事業である。安心して子育てができる環境を整備し，児童の福祉の向上を図ることを目的とする。「一般型」と「訪問型」の2つに類型化される。

10) 病児保育事業

病児について，病院・保育所などに付設された専用スペースなどにおいて，看護師などが一時的に保育などを実施する事業である。「病児対応型・病後児対応型」「体調不良児対応型」「非施設型（訪問型）」の3つに類型化される。児童福祉法第6条の3第13項では，病児保育事業とは，「保育を必要とする乳児・幼児又は保護者の労働若しくは疾病その他の事由により家庭において保育

第4章　児童福祉施策の実際　135

図表4-10　延長保育事業における実施場所と対象児童

	一般型	訪問型
実施場所	市町村以外が設置する保育所，認定こども園，小規模保育事業所，家庭的保育事業所，事業所内保育事業所，駅前等利便性の高い場所，公共的施設の空き部屋等適切に事業が実施できる施設	当該児童の居宅
対象児童	2号及び3号の認定を受け，市町村以外が設置する保育所，認定こども園，小規模保育事業所，家庭的保育事業所，事業所内保育事業所を利用する児童	2号及び3号の認定を受け，市町村以外が設置する保育所，認定こども園，小規模保育事業所，家庭的保育事業所，事業所内保育事業所，居宅訪問型保育事業所を利用する児童で以下に該当する場合 ①居宅訪問型保育事業を利用する児童で利用時間を超える場合 ②保育所等の施設における利用児童数が1名となった場合 ※短時間認定児の利用については，標準認定児の利用がない場合に限ります。

出典）内閣府「子ども・子育て支援新制度ハンドブック　施設・事業者向け（平成27年7月改訂版）」
　　　https://www8.cao.go.jp/shoushi/shinseido/faq/pdf/jigyousya/handbook.pdf（2019年9月24日閲覧）

を受けることが困難となった小学校に就学している児童であつて，疾病にかかつているものについて，保育所，認定こども園，病院，診療所その他厚生労働省令で定める施設において，保育を行う事業」と定められている。

11) 放課後児童健全育成事業

放課後児童健全育成事業とは，保護者が仕事などで昼間家庭にいない小学生の児童を対象に，放課後に児童館などの施設を利用して，生活の場を与え適切な遊びをとおして児童の健全な育成を図る事業である。詳しい説明は，次節健全育成（2）2）（139ページ）を参照のこと。

12) 実費徴収に係る補足給付を行う事業について

市町村が定める利用者負担額とは別に，各施設事業者において実費徴収をすることができる，「食事の提供に要する費用」「日用品，文房具等の購入に要す

る費用」などについて，低所得世帯を対象に費用の一部を補助する事業である。「給食費（副食材料費）」とそれ以外の「教材費・行事費等」に分けられ，事業が実施されている。実施主体は市町村。

13）多様な主体が本制度に参入することを促進するための事業

「待機児童解消加速化プラン」に基づく保育の受け皿の確保や，住民のニーズに沿った多様な保育の提供を進めるにあたって，多様な事業者の能力を活用するため，新規参入事業者への支援を行い，地域ニーズに即した保育などの事業の拡大を図ることが目的である。2014（平成26）年度は「新規参入施設への巡回支援事業」として実施されていた。実施主体は市町村。なお，市町村が認めた者へ委託などを行うことができる。

3．健全育成

（1）健全育成の意味

子どもの健全育成とは，身体の健康増進をはかる，心の健康増進をはかる，知的な適応能力を高める，社会的適応能力を高める，情操を豊かにするなどを目的に，健全な遊びやスポーツなどを活用して子どもを育てることをいう。子どもを健全に育成する活動は，児童厚生施設などで行われる公的な活動，子ども会や社会福祉協議会など地域をベースにした活動，NPO団体や福祉施設などが主催するボランティア活動など，その主体も方法もさまざまである。今後はこれらの活動が連携しあい，地域のもつ社会資源を有効に活用し，地域住民みんなで子どもを育てていくという意識の醸成が求められる。

（2）健全育成のための施策
1）児童厚生施設

児童厚生施設は，児童館，児童遊園など児童に健全な遊びを与えて，その健

康を増進し，または情操をゆたかにすることを目的とする施設である（児童福祉法第40条）。近年，特に都市部では児童が集団で遊ぶ場所が少なくなってきており，子どもが自由に出入りでき健全な遊びを保障する児童館・児童遊園は地域にとって大きな意味をもつといえる。

　児童遊園が屋外型の施設であるのに対し，児童館は屋内型の施設ではあるが，活動は建物内にとどまらない。地域児童の健全な発達を支援するための屋内外の地域活動をはじめ遠隔地でのキャンプなど，積極的に屋外に出る活動が組み込まれている。児童館には，遊びを指導する者（児童厚生員）が２名以上配置され，子ども一人ひとりのペースに応じて自立していくことができるよう支援している。

　また，児童館は規模と機能によって大きく３つに分類されている。もっとも小さい「小型児童館」は，市町村，社会福祉法人などが設置し，健全な遊びを通して児童の集団および個別指導を行うとともに，子ども会，母親クラブなどの地域に密着した組織の活動を支援している。規模がもう少し大きくなり，体力増進活動などの機能が加わったものを「児童センター」という。これも設置主体は市町村，社会福祉法人などである。

　一方，都道府県が設置するものが「大型児童館」であり，これはさらに２つに分類される。A型は都道府県内の小型児童館や児童センターの連絡，調整などの機能を有する児童館である。B型は自然に恵まれた地域に設置され，宿泊しながら野外活動を行うことができる児童館である。以前はC型児童館として，ギャラリー，屋内プール，歴史・科学展示室など，多様なニーズに対応できる機能と規模をもつ児童館（東京都渋谷区の子どもの城）もあったが，2015（平成27）年に閉館したため，2018（平成30）年時点でC型児童館は存在しない。

　児童館をめぐる環境の変化や時代の要請に対応する児童館の機能・役割を明確化するために，2011（平成23）年３月に厚生労働省から「児童館ガイドライン」が出された。児童館運営の理念として児童福祉施設であることを再確認

し，その目的は「遊び及び生活の援助」「子育て支援」と明記されている。

その後，児童福祉法などの子どもの健全育成に関する法律との整合性や子どもの福祉的課題への対応，子育て支援に対する児童館がもつ機能への期待を踏まえて，2018（平成30）年10月1日に「児童館ガイドライン」が改正された。改正のポイントは次の6つである。① 児童の権利に関する条約の精神にのっとり，子どもの意見を尊重し，子どもの最善の利益を優先する，② 児童福祉施設としての役割に基づいて，児童館の特性を拠点性，多機能性，地域性の3点に新たに整理した，③ 子どもの発達段階や特徴に応じ，一人ひとりの心身の状態を把握しながら子どもの育成に努める，④ 児童館の職員に対し，配慮を必要とする子どもに適切な対応を求めた，⑤ 子育て支援の実施について，乳幼児を対象とした活動の実施や，乳幼児と中・高校生世代等との触れ合い体験の取り組みを進める，⑥ 大型児童館の機能・役割について新設する。

児童館の機能・役割としては，① 遊び及び生活を通した子どもの発達の増進，② 子どもの安定した日常の生活の支援，③ 子どもと子育て家庭が抱える可能性のある課題の発生予防・早期発見と対応，④ 子育て家庭への支援，⑤ 子どもの育ちに関する組織や人とのネットワークの推進があげられている。

児童館の活動内容は8つの項目から示されており，① 遊びによる子どもの育成，② 子どもの居場所の提供，③ 子どもが意見を述べる場の提供，④ 配慮を必要とする子どもへの対応，⑤ 子育て支援の実施，⑥ 地域の健全育成の環境づくり，⑦ ボランティア等の育成と活動支援，⑧ 放課後児童クラブの実施と連携になっている。

児童館の職員については，館長の配置および「児童厚生員」という専門職と求められる役割が明記され，児童館の運営については，設備，運営主体，運営管理面が詳述されている。

> **児童厚生員**
>
> 　児童福祉施設の設備及び運営に関する基準では，「児童の遊びを指導する者」と表現されている。具体的には，「保育士」「社会福祉士」資格をもつ者，2年以上児童福祉の仕事をした者，幼・小・中・高のいずれかの教諭資格をもつ者，大学で心理・教育・社会・芸術・体育の学科を卒業し，その施設の設置者が認めた者などが児童厚生員となる。

2) 放課後児童健全育成事業

　放課後児童健全育成事業とは，児童福祉法第6条の3第2項の規定に基づき，保護者が労働などにより昼間家庭にいない小学校に就学している児童（放課後児童）に対し，授業の終了後に児童館などを利用して適切な遊びおよび生活の場を与えて，その健全な育成を図ることを目的とする。具体的には，放課後児童の健康管理，安全確保，情緒の安定，遊びの活動への意欲と態度の形成，自主性，社会性，創造性を培うこと，放課後児童の遊びの活動状況の把握と家庭への連絡，家庭や地域での遊びの環境づくりへの支援などがあげられる。

　「学童クラブ」「子どもクラブ」など，昔からさまざまなよばれ方をしてきたが，広く一般に使われてきた名称としては「学童保育」であろう。1997（平成9）年の児童福祉法改正で学童保育の拡充を目指すことになり，放課後児童健全育成事業として位置づけられ，この事業を行う場所として「放課後児童クラブ」という名称となった。第二種社会福祉事業として位置づけられ，実施主体は，市町村，社会福祉法人，父母会，運営委員会などであり，実施場所は，児童館，学校の余裕教室，学校敷地内専用施設などである。2018（平成30）年5月1日現在，全国で25,328か所に設置されており，登録児童数は1,234,366人，待機児童は17,279人である。

　「放課後児童クラブ」は，その運営の多様性を踏まえつつ，運営内容の水準，放課後児童クラブで子どもに保障すべき遊びや生活の環境を明確化し，事業の安定性・継続性を確保しなければならない。そこで，2007（平成19）年に策定

した「放課後児童クラブガイドライン」が見直され，2015（平成27）年4月「放課後児童クラブ運営指針」を新たに策定し，国として「放課後児童クラブ」に関する設備及び運営についてより具体的な内容が定められた。

　また，子ども・子育て関連3法による児童福祉法の改正により，「放課後児童クラブ」を全国的に一定水準の質を確保する観点から，「放課後児童クラブ」の設備及び運営について，2014（平成26）年4月に「放課後児童健全育成事業の設備及び運営に関する基準」が策定・公布された。それを踏まえて，2015（平成27）年4月より市町村が条例で基準を定め，「放課後児童クラブ」が運営されることになった。「放課後児童健全育成事業の設備及び運営に関する基準」では，設備では専用区画の面積は，児童1人につきおおむね1.65㎡以上，集団の規模では，一の支援単位を構成する児童の数はおおむね40人以下，放課後児童支援員を支援の単位ごとに2人以上配置などが定められた。放課後児童支援員の配置基準については，市町村は従うべき基準とされていたが，2019（平成31）年4月より参酌すべき基準となった。

図表4-11　クラブ数，登録児童数および利用できなかった児童数の推移

出典）厚生労働省「平成30年（2018年）放課後児童健全育成事業（放課後児童クラブ）の実施状況」
https://www8.cao.go.jp/shoushi/shinseido/meeting/kodomo_kosodate/k_41/pdf/ref4.pdf（2019年9月24日閲覧）

第4章　児童福祉施策の実際　141

図表4-12　「放課後児童健全育成事業の設備及び運営に関する基準」で示された主な基準

支援の目的	支援は，留守家庭児童につき，家庭，地域等との連携の下，発達段階に応じた主体的な遊びや生活が可能となるよう，児童の自主性，社会性及び創造性の向上，基本的な生活習慣の確立等を図り，もって当該児童の健全な育成を図ることを目的として行わなければならない	参酌すべき基準
設　備	• 専用区画（遊び・生活の場としての機能，静養するための機能を備えた部屋又はスペース）等を設置 • 専用区画の面積は，児童1人につきおおむね1.65㎡以上	
児童の集団の規模	一の支援の単位を構成する児童の数（集団の規模）は，おおむね40人以下	
開所日数	原則1年につき250日以上	
開所時間	土，日，長期休業期間等（小学校の授業の休業日） →原則1日につき8時間以上 平日（小学校授業の休業日以外の日） →原則1日につき3時間以上 ※その地方における保護者の労働時間，授業の終了時刻等を考慮して事業を行う者が定める ※その地方における保護者の就労日数，授業の休業日等を考慮して，事業を行う者が定める	
その他	非常災害対策，児童を平等に取り扱う原則，虐待等の禁止，衛生管理等，運営規程，帳簿の整備，秘密保持等，苦情への対応，保護者との連絡，関係機関との連携，事故発生時の対応など	
職　員	放課後児童支援員（※1）を，支援の単位ごとに2人以上配置（うち1人を除き，補助員の代替可） ※1　保育士，社会福祉士等（「児童の遊びを指導する者」の資格を基本）であって，都道府県知事が行う研修を修了した者（※2） ※2　2020年3月31日までの間は，都道府県知事が行う研修を修了した者に，修了することを予定している者を含む	従うべき基準 →2019年4月より参酌すべき基準へ

出典）社会保障審議会児童部会「放課後児童クラブの見直しについて（平成31年3月）」より作成
　　　https://www.mhlw.go.jp/content/12601000/000484463.pdf（2019年9月24日閲覧）

　このように「放課後児童クラブ」は拡充されてはいるが，待機児童の解消や指導員の不足，財源不足など，まだまだ課題は多い。

　待機児童問題を解消するのは，小学校就学後の安全・安心な放課後などの居場所をいかに確保・整備していくのかという課題や，次代を担う人材を育成するためにも，すべての児童が放課後などにおける多様な体験・活動を行うことができるような放課後対策のために必要である。このような観点から，文部科学省と厚生労働省が連携して検討を進め，2014（平成26）年7月に「放課後子

ども総合プラン」を策定した。このプランでは，2019 年度末までに，放課後児童クラブの約 30 万人分の受け皿を新たに整備するとともに，すべての小学校区において，放課後児童クラブ及び放課後子供教室を一体的または連携して実施することとなった。一体型の放課後児童クラブ及び放課後子供教室については，1 万か所以上での実施を目標としている。

　「放課後子ども総合プラン」の進捗状況や，児童福祉や教育分野における施策の動向も踏まえ，これまでの放課後児童対策の取り組みをさらに進めるため，「新・放課後子ども総合プラン」が策定された。内容は，放課後児童クラブの待機児童の早期解消，放課後児童クラブと放課後子供教室の一体的な実施の推進などによるすべての児童の安全・安心な居場所の確保を図ることなどである。このプランは 2019（令和元）年度から 5 年間を対象としており，文部科学省と厚生労働省が共同で策定した。2021（令和 3）年度末までに約 25 万人分の放課後児童クラブの受け皿を整備し，女性就業率の上昇を踏まえ，2023（令和 5）年度末までに計約 30 万人分の受け皿を整備することなどを目標としている。

3) 児童環境づくり基盤整備事業

　児童環境づくり基盤整備事業とは，子どもの居場所の減少，家庭生活との両立が困難な職場など，児童と家庭を取り巻く環境の変化を踏まえ，子育てしやすい環境の整備を図るとともに，次代を担う児童の健全育成を支援することを目的とする事業である。2012（平成 24）年より一般財源化された。都道府県においては，地域の子育て，子育ち力を高める気運づくりのための児童環境づくり推進機構の整備など，市町村においては，キャンプなど自然体験活動，子どもボランティア育成支援，児童健全育成相談支援，世代間交流支援など，地域に密着した活動に対する補助が行われている。また，地域全体で子育てや子どもの育ち，子育て支援のあり方などを考え，子育てしやすいまちづくりを進めるため，フォーラム，ワークショップなどの開催，テレビ・ラジオ，インター

第4章　児童福祉施策の実際　143

ネットなどを利用した広報活動および子どもや子育て当事者などの視点を取り入れた機関誌などの発行，福祉，保健，医療，教育，健全育成などの幅広い分野の指導的役割を担う人材を対象としたセミナーなどを開催する，などの取り組みをしている。

4) 児童ふれあい交流促進事業

　児童ふれあい交流促進事業は，小学校高学年，中・高校生などが乳幼児と触れ合う活動を実施することにより，将来の子育て予備体験として育児不安や虐待の予防を目的とする事業である。また，地域の親同士，中・高校生同士の仲間づくりや世代間のつながりを形成することも期待されている。具体的には，保育所や児童館を利用して小学校高学年，中学生および高校生が乳幼児と出会い，ふれあい，交流する事業，その事前学習として，乳幼児の発達，生命や性についての講義および赤ちゃん人形などの教材を使用し，乳幼児の安全な抱き方や遊び方を体験させ，乳幼児健診の場や児童福祉施設などの見学を行うなどの実習が行われている。さらに，中・高校生の居場所作りを推進するため，パソコンや音楽機材，演劇，創作ダンス，スポーツなどの専門的な講習を行っている。また，親子のふれあいの機会をつくるため乳幼児をもつ親を対象に，絵本の読み聞かせに関する講習会を行うこと，健全な食事環境を通じた家族の団らんの大切さや食事の楽しさなどを学ぶため，食事セミナーを行い，親子や親同士の交流事業を実施している。

　児童館から離れた地域に対しては，隣接市町村の団地の集会室などに児童館の職員が定期的に出向き，ボランティアなどとの連携のもとに主に就学前児童と専業主婦の親子に対し，遊びの指導や子育て相談などを行っている。

4. 母子保健

(1) 母子保健の概要

　母子保健とは，母と子の健康を保持・促進するために妊娠・出産，子育てを通じて健全な母性や父性が育まれ，乳幼児を中心とした子どもが心身ともに健やかに育まれることを目的とした活動をいう。母性の健康を保持・増進させる分野に母性保健があり，小児の場合には小児保健があるが，母子保健は両者を一体としてとらえたものといえる。具体的には，健康診断，保健指導，療養援護，医療対策などのサービス，感染症の予防，栄養指導，事故予防，先天異常・心身障害の予防，母子の精神衛生，母子をとりまく物理・化学的環境整備，社会的環境改善，地域母子保健管理，母子保健サービスなど，幅広い活動が行われている。

　母子保健の根拠法としては，母子保健法があげられる。母子保健法は，かつて児童福祉法に規定されていた母子手帳制度や健康診断を独立させて，1965（昭和40）年に制定された。「母性並びに乳児及び幼児の健康の保持及び増進を図るため，母子保健に関する原理を明らかにするとともに，母性並びに乳児及び幼児に対する保健指導，健康診査，医療その他の措置を講じ，もつて国民保健の向上に寄与すること」を目的とする（第1条）。母子保健法での用語は以下のとおり定義されている。「妊産婦」とは，妊娠中または出産後1年以内の女子。「乳児」とは，1歳に満たない者。「幼児」とは，満1歳から小学校就学の始期に達するまでの者。「保護者」とは，親権を行う者，未成年後見人その他の者で，乳児または幼児を現に監護する者。「新生児」とは，出生後28日を経過しない乳児。「未熟児」とは，身体の発育が未熟のまま出生した乳児であって，正常児が出生時に有する諸機能を得るに至るまでの者をそれぞれいう。1994（平成6）年に保健所法が地域保健法に改定されたことに伴い母子保健法も改正され，3歳児健康診査や妊産婦への訪問指導などの母子保健サービスは

市町村に移譲され，1997（平成9）年から実施されている。

　母子保健サービスを実施する主な機関としては，保健所，市町村保健センター，乳幼児医療施設などがあげられる。なかでも保健所は，地域住民の健康や衛生を支える公的機関であるとともに，母子保健サービスの中核を担う存在である。近年では市町村保健センター，福祉事務所などと統合され「保健福祉事務所」「福祉保健所」「保健福祉センター」「健康福祉センター」などの名称となっているところもある。

　母子保健法の改正により，2017（平成29）年4月から子育て世代包括支援センター（母子保健法上の名称は，母子健康包括支援センター）を市町村に設置することが努力義務とされた。さらに，「ニッポン一億総活躍プラン」では，2020年度末までに子育て世代包括支援センターの全国展開を目指すことが示された。子育て世代包括支援センターは，妊娠・出産包括支援事業（2014年度から実施），子ども・子育て支援新制度の利用者支援事業（2015年度から実施）や子育て支援などを包括的に運営する機能を担い，専門知識を生かしながら利用者の視点に立った妊娠・出産・子育てに関する支援のマネジメントを行う。2017（平成29）年8月1日には，厚生労働省は「子育て世代包括支援センター業務ガイドライン」を公表した。これはどの市町村に住んでいても，妊産婦及び乳幼児などが安心して健康な生活ができるよう，利用者目線に立ってわかりやすくサービスの情報を届けて助言すること，そして一貫性・整合性のある支援や予防的な支援を実現できるようにするためである。2018（平成30）年4月1日時点で，761市区町村1,436か所で実施（実施場所として，保健所・市町村保健センター839か所（58.4％），市役所・町役場・村役場339か所（23.6％），地域子育て支援拠点158か所（11.0％）など）されている。

（2）母子保健サービス

1）健康診査

　妊婦は医療機関において無料で健康診査をうけることができ，必要な場合は

精密健康診査も公費で受診できる。乳児も3～6か月および9～11か月に医療機関において無料で健康診査をうけることができ，疾病，発達に異常がみられた場合，公費で精密健康診査も受診できる。1歳6か月の幼児になると，障害などの早期発見のため，市町村により健康診査が行われている。こちらも妊婦や乳児の診査と同様，必要な場合は精密健康診査も受診でき，あわせて生活習慣や栄養，虫歯予防などの指導も実施されている。3歳児になると，幼児期のうちで特に心身の発達が重要であるとの認識から，市町村により健康診査が行われている。1歳6か月の診査同様，必要な場合は精密健康診査も受診でき，あわせて各種の指導も実施されている。

　通常の健康診査以外にも，B型肝炎母子感染防止事業および先天性代謝異常等検査が実施されている。B型肝炎母子感染防止事業とは，B型肝炎キャリアの多くは母親からの垂直感染（母子感染）であることから，これを予防するために妊婦に対する抗原検査が実施され，陽性の妊婦から出生児へB型肝炎ワクチン接種をする事業である。また，先天性代謝異常等検査とは，5種類の先天性代謝異常および先天性甲状腺機能低下症（クレチン症）を早期発見するために，新生児期に血液検査をすることである。早期発見後，適切な治療を行うことにより，障害の発現を防止することが期待される。この検査の後，新生児聴覚検査も実施されている。

母子感染

　母体から病原体（ウイルスや菌など）が赤ちゃんに感染すること。母子感染の経路としては，妊娠中の胎内感染，出産時の産道感染，出生後の経母乳感染などがある。予防法は，妊婦健康診査をうける，手洗いやうがいなど感染予防に努めるなどがあげられる。

---

2) 保健指導

　保健指導は，保健所，病院，診療所，母子保健センターなどで行われるが，ときには訪問指導も実施されている。婚前学級，新婚学級，両親学級，育児学

第 4 章　児童福祉施策の実際　147

マタニティマーク

図表4-13　母子保健対策の体系（2017年3月現在）

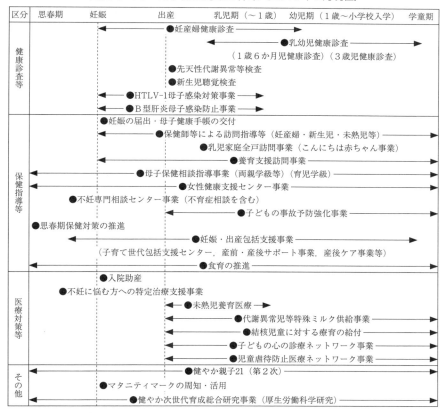

出典）厚生労働省『厚生労働白書　資料編（平成30年版）』p.189

級や健康診査の受診後を利用し，個人または集団で行われる。内容は，健康診査の必要性と方法についての説明，妊娠届・母子健康手帳についての説明，妊娠・分娩・産褥・育児についての解説，異常徴候とその対処法，日常生活の過ごし方，精神衛生や栄養についてなどである。また，保健師による訪問指導や乳児家庭全戸訪問事業も実施されている。さらに，マタニティマークの配布，食育の推進なども行われている。

3) 療養援護・医療対策

療養援護サービスとしては，不妊治療，妊娠高血圧症候群（妊娠中毒症）などの療養援護，未熟児養育医療などが実施されている。また，小児慢性特定疾患対策として，長期にわたる入院や療養生活をしている子どもや家族に対する支援を行っている。医療対策としては，健やかな妊娠等サポート事業や子どもの心の診療ネットワーク事業などが実施されている。また，乳幼児突然死症候群（SIDS）対策にも取り組んでいる。

4) 健やか親子 21

2001 年に厚生労働省により策定された，子どもの健やかな育ちと家族を支えるための国民運動の方向性と目標や指標を定めた国民運動計画（計画期間は2001 年〜 2014 年）である。2013 年 11 月にとりまとめられた最終評価報告書で示された今後の課題や提言をもとにして，「健やか親子 21（第 2 次）」がとりまとめられ，2015（平成 27）年度から始まった。「すべての子どもが健やかに育つ社会」を 10 年後に実現できるように，3 つの基盤課題と 2 つの重点課題を設定し，着実に取り組みが促されるように段階的な目標が設定された。3 つの基盤課題には，ライフステージを通して解決が目指される，引き続き改善が必要な課題や少子化や家族形態の多様化などが背景となって出現してきた課題（基盤課題A・B）と，基盤課題A・Bを下支えする環境づくりを目指すための課題である基盤課題Cがある。基盤課題A〜Cの取り組みをより一歩進めた形

図表4-14 健やか親子21（第2次）イメージ

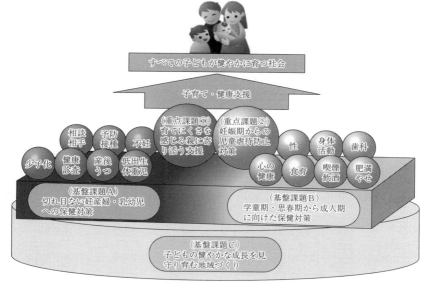

出典）「健やか親子21（第2次）について」
https://www.mhlw.go.jp/file/05-Shingikai-11901000-Koyoukintoujidoukateikyoku-Soumuka/s2.pdf
（2019年9月19日閲覧）

で重点的に取り組む必要があるものとして，2つの重点課題（育てにくさを感じる親に寄り添う支援，妊娠期からの児童虐待防止対策）が設定された。

5．保育サービス

　進行する少子化，子育て家庭の孤立化，待機児童問題などの子ども・子育てをめぐるさまざまな課題を解決するために，2012（平成24）年8月に子ども・子育て支援法をはじめとする子ども・子育て関連3法が成立した。この法律に基づき，幼児期の学校教育や保育，地域の子育て支援の量の拡充や支援の質の向上を進めていくために，「子ども・子育て支援新制度」が2015（平成27）年4月から始まった。「子ども・子育て支援新制度」の主なポイントは，①認定

図表4-15 「健やか親子21（第2次）」における課題の概要

	課題名	課題の説明
基盤課題A	切れ目ない妊産婦・乳幼児への保健対策	妊娠・出産・育児期における母子保健対策の充実に取り組むとともに，各事業間や関連機関間の有機的な連携体制の強化や，情報の利活用，母子保健事業の評価・分析体制の構築を図ることにより，切れ目ない支援体制の構築を目指す。
基盤課題B	学童期・思春期から成人期に向けた保健対策	児童生徒らが，心身の健康に関心を持ち，より良い将来を生きるため，健康の維持・向上に取り組めるよう，多分野の協働による健康教育の推進と次世代の健康を支える社会の実現を目指す。
基盤課題C	子どもの健やかな成長を見守り育む地域づくり	社会全体で子どもの健やかな成長を見守り，子育て世代の親を孤立させないよう支えていく地域づくりを目指す。具体的には，国や地方公共団体による子育て支援施策の拡充に限らず，地域にある様々な資源（NPOや民間団体，母子愛育会や母子保健推進員等）との連携や役割分担の明確化が挙げられる。
重点課題①	育てにくさを感じる親に寄り添う支援	親子が発信する様々な育てにくさ^{（※）}のサインを受け止め，丁寧に向き合い，子育てに寄り添う支援の充実を図ることを重点課題の一つとする。 （※）育てにくさとは：子育てに関わる者が感じる育児上の困難感で，その背景として，子どもの要因，親の要因，親子関係に関する要因，支援状況を含めた環境に関する要因など多面的な要素を含む。育てにくさの概念は広く，一部には発達障害等が原因となっている場合がある。
重点課題②	妊娠期からの児童虐待防止対策	児童虐待を防止するための対策として，①発生予防には，妊娠届出時など妊娠期から関わることが重要であること，②早期発見・早期対応には，新生児訪問等の母子保健事業と関係機関の連携強化が必要であることから重点課題の一つとする。

出典）「健やか親子21（第2次）について」
https://www.mhlw.go.jp/file/05-Shingikai-11901000-Koyoukintoujidoukateikyoku-Soumuka/s2.pdf
（2019年9月19日閲覧）

こども園，幼稚園，保育所を通じた共通の給付（「施設型給付」）及び小規模保育等への給付（「地城型保育給付」）の創設，②認定こども園制度の改善（幼保連携型認定こども園の改善等），③地域の実情に応じた子ども・子育て支援（利用者支援，地域子育て支援拠点，放課後児童クラブなどの「地域子ども・子育て支援事業」）の充実の3点である。子どもの年齢や保護者の就労状況などに応じてうけられる支援をまとめると，図表4-16となる。

　施設などの利用を希望する場合は，住んでいる市町村から利用のための認定をうける必要がある。子どもの年齢，保育を必要とする事由に該当するかどうかによって認定区分（1～3号）が決定される。ただし，新制度に移行していない幼稚園を利用する場合は，認定をうける必要はない。1号認定の場合は，直接，希望する幼稚園や認定こども園に利用を申し込み，施設から入園の内定

第4章　児童福祉施策の実際　151

をうける。その後，施設を通じて，市町村に認定の申請をし，認定証が交付されると施設と契約し利用することができる。2号・3号認定の場合は，市町村に直接認定の申請をし，「保育の必要性」が認められると認定証が交付される。交付後，保育所，認定こども園，地域型保育，いずれかの利用希望を申し込み，申請者の希望や保育所などの状況に応じて，保育の必要性の程度を踏まえて市町村が利用の調整をする。利用先決定後，契約となる。

　2号・3号の認定に際して，次の2点が考慮される。1点目は「保育を必要とする事由」として，次の項目のいずれかに該当しているかどうかである。保護者の就労（フルタイム労働，パートタイム労働，夜間・居宅内労働など），妊娠，出産，保護者の疾病または障害，同居親族の介護，災害の復旧，求職活動（起業準備を含む），就学（職業訓練を含む），虐待やDVのおそれがある，育児休業取得中に既に保育を利用している子どもがいて継続利用が必要であるなど。2点目は「保育の必要量」である。これは，保育を必要とする事由や保護者の状況に応じて，「保育標準時間認定（フルタイム就労を想定した利用時間で，最長で11時間）」か「保育短時間認定（パートタイム就労を想定した利用時間で，最長で8時間）」のいずれかに区分され，利用可能な保育時間が決定する。保育の必要量（利用可能な保育時間）を超えると，その時間は延長保育扱いとなる。

　2016（平成28）年度からは，企業による子育て支援を応援するため，「仕事・子育て両立支援事業」が創設された。従業員が働きながら子育てしやすいように環境を整えて，離職の防止，就労の継続，女性の活動などを推進する企業を支援するものである。具体的には，企業などが従業員のための保育施設の設置・運営をするための費用を助成する「企業主導型保育事業」と，残業や夜勤などでベビーシッターを利用した際に，費用の補助をうけることができる「企業主導型ベビーシッター利用者支援事業」が始まった。

（1）保育所

保育所は，厚生労働省子ども家庭局が管轄する「児童福祉施設」として，以

図表4-16　子どもの年齢や保護者の就労状況などに応じた様々な支援

保護者の状況	子どもの年齢		
	0〜2歳	3〜5歳	小学生
仕事や介護などで子どもを見られない日が多い（家庭以外での保育が必要）	・保育所 ・認定こども園 ・地域型保育（家庭的保育（保育ママ），小規模保育，事業所内保育，居宅訪問型保育）	・保育所 ・認定こども園	放課後児童クラブなど
普段家にいて子どもと一緒に過ごす日が多い（家庭での保育が可能）	・一時預かり ・地域子育て支援拠点など	・幼稚園 ・認定こども園 ・一時預かり ・地域子育て支援拠点など	
すべての子育て家庭	・利用者支援事業 ・乳児家庭全戸訪問事業 ・ファミリー・サポート・センター ・子育て短期支援（ショートステイ，トワイライトステイ） ・養育支援訪問事業など		

出典）政府広報オンライン「あなたに合った支援があります！　ご存じですか？『子ども・子育て支援新制度』」に一部加筆　https://www.gov-online.go.jp/useful/article/201510/1.html（2019年6月22日閲覧）

図表4-17　保育所等の利用について

子どもの年齢	保育を必要とする事由	利用できる施設	認定区分
3歳〜5歳	該当しない	幼稚園，認定こども園	1号認定（教育標準時間認定）
	該当する	保育所，認定こども園	2号認定（保育認定）
0歳〜2歳		保育所，認定こども園，地域型保育	3号認定（保育認定）

下の通り規定されている。市町村は，児童福祉法及び子ども・子育て支援法の定めるところにより，保護者の労働または疾病その他の事由により，その監護すべき乳児，幼児その他の児童について保育を必要とする場合において，当該児童を保育所において保育しなければならない（児童福祉法第24条）。特に必要があるときは，保育を必要とするその他の児童を保育することもできる（同第39条第2項）。社会福祉法では，第二種社会福祉事業として規定されており（社会福祉法第2条第3項），従来，地方自治体や社会福祉法人による経営が多

第4章　児童福祉施策の実際　153

かったが，最近は株式会社など民間企業の参入も盛んになってきた（保育所の
なかには，児童福祉法に規定されていない認可外の保育所もあるが，ここでは認可
保育所について取り上げる）。

　保育内容は，児童福祉施設の設備及び運営に関する基準および保育所保育指
針に基づき，年齢や子どもの個人差などを考慮したうえで決定される。具体的
には，養護に相当する「生命の保持」および「情緒の安定」，教育に相当する
5領域（「健康」，「人間関係」，「環境」，「言葉」，「表現」）を基本にしており，子
どもの生活や遊びを通してこれらが総合的に展開されている。保育士の配置基
準は，乳児3人，1〜2歳児6人，3歳児20人，4〜5歳児30人に対しそれ
ぞれ1人以上と定められている。また，保育士以外に，嘱託医，調理員を配置
することが規定されている（児童福祉施設の施設及び運営に関する基準第33条）。

　近年では保護者の保育ニーズが多様化し，保育所には地域の子育ての拠点と
しての役割も期待されていることから，保育所に子育て支援センターが併設さ
れているケースも多くみられるようになった。地域の子どもたちへの園庭開
放，子育て相談，また入所していない児童を一時的に預かる一時保育も実施さ
れている。その他，園によって，休日保育，夜間保育，病児・病後児保育，延
長保育など，幅広い保育が行われている。

1）認可保育所

　認可保育所とは，国が定めた設置基準（施設の広さ，保育士等の職員数，給食
設備，防災管理，衛生管理等）に則り，都道府県知事などに認可された保育所の
ことである。市町村が運営する公立保育所と社会福祉法人などが運営する民間
保育所（私立）がある。どちらも公的資金補助があるため，保育料は比較的安
くなっているが，延長保育や一時保育などのサービスは，園によって行ってい
るところと行っていないところがあるなど，さまざまである。認可保育所は原
則として，その市町村に在住，在勤，在学の保護者が利用できることになって
おり，保育認定をうける必要がある。

2）認可外保育施設

認可外保育施設とは，国の設置基準を満たすことができなかったため，認可をうけていない保育施設を指す。事業所内保育施設（企業や官庁・大学・病院等がその職員や学生専用に開設している保育施設），駅型保育事業（保護者の通勤途中にある駅ビル等に子どもを預ける事業。試行的に行っている）なども，認可外の保育施設である。ベビーホテルや深夜に開かれている保育施設なども含まれる。保育料の設定は各保育施設が行うが，一般的に認可保育所に比べると高額になる場合が多い。

3）認証保育所

認可保育所は設置基準などから大都市では設置が困難なため，東京都は独自の基準を設定し，都が認証した保育所を認証保育所とした。大都市に住む保護者のニーズに合わせて，1日13時間以上の開所を基本としており，0歳から入所できる。月160時間以上の利用が必要な5歳までの児童を対象としたA型と，区市町村が必要と認める2歳までの児童を対象としたB型がある。定員は，A型は20〜120人，B型は6〜29人である。保育料の設定は各保育所が行うが上限があるため，他の認可外保育所と比較すると低額なことが多い。2019（令和元）年6月1日現在，A型は507か所，B型は67か所，計574か所の認証保育所がある。

4）ベビーシッター

近年の多様化した就労状況（急な残業，休日出勤など）をうけて，ベビーシッターの利用が増加している。ベビーシッターに国家資格はなく公益社団法人全国保育サービス協会が独自に資格を認定している。

（2）幼稚園

幼稚園は学校教育法に基づく「幼児教育施設」であり，文部科学省が管轄し

ている学校である。義務教育及びその後の教育の基礎を培うものとして，幼児を保育し，幼児の健やかな成長のために適当な環境を与えて，その心身の発達を助長することを目的とする（学校教育法第22条）。満3歳から小学校就学の始期に達するまでの幼児が入園できる。近年では多くの幼稚園で預かり保育（終業時間後や土曜日，夏休みなどの長期休業中など）が実施され，実質的終業時間は17時頃まで拡大されているが，保育所とは性質を異にするものである。

(3) 認定こども園

　福祉施設である保育園と教育施設である幼稚園を一体化し，両方の役割を果たす新たな枠組みとして，2006（平成18）年より始まった制度である。保護者の就労の有無（共働きかそうでないか）や形態（パートか正社員か）にかかわらず子どもに対して，教育・保育を提供することが期待されている。さらに，親子の集う場を週3日以上開設するなど保護者が利用したいと思ったときに利用可能な体制を確保するなど，従来の保育所や幼稚園と比較して利用者のニーズに応える施設になっている。

　また，認定こども園には地域の子育て支援を行う機能があり，園児やその保護者だけでなく，地域のすべての子どもとその保護者に対して常に開かれた施設であることが求められている。具体的には，保護者の子育て不安を解消するための育児相談や，親子の集いの場の提供などが行われている。

　認定こども園には4つのタイプがあり，認可幼稚園と認可保育所とが連携して一体的な運営を行う「幼保連携型」，認可された幼稚園が保育所的な機能を備えた「幼稚園型」，認可された保育所が幼稚園的な機能を備えた「保育所型」，地域の教育・保育施設が認定こども園として機能を果たす「地方裁量型」の4つに分類される。認定こども園法の改正により，「幼保連携型認定こども園」は，幼稚園及び保育所の認可に加え，認定こども園の認定が必要だったが，「学校及び児童福祉施設としての法的位置付けを持つ単一の施設」となり，基準や認可手続きが一本化された。新たな幼保連携型認定こども園の設置主体

図表4-18 認定こども園概要

① 就学前の子どもに幼児教育・保育を提供する機能
（保護者が働いている，いないにかかわらず受け入れて，教育・保育を一体的に行う機能）

② 地域における子育て支援を行う機能
（すべての子育て家庭を対象に，子育て不安に対応した相談活動や，親子の集いの場の提供などを行う機能）

就学前の教育・保育を一体として捉え，
一貫して提供する枠組み

幼稚園	機能付加	就学前の子どもに幼児教育・保育を提供	地域における子育て支援	機能付加	保育所
・幼児教育 ・3歳～就学前の子ども		保護者が働いている，いないにかかわらず受け入れて，教育・保育を一体的に実施	すべての子育て家庭を対象に，子育て不安に対応した相談活動や，親子の集いの場の提供などを実施		・保育 ・0歳～就学前の保育が必要な子ども

認可・認定

認定こども園には、地域の実情や保護者のニーズに応じて選択が可能となるよう多様なタイプがあります。なお、認定こども園の認定を受けても幼稚園や保育所等はその位置づけは失いません。

▶幼保連携型
　幼稚園的機能と保育所的機能の両方の機能をあわせ持つ単一の施設として、認定こども園としての機能を果たすタイプ

▶幼稚園型
　認可幼稚園が，保育が必要な子どものための保育時間を確保するなど，保育所的な機能を備えて認定こども園としての機能を果たすタイプ

▶保育所型
　認可保育所が，保育が必要な子ども以外の子どもも受け入れるなど，幼稚園的な機能を備えることで認定こども園としての機能を果たすタイプ

▶地方裁量型
　幼稚園・保育所いずれの認可もない地域の教育・保育施設が，認定こども園として必要な機能を果たすタイプ

出典）内閣府「認定こども園概要」https://www.8.cao.go.jp/shoushi/kodomoen/gaiyou.html（2019年9月20日閲覧）

は，国，地方公共団体，学校法人，社会福祉法人となった。2018（平成30）年4月1日現在，認定こども園は，全国に6,160か所設置されている。

(4) 地域型保育

保育所（原則20人以上）より少人数の単位で，0歳〜2歳の子どもを保育する，市町村の認可事業である。児童福祉法に位置付けられ，次の4つの類型から利用者が選択できる。「家庭的保育（保育ママ）」は，家庭的な雰囲気のもとで，少人数（定員5人以下）を対象にきめ細かな保育を行う。「小規模保育」は，少人数（定員6から19人）を対象に，家庭的保育に近い雰囲気のもとで，きめ細かな保育を行う。「事業所内保育」は，会社の事業所の保育施設などで，従業員の子どもと地域の子どもを一緒に保育する。「居宅訪問型保育」は，障害・疾患などで個別のケアが必要な場合や，保育施設がない地域で保育の維持

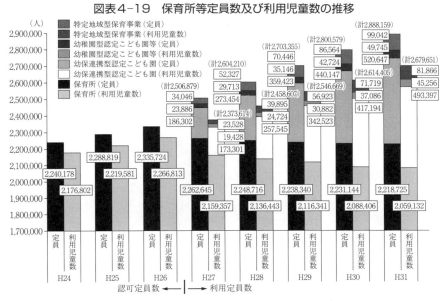

図表4-19　保育所等定員数及び利用児童数の推移

出典）厚生労働省「保育所等関連状況取りまとめ」（平成31年4月1日）
https://www.mhlw.go.jp/content/11907000/000544879.pdf（2019年9月22日閲覧）

が必要な場合などに，保護者の自宅で1対1で保育を行う。

(5) 待機児童

　保育所等入所をめぐる問題のひとつに，待機児童の解消がある。保育所等利用待機児童数調査要領によると，待機児童とは，保育の必要性が認定（2号または3号）され，特定教育・保育施設（認定こども園の幼稚園機能部分及び幼稚園を除く）もしくは特定地域型保育事業の利用の申込みをしているが，利用できていない児童をいう。共働きの増加など近年の社会情勢を反映して保育所等への入所を希望する保護者は年々増加しており，待機児童の解消は急務である。保育の受け皿を拡大するために，「待機児童解消加速化プラン」による市区町村と企業主導型保育事業における保育の受け皿約53.5万人分（2013年度～2017年度）が確保され，さらに「子育て安心プラン」における保育の受け皿約29.3万人分（2018年度～2020年度見込）が拡大できる見込みであり，待機児童

図表4-20　保育所等待機児童数及び保育所等利用率の推移

出典）厚生労働省「保育所等関連状況取りまとめ」（平成31年4月1日）
　　　https://www.mhlw.go.jp/content/11907000/000544879.pdf（2019年9月22日閲覧）

第4章　児童福祉施策の実際　159

数の減少が期待されている。保育の量を増やすために，株式会社などの民間会社やNPO法人など，多様な運営主体による参入が可能となったため，保育の質が低下するのではないかと懸念もされている。保育の「量」と「質」のバランスをいかに保ち，待機児童問題を解消するかが課題である。2019（平成31）年4月1日時点で，16,772人の待機児童がおり，そのうち1〜2歳児は12,702人（75.7％），0歳児は2,047人（12.2％），3歳児以上は2,023人（12.1％）となっている。

6．障害や難病のある子どもへの施策

　障害児は従来「身体に障害のある児童又は知的障害がある児童」と定義されてきたが，2012年の児童福祉法改正により，そこに「精神に障害のある児童」（児童福祉法第4条第2項）も加わった。また，障害児の施設は障害の種別ごとに分かれ複雑だったが，この改正により施設体系を抜本的に見直し「障害児通所支援」「障害児入所支援」の2つに分類され，どちらも根拠法は児童福祉法に一本化された。

　この改正により，障害のある子どもやその保護者にとって，身近な地域でサービスがうけられることになり，障害児支援の強化がなされたといえる。

（1）障害児通所支援
1）児童発達支援

　児童発達支援の対象は，発達障害，知的障害，難聴，肢体不自由，重症心身障害などの障害のある主に未就学の障害児とその家族である。各種の障害者手帳の有無や医学的診断名を問わず，児童相談所，市町村保健センター，医師などにより療育の必要性が認められた児童も対象となっており，地域の障害児やその家族の相談支援，障害児を預かる施設への援助・助言なども行っている。

　児童発達支援では，日常生活の指導，知識技能の体得，集団生活への適応訓

図表4-21　障害児支援施策の見直し～平成24年児童福祉法改正による障害児施設・事業の一元化～

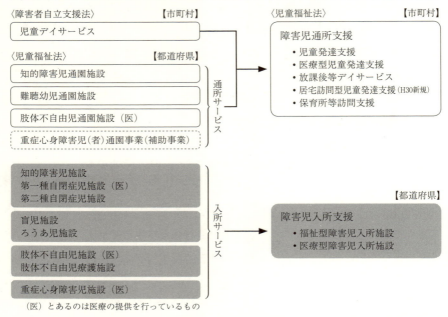

（医）とあるのは医療の提供を行っているもの
出典）厚生労働省「障害児支援施策の概要」https://www.mhlw.go.jp/content/12200000/000360879.pdf
（2019年9月22日閲覧）

練などが提供されている。医療型児童発達支援では，それに加えて治療が行われている。事業の担い手として，地域の中核的な支援施設として児童発達支援センター（児童発達支援は福祉型児童発達支援センター，医療型児童発達支援は医療型児童発達支援センター）や児童発達支援事業所がある。

2) 放課後等デイサービス

学校通学中の障害児に対し，放課後や夏休みなどの長期休暇中に，生活能力向上のための訓練などを継続的に提供することにより，自立を促進するととも

に，放課後などの居場所づくりを推進することを目的とした事業である。原則としては，学校教育法に規定する学校（幼稚園，大学を除く）に就学している障害児を対象としているが，引き続き放課後等デイサービスをうけなければその福祉を損なうおそれがあると認められるときは満20歳に達するまで利用することができる。障害児の定義は児童発達支援と同じである。自立した日常生活を営むために必要な訓練，コミュニケーション能力の向上，創作的活動，作業活動，地域交流の機会の提供，余暇の提供などさまざまな活動が行われている。学校と放課後等デイサービスのサービスの一貫性が保たれるように，学校との連携・協働による支援が行われている。

3) 居宅訪問型児童発達支援

重度の障害などがある障害児で，障害児通所支援を利用するために外出することが著しく困難な障害児に対し，障害児の居宅を訪問して児童発達支援または放課後等デイサービスと同様の支援を行う事業である。支給決定日数は週2日を目安としているが，障害児通所支援の集団生活に移行していくための支援として集中的に支援を提供する場合はこの限りではない。居宅訪問型児童発達支援は，2018年度に新設された。

4) 保育所等訪問支援

保育所などを現在利用中の障害児，または今後利用する予定の障害児が，保育所などにおける集団生活適応のため，専門的な支援が必要な場合，保育所等訪問支援をすることにより，保育所などの安定利用を促進することを目的とした事業である。

対象となる児童は，保育所，幼稚園，認定こども園，小学校，特別支援学校，乳児院，児童養護施設，その他児童が集団生活を営む施設に通う障害児であり，「集団生活への適応度」から支援の必要性を判断して訪問する。訪問先の施設で，障害児とそれ以外の児童との集団生活を調整し，適応のための訓練

などをする。支援は障害児本人に対するものだけでなく，訪問先施設のスタッフに対する支援（支援方法などの指導など）も提供される。訪問は2週に1回程度を原則とするが，障害児の状況，時期によって変化する。担当者は障害児に対する指導経験のある児童指導員，保育士等が行う。

（2）障害児入所支援

1）福祉型障害児入所支援

福祉型障害児入所支援は，身体，知的，精神のいずれか（または重複）に障害をもつ児童（発達障害児も含む）を入所させ，支援する施設である。障害者手帳の有無を問わず，児童相談所，市町村保健センター，医師などにより療育の必要性が認められた児童も対象となっている。障害児を保護するとともに，日常生活の指導や知識技能の付与を行う。また，重度・重複障害や被虐待児への対応を図る。18歳以上の者は障害者施策（障害福祉サービス）での対応を踏まえて自立（地域生活移行）を目指した支援をするため，個別支援計画を作成し，それに則った支援を行っている。

2）医療型障害児入所支援

医療型障害児入所支援は，福祉型障害児入所支援の機能に専門医療の治療が加わったものである。こちらも個別支援計画を踏まえた支援が行われている。

（3）医療的ケア児

地域において医療的ケア児等の受け入れが進むように，支援が提供できる体制を整備し，医療的ケア児等とその家族の地域生活支援の向上を図ることを目的として，「医療的ケア児等総合支援事業」が2019（平成31）年4月1日から実施されている。医療的ケア児等とは，人工呼吸器を装着している児童，日常生活を営むために医療を要する状態にある児童や重症心身障害児を指す。実施主体は，都道府県及び市町村。ただし，事業の全部または一部について，適切

に事業を実施できると認めた者に委託することができる。事業内容は次の5つである。① 医療的ケア児等の協議の場の設置，② 医療的ケア児等支援者養成研修の実施，③ 医療的ケア児等コーディネーターの配置，④ 障害児通所支援事業所に通所する医療的ケア児等の保育所，幼稚園，認定こども園，放課後児童クラブとの併行通園の促進，⑤ 医療的ケア児等とその家族への支援である。

参考文献
柏女霊峰『子ども家庭福祉論　第5版』誠信書房，2018年
吉田幸恵・山縣文治編『新版　よくわかる子ども家庭福祉』ミネルヴァ書房，2019年
厚生労働省『厚生労働白書（平成30年版）』2019年
厚生労働省『厚生労働白書（平成30年版）　資料編』2019年
内閣府『少子化社会対策白書（令和元年版）』2019年
東京福祉ナビゲーション　http://www.fukunavi.or.jp/fukunavi/（2019年9月24日閲覧）
厚生労働省「次世代育成支援対策推進法の概要」
　　https://www.mhlw.go.jp/bunya/kodomo/jisedai-suisinhou-gaiyou.html（2019年9月24日閲覧）
人生100年時代構想会議「人づくり革命　基本構想（平成30年6月）」
　　https://www.kantei.go.jp/jp/content/000023186.pdf（2019年9月24日閲覧）
内閣府子ども・子育て本部「子ども・子育て支援新制度について（令和元年6月）」
　　https://www8.cao.go.jp/shoushi/shinseido/outline/pdf/setsumei.pdf（2019年9月16日閲覧）
内閣府「地域子ども・子育て支援事業について（平成27年1月）」
　　https://www8.cao.go.jp/shoushi/shinseido/administer/setsumeikai/h270123/pdf/s3-1.pdf（2019年9月24日閲覧）
厚生労働省「利用者支援事業　平成30年度実施状況」
　　https://www.mhlw.go.jp/content/000519599.pdf（2019年9月24日閲覧）
厚生労働省「養育支援訪問事業ガイドライン」
　　https://www.mhlw.go.jp/seisakunitsuite/bunya/kodomo/kodomo_kosodate/dv/dl/131030_04-02.pdf（2019年9月24日閲覧）
厚生労働省「子育て援助活動支援事業（ファミリー・サポート・センター事業）について」
　　https://www.mhlw.go.jp/bunya/koyoukintou/ikuji-kaigo01/（2019年9月24日閲

覧）

文部科学省初等中等教育局・厚生労働省ども家庭局「一時預かり事業の実施について（平成 27 年 7 月 17 日）」
https://www8.cao.go.jp/shoushi/shinseido/law/kodomo3houan/pdf/h270717/t11.pdf（2019 年 9 月 24 日閲覧）

文部科学省初等中等教育局・厚生労働省子ども家庭局「『一時預かり事業の実施について』の一部改正について（平成 29 年 4 月 3 日）」
https://www8.cao.go.jp/shoushi/shinseido/law/kodomo3houan/pdf/h290411/ichiji_jigyo.pdf（2019 年 9 月 24 日閲覧）

厚生労働省雇用均等・児童家庭局「子育て短期支援事業の実施について（平成 27 年 5 月 21 日）」
https://www.mhlw.go.jp/file/05-Shingikai-11901000-Koyoukintoujidoukateikyoku-Soumuka/0000152996.pdf（2019 年 9 月 24 日閲覧）

厚生労働省雇用均等・児童家庭局「延長保育事業の実施について（平成 27 年 7 月 17 日）」
https://www8.cao.go.jp/shoushi/shinseido/law/kodomo3houan/pdf/h270717/t2.pdf（2019 年 9 月 24 日閲覧）

厚生労働省「子育て世代包括支援センター業務ガイドライン（平成 29 年 8 月）」
https://www.mhlw.go.jp/file/06-Seisakujouhou-11900000-Koyoukintoujidoukateikyoku/kosodatesedaigaidorain.pdf（2019 年 9 月 24 日閲覧）

健やか親子 21（第 2 次） http://sukoyaka21.jp/about（2019 年 9 月 19 日閲覧）

内閣府「子ども・子育て支援新制度ハンドブック（平成 27 年 7 月改訂版）」
https://www8.cao.go.jp/shoushi/shinseido/faq/pdf/jigyousya/handbook.pdf（2019 年 9 月 16 日閲覧）

内閣府・文部科学省・厚生労働省「子ども・子育て支援制度なるほど BOOK（平成 28 年 4 月改訂版）」
https://www8.cao.go.jp/shoushi/shinseido/event/publicity/pdf/naruhodo_book_2804/a4_print.pdf（2019 年 9 月 24 日閲覧）

内閣府「認定こども園に関する状況について（平成 30 年 4 月 1 日現在）」
https://www8.cao.go.jp/shoushi/kodomoen/pdf/kodomoen_jokyo.pdf（2019 年 9 月 24 日閲覧）

東京都保健福祉局「認証保育所について」
http://www.fukushihoken.metro.tokyo.jp/kodomo/hoiku/ninsyo/（2019 年 9 月 24 日閲覧）

厚生労働省「障害児支援施策の概要」
https://www.mhlw.go.jp/content/12200000/000360879.pdf（2019 年 9 月 22 日閲覧）

厚生労働省「医療的ケア児について」

　https://www.mhlw.go.jp/file/06-Seisakujouhou-12200000-Shakaiengokyokushougai hokenfukushibu/0000213497.pdf（2019 年 9 月 23 日閲覧）

厚生労働省社会・援護局「医療的ケア児等総合支援事業の実施について」2019 年

　https://www.mhlw.go.jp/content/000496824.pdf（2019 年 9 月 23 日閲覧）

児童健全育成推進財団　https://www.jidoukan.or.jp/（2019 年 9 月 24 日閲覧）

厚生労働省「くるみんマーク・プラチナくるみんマークについて」

　https://www.mhlw.go.jp/stf/seisakunitsuite/bunya/kodomo/shokuba_kosodate/ kurumin/（2019 年 6 月 29 日閲覧）

厚生労働省「地域子育て支援拠点事業とは（概要）」https://www.mhlw.go.jp/ file/06-Seisakujouhou-11900000-Koyoukintoujidoukateikyoku/kyoten_gaiyou_H29. pdf（2019 年 9 月 16 日閲覧）

厚生労働省「妊婦健診 Q & A」https://www.mhlw.go.jp/bunya/kodomo/boshi-hoken13/dl/02.pdf（2019 年 9 月 24 日閲覧）

厚生労働省「保育所等関連状況取りまとめ（平成 31 年 4 月 1 日）」

　https://www.mhlw.go.jp/content/11907000/000544879.pdf（2019 年 9 月 22 日閲覧）

厚生労働省「平成 30 年（2018 年）放課後児童健全育成事業（放課後児童クラブ）の実施状況」

　https://www8.cao.go.jp/shoushi/shinseido/meeting/kodomo_kosodate/k_41/pdf/ ref4.pdf（2019 年 9 月 24 日閲覧）

厚生労働省「利用者支援事業とは（概要）」https://www.mhlw.go.jp/file/06-Seisakujouhou-11900000-Koyoukintoujidoukateikyoku/riyoshasien.pdf （2019 年 9 月 16 日閲覧）

厚生労働省子ども家庭局「児童館ガイドライン（本文）」

　https://www.mhlw.go.jp/content/11906000/000361016.pdf（2019 年 9 月 18 日閲覧）

厚生労働省子ども家庭局「保育所等関連状況取りまとめ（平成 31 年 4 月 1 日）」

　https://www.mhlw.go.jp/content/11907000/000544879.pdf（2019 年 9 月 22 日閲覧）

社会保障審議会児童部会「放課後児童クラブの見直しについて」（2019）

　https://www.mhlw.go.jp/content/12601000/000484463.pdf（2019 年 9 月 24 日閲覧）

政府広報オンライン「あなたに合った支援があります！　ご存じですか？『子ども・子育て支援新制度』」https://www.gov-online.go.jp/useful/article/201510/1. html（2019 年 6 月 22 日閲覧）

内閣府「新しい少子化対策について」

http://www.kunikoinoguchi.jp/katsudou/pdf/180620a.pdf（2019 年 9 月 24 日閲覧）

内閣府「子ども・子育て支援新制度ハンドブック　施設・事業者向け（平成 27 年 7 月 改 訂 版 ）」https://www8.cao.go.jp/shoushi/shinseido/faq/pdf/jigyousya/handbook.pdf（2019 年 9 月 24 日閲覧）

内閣府「認定こども園概要」https://www8.cao.go.jp/shoushi/kodomoen/gaiyou.html（2019 年 9 月 20 日閲覧）

読者のための参考図書

柴田悠『子育て支援が日本を救う―政策効果の統計分析』勁草書房，2016 年
　　今の日本に一番効く政策として，保育サービスを中心とした「子育て支援」をあげる。短期的・長期的な視点から，社会保障の投資効果を高めることを，客観的なデータに基づき提言する。

柏女霊峰『混迷する保育政策を解きほぐす―量の拡充・質の確保・幼児教育の振興のゆくえ』明石書店，2019 年
　　保育の量拡充に伴う保育の質の低下，保育の福祉的視点の弱体化など，平成時代における子ども・子育て支援，保育の動向を整理し，今後の保育のあり方を展望する。

楠凡之・岡花祈一郎・学童保育協会編『遊びをつくる，生活をつくる。―学童保育にできること』かもがわ出版，2017 年
　　子どもたちが多くの時間を過ごす学童保育において，子どもたちが主体となり豊かな発達を保障していくためには学童保育をどのように実践し支援したらいいのか，具体的な実践報告から描き出す。

横山美江・Hakulinen Tuovi 編著『フィンランドのネウボラに学ぶ母子保健のメソッド―子育て世代包括支援センターのこれから』医歯薬出版，2018 年
　　切れ目ない妊産婦・乳幼児への保健対策を進める上で参考とされているフィンランドのネウボラを詳しく紹介し，日本の取り組み事例についても解説している。

西村重稀・水田敏郎編『障害児保育（新・基本保育シリーズ）』中央法規出版，2019 年
　　障害児保育に関する基本的な事項である「障害」の概念や障害児保育の歴史的変遷，地域社会への参加などから，関連領域の知識といった発展的な内容までを網羅している。

第4章　児童福祉施策の実際　167

◇◇◇◇◇◇◇◇◇◇◇◇◇◇◇◇◇◇◇ ✿ 考えてみよう ◇◇◇◇◇◇◇◇◇◇◇◇◇◇◇◇◇◇◇

❶ 今後の子育て支援に必要な施策は，どのようなものか，自分の考えをま
とめてみよう。

❷ 地域の子どもの健全育成のために，整備しなければならないものは何か，
考えてみよう。

❸ 自分が住んでいる地域の障害児やひとり親家庭などに，どのような支援
がなされているか，調べてみよう。

◇◇◇

第5章　保護を要する子どもの福祉

　現代社会の変化や厳しい経済状況のなかで，生活の格差や貧困なかでもがき苦しんでいる子どもたちがいる。また，大人からの子どもに対する虐待行為や学友や知人からのいじめの問題などを原因として，子どもたちの尊い生命や未来が失われてしまうという現実がある。さらに，生まれながらにして障害をもち，親子ともどももがき苦しんでいる家庭がある。これはいつの時代においても逃れることのできない人間社会の現実である。これらの事態に対応するために子どもたちが人間として尊重され，安心して生活することのできる環境や福祉サービスはどのような要素や内容をもつ必要があるのだろうか。そして，子どもたちの幸せや自己実現を具現化するためには，いかなる取り組みや社会システムが必要なのであろうか。

　この第5章では，これらの視点や考え方について多様な角度から検討し，改めて「子どもの最善の利益」とはいかなる事態を意味するのかについて学習を行い，さらなる理解を図りたいと思う。

キーワード　児童の虐待，いじめ，権利擁護，社会的支援，ひとり親家庭，社会養護

　マスコミの報道や文献，あるいは厚生労働省厚生労働統計を通じて，親の心ない虐待のために，かけがえのない命を落としてしまったり，心を病んでしまったりする子どもたちに関する情報が伝えられ続けている。何が親を虐待に向かわせるのだろうか。おそらく，これらの情報を見聞きして心を痛めている方も多いことと推察される。また，家庭の貧困や差別や排除などの問題がさまざまな影響を及ぼしている事態が散見される。特に家庭に関する貧困問題は，近年，子どもの貧困の実態が社会で表面化し，受け入れがたい事態として注目されている。さらに，さまざまな障害の科学的な分類が進むなかで，それぞれの障害問題は顕在化し，その対応に力が注がれている。その一方で，個々人の障害に応じた養育や教育，人生設計が提供されにくい社会状況に陥りつつある。

　加えて，わが国の現状を概観してみると，少子高齢化や経済の不安定さが増

第5章　保護を要する子どもの福祉　169

すなかで，子どもや家族を取り巻く生活環境は大きく変化しており，また家庭の形態や本来もつべき基本的な機能が衰弱化したり，家庭のカプセル化や家族員同士の関係の崩壊や破綻などの現象がみられたりしている理由から，子どもの生活を取り囲む環境は適切さを欠く状況に陥りやすい状況を迎えている。

　これらの事態を背景として，家庭内（家族員）の人間関係の希薄化が目立つようになるなかで，夫婦関係の不和や児童虐待，子どもの非行，不登校・ひきこもりなどの問題を誘発しやすい状況が生じやすくなってしまった。ひいては，高齢者や障害者への虐待，あるいは配偶者からの暴力（ドメスティック・バイオレンス，以下DVと略す）などの家庭内における負の問題が生じやすい土壌が自然発生的につくられる状況下に陥っている。

　これらの課題や問題が顕在化し，社会問題として取り上げられるなかで，わが国では多様な施策が講じられている。

　本章では，さまざまな理由から生活保護法や児童福祉法，児童虐待防止法，少年法などの法制度にかかわるサービスが提供されなければ，一般の児童・生徒と同様の生活や成長などをすることができにくい状況におかれている児童を「要保護児童」として位置づけることにする。また，その「要保護児童」が置かれている事態の理解と対策について把握するために事例を活用しながら説明を加えることにしたい。

1．児童虐待の実際と対策

　児童虐待とは，親（保護者，以下略す）や，同居人などが児童に虐待を加えることを意味する。具体的には，以下の4つの虐待に分類される（図表5-1）。この児童虐待の問題は，わが国の児童（少女も含む）の成長や発達を阻害しかねない，きわめて重要な問題として認識されており，児童福祉法や児童虐待防止法などの法制度や社会福祉サービスなどの活用が期待される領域である。これらの理由から，この節では，児童虐待の実際と対策について検討して

みたいと思う。

（1）児童虐待の現状

　2017（平成29）年度の全国児童相談所における児童虐待相談対応件数は，13万3,778件（速報値：前年度比1万1,203件増）と公表され相談支援が実施されている。これは過去最多の数値であり，厚生労働省が児童虐待の統計を取り始めた1990（平成2）年度から27年連続で増加傾向を示している。虐待の内容別では「心理的虐待」が7万2,197件ともっとも多く，つづいて身体的虐待が3万3,223件，ネグレクト（養育の放棄・怠慢）が2万6,818件，性的虐待が1,540件である。虐待のなかで一番多い虐待は心理的虐待（子どもの前で父親が母親，あるいは母親が父親に対して暴力を振るう「面前DV」や暴言を児童に浴びせるなどの行為）である。

（2）児童虐待の防止に向けた取り組み

　児童福祉法は1947（昭和22年12月）に成立しているが，子どもや家庭の変化に応じて度重なる改正をほぼ毎年のように行ってきた。そのなかで児童虐待に関して重要な改正が実施されたのが，2017（平成29）年4月1日施行の改正

図表5-1　虐待の分類

身体的虐待	児童に対して殴る，蹴る，投げ落とす，激しく揺さぶる，やけどを負わせる，溺れさせる，首を絞める，縄などにより一室に拘束する，長時間正座をさせる，などを行うこと。
性的虐待	売春を行わせる，子どもへの性的行為を行う，性的行為を見せる，性器を触る又は触らせる，ポルノグラフィの被写体にする，性的なからかいを行う，などを行うこと。
ネグレクト	家に閉じ込める，下着や衣服の着替えをさせない，食事を与えない，入浴やシャワーなどをさせないで不潔にする，自動車の中に放置する，重い病気になっても病院に連れて行かないなどを行うこと。
心理的虐待	言葉による脅し，恫喝，無視，拒否，自尊心を踏みにじる，きょうだい間での差別的扱い，子どもの目の前で家族に対して暴力をふるう（ドメスティック・バイオレンス：DV）などを行うこと。

出典）厚生労働省ホームページ（https://www.mhlw.go.jp/　2019年6月25日閲覧）を参照して作成

である。この改正では一層凶悪化する児童虐待の問題に対応する改正を行っている。主な改正は以下の通りである。① 市町村における支援拠点整備や要保護児童対策地域協議会調整機関に専門職の配置及び研修受講の義務付け，② 児童相談所設置自治体の拡大，③ 児童福祉司の研修義務化や社会福祉主事の児童福祉司任用時における指定講習会の修了要件追加などの児童相談所の体制強化，④ 児童相談所から市町村への事案送致，具体的には通告などにより受理した「児童虐待」または「児童虐待が疑われる」ケースを対象として児童相談所と市町村が協働・連携した取り組みを行うことが期待されていることを背景として，共通リスクアセスメントツールを活用し，虐待をうけている児童を市町村及び児童相談所が相互協力によって対応することになった。

　児童虐待防止法の改正については，2018（平成30）年3月に東京都目黒区で当時5歳の女児が虐待死した事件と，2019（平成31）年1月に千葉県野田市立小4年の女児が死亡した事件では，父親が「しつけ」名目で日常的に暴力を振るっていた事件の発覚を契機として，しつけの際の体罰を禁じるために，改正児童福祉法，改正児童虐待防止法が2019年6月19日に成立した。2020（令和2）年4月に施行されるこの児童虐待防止法では，保護者だけでなく，児童福祉施設の職員ら子どもの養育に携わる人が対象となるとしている。ただし，親が子を戒めることを認めた民法の懲戒権（822条）の扱いは施行後2年をめどに検討するとしている。

（3）発生予防

　児童虐待を予防するために，養育する母親の孤立化や育児不安，人間関係の行き詰まりなどの段階での早急な支援や対応が必要である。

　この発生予防に関しては，子育て支援事業の普及および推進が行われている。具体的な施策としては，乳児家庭全戸訪問事業や養育支援訪問事業，地域子育て支援拠点事業などが実施されている。これらの児童虐待発生予防のなかの地域子育て支援拠点事業（つどいの広場事業）について以下の地域子育て支

援拠点事業について記述しているので理解を深めていただきたい。

> ### 地域子育て支援拠点事業（つどいの広場事業）
> 　児童福祉法第6条の3第6項に規定され，市町村や社会福祉法人等が第二種社会福祉事業として行う。2002（平成14）年度に0歳から3歳までの子育て中の親子が気軽に集まって，精神的な安定と問題解決を図る身近な場を提供することを目的とした「つどいの広場」として始まった。事業としては，子育て親子の交流の場の提供，子育てアドバイザーが相談に応じる，地域の子育て情報の提供，子育て・子育て支援に関する講習などを行っている。
> 出典）九州社会福祉研究会編　『21世紀の現代社会福祉用語辞典』（学文社，2013年）
> 　　　をもとに作成

　今や児童虐待は大きな社会問題化している。おそらく誰も気づかないところで密かに心身を傷つけられている子どもは数えきれないほどいるに違いない。現在，幼稚園や保育所へ通っていない乳幼児が14万人（可知，2018）近くいると推定されている。これらの子どもたちがどのような日々を送っているのか個人情報保護の観点から調査できていない。そのため，2019（令和元）年10月から開始される幼児教育・保育の無償化がこれらの児童を守る一助となることを願ってやまない。

（4）早期発見・早期対応

　児童虐待が深刻化する前に事態の早期発見や有効な早期対応が求められる。この早期発見・早期対応については，児童虐待の通告の徹底をはかることに力を入れている。そのために，児童相談所全国共通ダイヤル（189）の周知を図ることとなっている。また，児童相談所の体制強化を図る意図から，職員が研修に参加したり支援手法の共有を図ったりすることにより，専門性の強化に努めている。加えて，要保護児童対策地域協議会による連携の強化に努め，子どもを守る地域ネットワーク化を促進している。

　子どもの保護・支援，保護者の支援，虐待をうけている児童の心身の安全を守るためには適切な一時保護が必要である。また，歪んでいる親子関係の再統

第5章　保護を要する子どもの福祉　173

合に向けた保護者への支援を行うことも必要不可欠である。そして，社会的養護体制の内容的・質的・量的な充実と拡充が期待される。

　この子どもの保護・支援，保護者支援に関する必要な施策としては，児童相談所の一時保護所の拡充や改善が必要である。また，社会的養護の拡充を図るためには，養護環境の小規模化の推進が図られる必要がある。さらに，適切な支援を実施するための人員配置基準の引き上げや人材の育成などを目的とした見直しが求められている。さらに，施設退所後に向けたリービングケア（退所に向けた自活訓練）に力を注ぐ必要がある。そして，児童が施設を退所した後での家族関係を考えて，親子関係の再統合に向けた調整や保護者への支援・指導が重要視されている。

児童養護施設へ入所した

　里子さんは14歳である。彼女は両親と姉（17歳）妹（9歳）の5人家族である。ただし，父親は継父（45歳）であり，里子さんが5歳のときに母（47歳）と再婚している。

　里子さんへの継父の虐待は，彼女が7歳のときに，始まっている。それは，妹の智慧さんが生まれてまもなくの頃からである。継父は感情の起伏が激しい人で，日常生活で何か嫌なことがあったり，職場で不愉快なことがあったりすると，家族に八つ当たりをすることが日常的であった。なぜか，そのような状況に陥ると，継父は里子さんを叩いたり激しく叱ったりした。姉の千佳さんや妹の智慧さんが八つ当たりされることはなかった。

　里子さんは，なぜ自分ばかりが叩かれたり，激しく叱られたりするのか，理解できなかった。母親に，「なぜ私ばかりが叩かれるのか」と，何度も聞いてみたが，明確な答えは返って来なかった。そればかりか，母親は，継父が里子さんに暴力を振るうことがあっても，みてみぬ振りをしていた。そのために，継父の里子さんに対する虐待はエスカレートしていくばかりであった。

　里子さんは2年ほど前から，後頭部の一部が円形脱毛症になっている。彼女はそのことが気になっている。それで通学している中学校の保健室の美穂子先生に相談することにした。すると，美穂子先生は，里子さんの話を丁寧に，耳を傾けてくださり，早速，校長先生や教頭先生，担任の泰男先生などと相談したうえで，里子さんの両親と会い，事実確認と今後の相談をしてくださった。里子さんは，このプロセスを経るなかで，自分がこれまで虐待にあっていたことを自覚した。また，さまざまな児童虐待の専門家と話すなかで継父が児童虐待という犯罪をおかしていることや，母親がその事実をみてみぬ振りをするという「虐待教唆」を無意識のうちに行っていたことがわかった。里子さんは，一時的に児童相談所の一時保護所へ入所するように，児童委員や学校の先生方，

児童相談所のワーカーなどに勧められて，自ら一時的に自宅から離れることにした。里子さんが，自宅にいない間に，両親と学校や児童相談所関係者が話し合いをして，今後の里子さんの生活や教育をどうするのかなどの方針を立てることになった。しかし，児童相談所の呼び出しに両親は応じる姿勢をみせなかった。また，里子さんへの虐待の事実を認めなかったことから，反省の姿勢がみられないとして，家庭裁判所の審判（民法834条の2）により，両親の親権は停止され，一時的にA児童養護施設へ入所し，転校をしたうえで，B中学校へ通学することになった。
出典）都内の児童養護施設に訪問し，聞き取りを行い，内容を加筆訂正して筆者が作成

（5）児童虐待対応に関する課題

　過去の虐待事例を分析してみると，児童が養育されている状況を総合的に判断できていないことや，児童の安全の確認が不十分で，福祉関係者や警察の生活安全課，児童委員などの危機意識が低いのではないかと思われる状況がある。また，児童虐待が行われている家庭に関する周囲の住民の関心が低いなどの事態がみられる。

　また，継続的な調査のなかで，精神障害をもつ保護者が児童に対する虐待を行うケースが多いことが周知されているにもかかわらず，児童相談所や福祉事務所などの児童虐待を事前に抑止する役割を担う専門機関と，保健所や精神科の医師などとの情報共有や連絡体制が整っていないなどの状況がみられる。

　さらに，児童相談所や福祉事務所などの専門機関と各市町村との間での対象児童に対する情報や認識の共有化がはかられていない事態も見受けられる。

　たとえば，児童虐待のリスクを抱えている家庭が転居した場合の転居前および転居後の自治体間の情報の伝達がスムーズに行われていない実態が，ときに見受けられる。転居を繰り返す家庭の実情を把握することは容易ではないが，適切な情報の伝達を行う必要がある。

　また，虐待を行う保護者がいる家庭における兄弟，姉妹の支援は重要である。家庭訪問をした時点では，虐待をうけていなくとも，虐待されている児童を保護した場合，他の兄弟・姉妹に対して虐待の矛先が向く可能性があるため常に虐待のリスクを意識したかかわりが必要とされる。

　児童虐待は，家庭という，他者が介入しにくい状況で起こるため，相談援助

第5章　保護を要する子どもの福祉　175

や心理療法，精神保健，社会的養護，刑法や民法などの法律，家庭裁判所の役割などの知識に加えて，多様な臨床経験や高い専門性が必要とされる。市町村の家庭児童相談室や児童相談所の職員などの研修やスーパービジョン（支援の指導・調整・教育・評価）などの強化が必要不可欠である。

2．子どものいじめの現状と対策

「子どものいじめの問題を根絶しよう」という命題が語られるようになって久しい。いじめという行為は内容が過ぎると犯罪行為となる。この問題に関して文部科学省もいじめの問題を見過ごすことはできないとしてさまざまな取り組みを実施してきた。文部科学省は2012（平成24）年11月2日の「24文科初第813号通知」において，いじめの問題については，学校において，いじめられている児童生徒を徹底して守り通すという姿勢を明示するとともに，いじめは社会でも学校でも許されない卑劣な行為であることを明示し，犯罪性の高い行為については刑罰法規に抵触する可能性があることを明示している。そのため，学校組織や教育委員会などの関連機関が「いじめ」という子ども同士の軽いトラブルであるという認識を払拭し，「いじめ」をうけた子どもの状況によっては，その行為の態様により，傷害に限らず，暴行，強制わいせつ，恐喝，器物損壊など，強要，窃盗などの刑事事件として扱うことがあることを明確に提示している。

また，2013（平成25）年6月には「いじめ防止対策推進法」を成立させ，子どもの「いじめ」を「児童生徒に対して，当該児童生徒が在籍する学校に在籍しているなど，当該児童生徒と一定の人的関係にある他の児童生徒が行う心理的または物理的な影響を与える行為（SNSやインターネットを通じて行われるものを含む。）であって，当該行為の対象となった児童生徒が心身の苦痛を感じているもの」とし，いじめの防止等のための対策の基本理念，いじめの禁止，関係者の責務などを定めた（2013（平成25）年9月28日施行）。また，相談体制

や複数の教職員，心理・福祉などの専門家その他の関係者により構成される組織を置くことなどの基本施策を明示している。さらに，いじめの事実確認と設置者への結果報告の義務やいじめをうけた児童生徒またはその保護者に対する支援，いじめを行った児童生徒に対する指導またはその保護者に対する助言について定めている。加えて，必要ならば警察との連携を謳っている。

(1) いじめの動向

　文部科学省は，2018（平成30）年10月25日，「平成29（2017）年度児童生徒の問題行動・不登校等生徒指導上の諸課題に関する調査」の結果を公表した。小中学校，高校，特別支援学校におけるいじめの認知件数は前年度より9万1,235件増の41万4,378件で，過去最多を更新したことを報告している。「児童生徒の問題行動・不登校等生徒指導上の諸課題に関する調査」は，児童生徒の問題行動や不登校などについて今後の生徒指導施策推進の参考とするため，文部科学省が毎年度実施しているものであり，調査対象は，国公私立小中学校，高校，特別支援学校，都道府県・指定都市・市町村教育委員会となっている。

　この調査報告の学校種別では，小学校31万7,121件（前年度23万7,256件），中学校8万424件（前年度7万1,309件），高校1万4,789件（前年度1万2,874件），特別支援学校2,044件（前年度1,704件）。小学校での増加が目立つ傾向にあることを示唆している。

　また，いじめの態様では，「冷やかしやからかい，悪口や脅し文句，嫌なことを言われる」が62.3％ともっとも多く，「軽くぶつかられたり，遊ぶふりをして叩かれたり，蹴られたりする」21.0％，「仲間はずれ，集団による無視をされる」14.1％と続いている。「パソコンや携帯電話などで，ひぼう・中傷や嫌なことをされる」も3.0％あった。

　いじめ発見のきっかけは，「アンケート調査など学校の取組みにより発見」が52.8％ともっとも多く，ついで「本人からの訴え」18.0％，「学級担任が発

見」11.1％，「当該児童生徒（本人）の保護者からの訴え」10.2％など。いじめられた児童生徒の相談状況は，「学級担任に相談」が79.5％を占めている。

（2）いじめの発生状況とその影響

　いじめは小学生，中学生共に増加している。特に，小学生のいじめの増加は気になるところである。確かに小学生は未成熟であるがゆえにお互いの感情がぶつかりやすい。また，人間関係を形成する能力が脆弱であることから，些細なことから喧嘩したりいじめに走ったりしやすいという一面がある。一方で小学生はなかなか秘密をもてない年代でもある。加えて，いじめという行為に関する認識が中高校生と異なってあやふやである可能性は否定できない。さらに，関係各機関の調査などに素直に応じやすいという見方もできる。それゆえ調査において洗い出された数値をそのまま受け止めることはリスクが伴う。

　むしろ，教育機関などが実態を正確に把握しにくい中高生の調査結果をどのようにみるかが問題となる。各自が当然のように秘密をもち，群れて行動することの多い，あるいはいじめを上手く表面化させずに行うことができる中高校生の調査報告の数値が妥当なものであるのか，再吟味する必要性を感じざるをえない。なぜなら，中高校生は小学生と比較して家庭や社会の問題がストレートに子どもに伝わりやすい状況下にある。また，家庭生活や学校生活，部活，進路問題などのなかから生じるストレスが彼らの心身に降り注いでしまう。その結果として，自ら解決できないストレスや悩みを抱えた生徒は感情を乱し自分を制御できなくなる。ひいては，自己の悩ましい問題から逃避するために，自ら選びだした標的の学友に向けて歪曲したかかわりを仕掛けていき，学友を徹底的に追い込み，劣悪なケースでは不登校や自殺まで追いやってしまうことも珍しくない。

　近年，標的となるタイプも多様である。決していじめにあいやすい，からかわれやすいタイプばかりではない。スポーツも学校の成績も優秀で，かつ学友に愛される生徒であってもいじめの標的に成り得る。これらのいじめに学校の

教員や部活の教職員が加担していることもあり得る。優秀で，真面目で，親思いの子どもほど自分で抱え込んでしまいやすい傾向があるので要注意である。

母子家庭の小学校4年生の事例

　さとる君は小学校の4年生（10歳）である。さとる君はひとり親の家庭で母親と2人で母子生活支援施設で暮らしている。母親と父親は3年前に離婚している。きょうだいは兄が1人いるが，離婚した父親と一緒に暮らしている。

　さとる君がいじめにあい始めたのは，今通学しているA小学校に転校して3日ほど過ぎたころからである。いじめが始まったきっかけはさとる君が非常に汗かきであったことが背景にある。それは天候が不順な6月の終わりの頃であった。梅雨時は日本中，どこでもムシムシして過ごしづらい。さとる君は汗かきなので授業中も汗をふきふき机に向かっている。午前中の授業が終わり，給食の時間になった。その日はたまたま，さとる君は給食当番で配膳をする担当を黙々とこなしていた。すると女子生徒の美樹ちゃんが，「さとる君は汗臭いから配膳はしないでよ。」とさとる君を配膳するグループから排除しようとした。さとる君は，「僕は手も洗ったし，汗は拭いたから配膳をやらしてよ。」と拝むように頼んだが，女子の生徒が美樹ちゃんと一緒になって「不潔だから配膳をしないでよ。」と口々にさとる君を排除する言葉を投げつけ，ついには男子の生徒までがにやにやしながら一緒になって，さとる君を配膳する役割から無理やり排除してしまった。

　その日以来，さとる君は不潔な生徒であるというレッテルを張られ，クラスのほとんどの生徒がさとる君と口をきいたり，近づいたりしなくなった。さとる君は当初は母親に迷惑をかけてはいけないと思い，何をいわれても歯を食いしばって耐えていたが，2週間もすると，無視される自分がみじめに思えて，登校することができなくなってしまった。

出典）筆者の過去の経験を基に作成

図表5-2　いじめの認知学校数

	25年度	26年度	27年度	28年度	29年度
小　学　校	10,231	11,537	12,785	14,334	15,791
中　学　校	6,999	7,162	7,580	8,014	8,407
高 等 学 校	2,554	2,686	2,884	3,003	3,215
特別支援学校	220	258	308	349	409
計	20,004	21,643	23,557	25,700	27,822

出典）文部科学省初等中等教育局児童生徒課「平成29年度　児童生徒の問題行動・不登校等生徒指導上の諸課題に関する調査結果について」平成30年10月25日（木）の調査結果を参考に，筆者が簡易にまとめた。

（3）いじめはなぜ起きるのか

　いじめは大人の社会でも子どもの世界でも起きている。近年，それが大きくクローズアップされてきたのは，子ども同士のいじめが大人の犯罪に近い行為になりつつあることや被害者が追い詰められて自殺や犯罪に向かう事態が多発していることなどが背景となっている。また，LINE やツイッターといった SNS というツールによって容易に相手を非難したり，ラベリングしたり，個人の秘密を拡散させたり，個人や団体を攻撃したりすることが可能となったことがあげられる。

　昔から日本においては「村八分」という村社会において特定の家を排除する私的制裁があった。また，諸外国では人種や宗教，肌の色の違いなどを理由にいじめたり，排除したり，紛争まで起きている地域もある。

村八分

　江戸時代以降，村落で行われた私的制裁のことをいう。村社会の秩序を維持するため，制裁としてもっとも顕著な慣行であった絶交処分のことを意味する。村全体として戸主ないしその家に対して行ったもので，村や組の共同決定事項に違反するとか，共有地の使用慣行や農事作業の共同労働に違反した場合に行われる。村八分は，村での交際である冠・婚・葬・建築・火事・病気・水害・旅行・出産・年忌の 10 種のうち，火事，葬（儀）を除く 8 種に関する交際を絶つ排除行為が行われる。
出典）ブリタニカ国際百科事典・小項目事典を参照して筆者作成

　いじめは学校だけではなく，部活やサークル，学校間，企業，一般社会など，人間が集まるところなら必ず起こり得る。また，いじめは誰もが行いかねない，極めて人間にとっては犯しやすい卑劣な行為である。脳学者の中野信子は『ヒトは「いじめ」をやめられない』（2017）のなかで，「近年，こうした人間集団における複雑かつ不可解な行動を，科学の視点で解明する研究が世界中で進められています」とし，そのなかでわかってきたことは，実は社会的排除は人間という生物種が，生存率を高めるために，進化の過程で身につけた「機能」なのではないかという指摘があることを紹介している。そして，人間社会

において，どんな集団においても，排除行動や制裁行動に向かってしまうのは，その行動自体に何かしらの必要性や快感があるからであると記述している。「いじめが快感となる」この言葉は人間の悲しい性を意味する，的を射た文言である。

(4) いじめ予防策

それでは，いじめの加害者がストレスからの解放や快感を覚えてしまい，そして繰り返してしまういじめは防止できないものであろうか。人を殺すことに快感を覚える人間がいる。弱い者をからかって暇つぶしをしたり，殴ったりして喜びを感じる人間がいる。これらの行為は決して許容できるものではない。

それでは子どもがいじめに走らないためにはどのような防止策を提示したら良いのであろうか。いじめに子どもを走らせない手法は多様である。したがって，この節ですべてを語りつくすことはできない。ここでは2つの事例をあげていじめ防止策について検討してみたいと思う。

1984年制作のTVドラマで，全日本ラグビーの名フランカーだった山口良治監督が率いた京都伏見工高（全国大会4回優勝，現・京都工学院高校）ラグビー部の「全国優勝」までの7年間の闘魂をベースに脚色したドラマ「スクールウオーズ」がヒットした。このドラマは実在の人物がモデルとなり，非行少年とラベリングされた高校生がラグビーを通じて人間性を取り戻し，それぞれが目標をもって人生を送っていった逸話が日本中の若者を惹きつけた。ある意味で，山口良治監督と非行少年との出会いは，いじめや非行に走りやすい子どもたちを立ち止まらせたプロセスは良いヒントになのではないかと思われる。

学校生活は決して楽しいことばかりではない。特に，学ぶことがストレスになる子どもにとっては苦痛でしかない。また，成績でランク付けされるし，教職員の生徒に関する評価も科目の成績に重きが置かれるのが常である。それゆえ，学業成績が比較的悪い子どもや生活が荒れている子どもが活躍できる場所や機会を得ることはむずかしい。さらに，近年，学校行事は形式ばかりで，規

第5章　保護を要する子どもの福祉　181

模や内容が形骸化・小規模化している。そのために，学業では陽が当たらないが，行事やイベントで活躍したいと思っている生徒は，自分の虚栄心やストレスの解消先を探しあぐねている状況下におかれている。そして，自己の屈折した感情をコントロールできない事態に陥り，自分の身の置き場を探す意図から，教師に歯向かったり，学友を標的にしていじめに走ったりすることになりやすい。これらの状況にある子どもには，これまでにない役割を担わせたり，学校生活を楽しめる機会や活躍する場を与えたりすることが大切ではないかと考える。その視点からすると，山口良治監督が率いた京都伏見工高ラグビー部における実践は学ぶべき手法であり，プロセスではないかと思われる。

　いじめに走る子どもは成績が悪い子どもであるとは限らない。真面目で，日常的に目立たない，かつ比較的成績の良い子どもが隠れて悪質ないじめを行うことも少なくない。インターネットのサイトを開いてみると，スポーツ関係の部活でのいじめの経験と共に吹奏楽の部活時代にうけたいじめの経験談が多数寄せられている。これらの背景にあるのは吹奏楽という部活の活動の特徴が背景にあると思われる。ひとつは密度の濃い人間関係のなかで，ほとんど休日なく練習を行う学校が多いからである。2つは県大会や全国大会出場を生徒や指導にあたる教師が目標とし，なかなかレベルがあがらない生徒がいると，あしでまといと思われやすいからである。そして；3つは生徒同士が県大会や全国大会出場を目指して厳しいパート獲得競争のためにしのぎを削るからである。人間は勝ち負けにこだわればこだわるほど和を重んじ，同じレベルを互いに求めるようになりやすい。そのため，志は同じであっても，長時間，同じ生徒や教師がしのぎを削るなかでいじめが起こりやすくなるのは当然である。このような人間関係の密度が強すぎる環境下にある場合には風通しを良くするために，人間関係を固定せずに流動性を高めたり，個々人の距離をほどよくとったりするように心がける必要がある。吹奏楽以外の活動を取り入れたり，定期的に多様なレクリエーションを行ったり，他校や大人の専門家との交流を定期的に行ったりするなどの取り組みを行うのも一案である。

（5）いじめの防止と教育改革の必要性

　いじめの撲滅は子どもや大人に関係なく，人間に課せられた永遠の課題である。しかし，「他者の身になって考えましょう」「相手のつらさを自分に置き換えてみましょう」などといって子どもを諭したとしても子どもの能力では推察したり，共感したりすることはできにくい。これらを背景として，子どものいじめが増加し，かつ悪質化する傾向が高まり，なかなか根本的な問題解消には至らない。子どものいじめの多くが学校内，あるいは学校のつながりのなかで生じているものであることから，再度，学校組織や教育のあり方を見直す必要性を感じざるをえない。

　具体的にはこれまでの個を殺して同調を求め，仲間と密接な関係をつくる教育方針を再検討する必要があるのではないかと思う。近年，「生徒の個性を伸ばす」ことをスローガンに掲げている学校を目にすることが多いが，実際に，どこまでできているかは疑問である。欧米の教育では，生徒個々がそれぞれの意見をもつのがあたり前であり，発言や行動においても自己の考えをもつことが当然のこととされている。ある意味で，これらの文化はまとまりに欠けたり，能力の格差や凝集性に欠けたりする一面をもつかもしれないが，常に共に行動し，仲間意識を強くもつことを要請され続けるわが国の文化よりは，それぞれの目指すことが違うので，いじめという制裁行動に向かう危険性は減少するのではないだろうかと考える。

3．ひきこもりの実際と対策

　2019（令和元）年6月1日，東京都練馬区で元農林水産事務次官の熊沢英昭容疑者（76）がひきこもりがちの長男・英一郎さん（44）を刺殺する事件が起きた。同年5月末に起こった神奈川県川崎市の殺傷事件のように，息子が子どもに危害を加えることを危惧しての犯行とみられる。

　川崎市の殺傷事件は，長年，無職で半ひきこもり状態にあった岩崎容疑者が

2019 年 5 月 28 日の早朝に，川崎市の登戸駅付近の路上で，私立カリタス小学校のスクールバスを待っていた小学生の児童や保護者らが近づいてきた男性に相次いで刺された事件である。これまでにも類似した事件が数多く起きている。

　ひきこもりは子どもだけの問題ではない。年月が経てば，大人の問題となり，ひいては社会全体の問題となる。

　ひきこもりの定義を厚生労働省新ガイドライン（2010（平成 22）年）では「様々な要因の結果として社会的参加（義務教育を含む就学，非常勤職を含む就労，家庭外での交遊など）を回避し，原則的には 6 か月以上にわたって概ね家庭にとどまり続けている状態（他者と交わらない形での外出をしていてもよい）を指す現象概念である」としている。ひきこもりの定義に補足を加えると，

　1．20 歳代後半までに問題化すること。

　2．6 ヶ月以上，大半の時間を自宅で過ごし社会参加しない状態が継続すること。

　3．ほかの精神障害がその第 1 の原因とは考えにくいこと。

ということになる。ひきこもりに関する人数の把握は個人情報保護の問題もあり，詳細な人数を把握することは不可能である。そのなかでひきこもりに関しては内閣府の「若者の生活に関する調査報告書（平成 28 年 9 月）」で，対象年齢を 15 歳〜 39 歳と設定している直近の調査（2015 年）では推計 54 万人がひきこもりとされている。なお，児童に関するひきこもりの人数の把握は，個人情報保護の観点から実施が困難であることからここでは数値を提示することはできない。

（1）不登校とひきこもりの関係

　一般的に「不登校」は，単に学校に行っていない児童生徒のことを指しているが，文部科学省では以下のように定義されている。「不登校児童生徒」とは「何らかの心理的，情緒的，身体的あるいは社会的要因・背景により，登校し

ないあるいはしたくともできない状況にあるために年間30日以上欠席した者のうち，病気や経済的な理由による者を除いたもの」と定義している（1998（平成10）年）。不登校は主として小・中学生を対象とする言葉であるが，同様の状態は高校生，大学生，近年に至っては大学院生にも珍しくなくなりつつある。そのなかで不登校になる要因を7つに分類している。① 学校生活上の影響，② あそび・非行，③ 無気力，④ 不安など情緒的混乱，⑤ 意図的な拒否，⑥ 複合，⑦ その他の7つである（文部科学省，2003「平成15年度学校基本調査」）。不登校が継続している理由については，小学校・中学校とも，「複合」・「不安など情緒的混乱」・「無気力」が上位を占めている。また，不登校との関連で指摘されている課題としては，学習障害（LD）や注意欠陥・多動性障害（ADHD）などがある。これらの児童生徒は，周囲の人との人間関係がうまく構築されない，学習のつまずきが克服できないといった状況が進み，不登校に至る事例は少なくない。さらに，保護者による虐待など，登校を困難にするような事例も含まれており，個々の児童生徒が不登校となる背景にある要因や直接的なきっかけは多様であり，要因や背景は特定できないことが多い。

　ひきこもりは不登校と同時に語られることが多い。事実，ひきこもり当事者のなかには不登校経験者が多数含まれている。ひきこもりについては1990年代前半頃から社会一般が学校に行けない，自宅にひきこもる子どもが増えてきたことから関心がもたれるようになった。この当時はひきこもりという言葉はあまり流通しておらず，むしろ「閉じこもり」という言葉のほうが一般的だった。やがて民間の支援者の間で，「20歳を超えても家に閉じこもっている人が増加しているようだ。」といったうわさを耳にするようになり，そうした人たちがひきこもりとして括られていった。そのうわさのなかには，「昼夜逆転」「家庭内暴力」「自傷行為」などが含まれていた。今ではひきこもりの支援において当たり前のように耳にする言葉ではあるものの，当時は，事態がより深刻になっていると感じさせるものだった。そのプロセスのなかでTVドラマのヒットシリーズ・武田鉄矢主演の「3年B組金八先生第5シリーズ」において東

京大学在学中にひきこもりになってしまった兄をもつ優秀な生徒（健次郎役・風間俊介）が陰で学友を操り，教員とトラブルを起こさせたり学友を巻き込んでいじめを行ったりするなかで悪戦苦闘する教師（武田鉄矢）の姿を描いて注目を浴び，最高23.6％，平均18.5％の高視聴率を記録して，「ひきこもり」という社会問題が一層注目を浴びるようになり，「ひきこもり」という言葉が一般社会において日常語として流通するようになった。

　井出草平は『ひきこもりの社会学』（世界思想社，2007年）で，不登校とひきこもりの関係について以下のように書いている。「不登校のうち，2割程度は『ひきこもり』に移行する。残りの8割程度の不登校は「ひきこもり」にはならない。そして，この不登校の2割の移行グループが「ひきこもり」の中での6～8割程度に相当する。この記述は，2～4割は不登校体験をしていない，つまり高校や大学まで通ったものの，その後ひきこもりとなった人たちがいることも示している。確かに，不登校経験がないにもかかわらず，就職活動や職場で挫折を積み重ね，ひきこもりになった当事者たち（あるいはそうした子どもをもつ親）との出会いが特にこの3～4年は多くなった。また，学校（高校・大学・専門学校など）卒業後，フリーターをしばらく続けたものの，徐々に家での生活が長くなっているという当事者たちがいることも明らかである。

ひきこもりの事例

　光君（17歳）は，幼少時は兄弟や友人に恵まれ，愛想の良い子どもだった。ただし，祖母が同居していたので，光君は保育園や幼稚園へ通うことはなかった。ところが，小学校に入学した翌日から光君は登校しなくなった。光君はいつもの表情をしているし，気になるようなトラブルも彼に生じた気配はなかった。それでも家族や教師，精神科医，公認心理師，スクールカウンセラーなどの尽力もあり，1年生の頃は不登校気味ながらも数度の登校をすることができた。しかし，2年生になると，ほぼ完全な不登校児となってしまった。

　不登校が顕著になり始めた小学校1年生の2学期に入ると，学校教師や同じクラスの児童たちが，登校前に光君を一緒に登校しようと誘いに立ち寄った。しかし，さほど効果はみられなかった。その後，不登校は続き，小学校を卒業するまでほとんど登校することはなかった。6年生の卒業式の卒業証書は担任の教師が届けた。それでも小学校時代にはコンビニなどに買い物へ行く姿を近隣に住む住民はみかけることができた。

中学校に入学しても不登校は続き状況は好転しなかった。光君はもちろんのこと，家族もこのままでは将来がみえてこないという焦りもあり，歩いて15分から20分ほどの距離にある2つのフリースクールの説明会に車で出かける試みも行った。14歳の春のことであった。しかし，フリースクールの職員との面接では，光君はTVドラマやアニメの話は堰をきったように話すことができるが，一般の中学生が先輩後輩，あるいは教員などとの関係性のなかで習得しているはずの敬語を使ったり応答したりできない理由から，フリースクールの職員は光君が7歳児から8歳児の社会性しかもっていない印象をうけた。また，年齢相応の経験を積んでいないことから，一般の同年齢の児童が熟知している情報をほとんどもっていなかった。

　光君はフリースクールに興味がもてなかったので通うことはなかった。そして，15歳になった頃から，日中や夜間，コンビニなどへ買い物をする外出さえも一切行わなくなり，地域の住民が光君の姿をみることはなくなった。母親が地域の人に語った話によると，父親も不登校を中学・高校時代に経験しているとのことだった。光君が学校へ登校しない，あるいはできない理由は誰にもわからない。精神科や公認心理師からも特別な病名や要因を伝えられることはなかった。光君の両親や祖母は一般の子どもと類似した生活を送れない光君のことが不憫でならない。

出典）筆者のソーシャルワーカーとしての経験を基に作成

（2）ひきこもりの状況下にある子どもの理解の必要性

　ひきこもりには精神医学や不登校や就労といった，気が重くなりそうな，ややこしい問題が渾然一体となってくっついてくる。また，不登校からひきこもりへ移行という図式に当てはまらない人も少なからず存在している。このことはひきこもりを経済や雇用の問題とも結びつける必要性がある。また，「発達障害」や「精神障害」などの問題とも実は絡んでいる。ある意味で，ひきこもりをめぐる現状は混沌状況だといってよい。不登校が長く続くと，ひきこもりに移行しやすい。学校だけでなく，社会全体への不安や恐怖を抱えて，家から出て他人と会い，会話する自信がなくなる。ただし，その割合は比較的低いものである。一般的に不登校からひきこもり状態になるのは，およそ3割の子どもだといわれている。それゆえ，それ以外の7割の子どもは，なんらかの形で社会と関わっていくことになる。

　一般の大人，特に保護者は我が子が不登校に陥ると，将来を悲観しがちである。日本の保護者は他の人と違うコースを歩むのを嫌がる。自分の子どもが他の同年齢の児童と異なるペースで大人になってゆくと焦りやすい。子ども一人

第5章　保護を要する子どもの福祉　187

ひとりの発達のペースは違うので特別に慌てることではない。学ぶ年齢も異なれば興味を示す分野も違うのである。少しくらい寄り道をしても良い。1年，2年くらいの学ぶ進度が違うのは特に問題ではない。15歳でプロの棋士やサッカーの選手が次々に生まれている時代を私たちは迎えている。20歳後半に子育てをしながら通信教育で高校を卒業する人もいる。他人と違う道を歩むことを誰も否定できるものではない。

　子どもが悩み，苦しむ時間は大切にしなくてはならない。大人は穏やかにそれぞれの子どもの成長を見守ることが大切である。だから，たとえひきこもり状態になったとしても，周囲が本人の話をよく聞いて，適切に対応をしていけば，改善は十分に望める。子どもが不登校やひきこもり状態になると，社会との接点が減り，理想と現実とのギャップが広がるのは事実である。それは現実を体験する機会がないからである。それも大して大きな問題ではないことである。子どもの心身のバランスを整え，対話や外出を増やしていき，多様な経験をつむ機会を設けることで，社会で活躍する機会は必ず訪れるものである。

　一番大切なことは子ども自身が自己を否定し，自分の夢を捨て，諦めないことである。

(3) ひきこもりの子どもをサポートする保護者の役割

　子どもがひきこもりになると，我が子からの批判に対して反発するだけの保護者がいる一方で，あまりにも批判を深刻に受け止めてしまう人たちがいる。その際に，自分たちの育て方や養育環境が不適切であったなどの深い後悔に陥ってしまう人がいる。しかし，こちらもまた問題がある。養育や進学のことについて後悔すべき点があったとしても，過ぎた後悔は治療や支援の妨げになることが多い。家族である保護者が，今さら後悔してもどうにもならない。一歩譲って保護者ができるのは反省ぐらいのものである。「反省」であれば，今後の適切な対応に結びつけられる可能性が高まるのでまだ救われる。なぜ過度の後悔が良くないかというと，我が子に対して毅然とした態度で対応すべき時に

どうしても腰が引けてしまいかねないからである。その結果として，まるで保護者が罪人のように，繰り返し不毛な謝罪や償いの行為を行わなければいけない事態に陥りかねない。こういう事態に向かうと保護者，我が子共に次第に混乱する事態に陥りやすい。保護者は，我が子と相対するときに，受容的であることが常であることから，適切に我が子を受け止めることが肝要である。むしろ限りのない保護者の受容は我が子に「飲み込まれる恐怖」を与えかねない。したがって，我が子を受容する際には自ずと限界や枠組みが必要となる。我が子がその枠組みを超えたり，無視したりするときには保護者は毅然とした態度をとる必要がある。

　もうひとつ大切なことは，一度我が子に始めた働きかけは必ず継続する必要があるということである。かかわり始めのころはどの家族も熱心に治療や支援に取り組むのが常である。保護者が揃って頻繁に通院し，医師の指示に耳を傾け，そして指示をうけたことは的確に実行し，藁をもすがる気持ちで家族会にも参加し，ひきこもりの我が子にも懸命に働きかけ続ける。しかし，治療が長期間に及びやや心身に疲れを感じるようになり，我が子の状態がなかなか好転しないと，家族や保護者も徐々に気力やエネルギーが消失しやすくなる。これではせっかく始めた対応が台無しになる。これでは家族や保護者の状況は何もしないよりもまだ悪い事態を引き起こす危険性を内在している。ひきこもっている子どもは表面からはわからなくても，保護者や家族のかかわりや発言には非常に敏感になっているのが一般的である。保護者や家族が何か以前とは異なった対応や雰囲気を醸し出すことをはじめれば，本人は必ずそれらの変化を感じ取ることになる。ところが，ひきこもりをしている子どもは保護者や家族の変化に合わせて，すぐに対応することはできにくい。その結果，せっかく始めた働きかけを保護者や家族が中断することは，子どもにしてみれば，家族からあらためて「おまえを見捨てる」と宣言されることに等しいのである。それゆえ，好ましいかかわりを継続するためには，まず無理のないペース配分を考えることと，いったんはじめたら半年や1年ではあきらめない，という覚悟が必

第5章　保護を要する子どもの福祉　189

要である。

（4）ひきこもりの状況にある子どもと家族の目標

　社会とつながり，学校へ普通に行けたり，働いたりすることがひきこもり状況にある子どもたちの目標であろう。しかし，社会の荒波に復帰する前に行わなければいけない大切な段階がある。それは対象となる子どもと家族との間に新たなるコミュニケーションルート，あるいは新たなラポート（信頼関係）を再構築することが当面の目標となる。具体的に説明すると，ひきこもり状況にある子どもが保護者や親と普通に会話をし，冗談や世間話ができることを，回復のための第一段階の指標とする必要がある。つまり，ひきこもり状態にある子どもが他の家族員と気楽に会話し，冗談を言い合ったり，からかい合えるような会話が日常的に交わされるような関係を再構築することが子どもの心身の回復を目指す当面の目標である。この考え方の前提にあるのは，大なり小なりひきこもっている子どもばかりではなく，他の家族員もまた精神を病んでいる可能性が高いからである。ひきこもり状態にある子どもを加えて家族員全体が笑顔で談笑でき，お互いの日常を話題にし，時折，お互いを話題に冗談を言ったりからかったりできるところまで家族力が回復することは，子どもが回復期に入りつつあるという認識をもっても良いと思われる。これまで述べてきた家族員との関係は，ほどほどの親密さと同時に，ほどほどの距離感が保たれているので家族関係がゆるやかである。しかし，子どもの1人がひきこもりの状態になると，家庭の雰囲気が重くなり，それぞれの家族員が何となく焦りや気持ちが落ち込み，ひきこもりの状況にある子どもを無意識の内に家族の片隅に追い込んでしまい，他の家族員が不健康なまとまりをつくってしまいがちである。これらの家族員同士の関係性は，家族員同士の距離が十分とれない状況をつくってしまい，笑顔も冗談も元気な挨拶も交わさない不健康な塊になってしまいやすいことから，下手をすると，新たなる家族員の問題をつくり出す危険性を孕んでいる。また，これらの関係性は家族員同士の勘ぐりや家庭内暴力に

つながったりするリスクを孕んでいる。つまり，ひきこもりの状況にある子ど
もを含めて，ほどほどの距離感が保つことができていれば，子どもの治療と，
時間は相当かかるが，社会復帰支援という問題意識が共有されやすくなり，対
象となる子どもの治療や社会復帰支援を視野にいれて家族員がそれぞれ可能な
範囲で取り組むという理想的な関係が達成しやすくなる。

(5) ひきこもりの子どもの回復をめざす上での注意事項

　まず家族の力には限界があることを理解する必要がある。日本の家族はやや
もすると自分たちの力で解決しようと考える傾向に向かいがちである。日本人
は，他人に迷惑をかけることは，「もっともやってはいけないことである」と
幼い頃から教え込められている。そのために，保護者や家族員は子どもが悩ん
でいることに責任を感じてしまい，自分たちの力で何とか改善しようと考える
傾向がある。確かに，保護者や家族員が悩める子どもをサポートするのは親と
しては当然のことである。そして，保護者や家族員が熱心に苦悩する子どもの
ことを気にかけていれば，対象となる子どもに勇気づけられ，自分も何とか回
復しなくてはいけないと考える方向へ向かう可能性は高まりやすい。しかし，
保護者や家族だけで悩める子どもをサポートするのは決して得策ではない。保
護者や家族が頭を抱えて焦って右往左往すると，家族関係が一層不健康な塊と
なり，地域社会との接点を見失うことになりかねない。そのような事態に陥ら
ないために，保護者や家族員のみで空回りするのは避けなくてはならない。子
どもは確かに家族の大切な一員であるが，その子どもは日本の社会を担う重要
な役割を担う大切な宝でもある。したがって，親類縁者や学校，医療機関，友
人知人などに遠慮なく力を貸してもらい，社会のさまざまな人材の力を借り
て，みんなで気を長くもって継続的に多様なサポートを悩める子どもへ届ける
ように心がけることが重要だと思われる。

第5章 保護を要する子どもの福祉 191

4. 子どもの犯罪や非行

少年（少女を含む，以下略す）犯罪や非行は，かつての特別な環境（貧困や親の素行不良など）におかれた少年や精神的なゆらぎを制御しきれない児童などが引き起こす事態としてとらえられることが一般的であった。これらの非行傾向をもつ児童は「古典的」「伝統的」なタイプとよばれる子どもたちである。

しかし，近年のわが国の児童の犯罪や非行は，これらの図式に当てはまらない実態を示すようになってきている。2015年2月20日未明，神奈川県川崎市の多摩川河川敷で，被害者A君（享年13）の全裸遺体が発見された。1週間後，日本中が固唾を飲んで見守るなか，逮捕されたのは，当時17歳と18歳の未成年3人だった。彼らは1時間のうちにA君の全身をカッターで43カ所も切り付けていた。その残忍性が社会を震撼させた。加えて，2019年7月5日，埼玉県所沢市で発生した同市立中学校2年生B君を，同級生Cが「教科書のことで喧嘩になった」ことを理由に刃物状のもので刺した事件もその動機の幼さと行った犯罪行為の内容との乖離に一般社会の人びとは驚きを隠せない。

近年，普段，特別手がかからない少年や成績優秀な少年が，何の前触れもなく，ちょっとしたきっかけから，友人や教員を殺めてしまう事件を引き起こすというケースがしばしばマスコミに掲載される。これらのタイプは「現代型非行少年」とよばれている。この他，「現代型非行」には，睡眠薬遊びやシンナー，ボンド吸引，マリファナ，覚せい剤などに向かう傾向もみられる。

この他に，少年の犯罪の傾向として，共犯で犯罪をおかしてしまう事態が比較的多いこともあげられる。

本項では，これらの特徴が変容しつつある「少年非行」の現状に着目して，その実際と対策についてみてみたい。

192

（1）少年による非行・犯罪少年に関する調査・報告

　警察庁生活安全局少年課の「平成29年中における少年の補導及び保護の概況」では，過去10年間の刑法犯少年の検挙人員は，2004（平成16）年以降14年連続で減少しており，2017（平成29）年中は2万6,797人と，平成20年の3分の1以下にまで減少した。また，触法少年（刑法）についても，8年連続で減少している。特別法犯少年は，23年まで増加傾向にあったが，29年中は5,041人と6年続けて減少した。また，触法少年（特別法）も5年続けての減少となったと報告されている。

　ただし，検挙人員及び人口比とも減少傾向にあるが，人口比については成人と比べ引き続き高い水準にある。

　罪種別では，

① 殺人，強盗，放火，強姦などの凶悪犯は，2017（平成29）年中の検挙人員は438人と，前年より100人（18.6%）減少し，なかでも全体の約6割を占める強盗は77人（23.5%）減少した。

② 凶器準備集合，暴行，傷害，恐喝などの粗暴犯は2017（平成29）年中の検挙人員は3,619人と，前年より578人（13.8%）減少し，5年連続の減少となった。

③ 侵入窃盗，空き巣，忍び込み，乗り物盗（車・バイク盗）などの窃盗犯は，2008（平成20）年と比較するとおおよそ5割減となっている。

　これらの状況を総括してみると，刑法犯として検挙・補導された少年（14～19歳）の人数は平成29年中は2万6,797人で，平成16年以降14年連続の減少となり，戦後最低の数値を示している。マスコミなどで少年による凶悪な犯罪などが報道されるたびに，少年犯罪の増加や凶悪化などが話題になるが，単なる憶測にすぎないことをデータは示している。しかし，データはデータとして，少年の凶悪犯罪化については，最近の傾向として，2015年2月，川崎市の多摩川河川敷で中学1年の男子生徒（13）が17～18歳の少年3人に殺害された事件のように，いじめの延長線上で，しかもグループで凶悪な犯罪を起こ

第5章　保護を要する子どもの福祉　193

す例が散見されることは決して忘れてはならない事柄である。

非行・犯罪の事例

　まさる君は16歳である。きょうだいは他に3人いるが，母親が違うのできょうだいのような気がしない。年齢も9歳以上離れているので，一緒に過ごすことは稀である。まさる君の母親は彼が5歳の時に亡くなった。病弱な人だったので，遊んでもらった記憶はほとんどない。現在の継母は，実母がなくなってから半年後に，父親が連れてきて結婚式もあげないで同居生活をするようになった。父親がまさる君に母親を紹介した記憶はない。父親もまさる君にお母さんとよばせることは無理にはいわなかった。しかし，きょうだいができてからは学校から帰ると自宅の仕事やきょうだいの世話をしなくてはならなくなり，継母と過ごすことが多くなったことから，継母をお母さんとよぶ機会が増えてきた。ところが，継母はまさる君のよびかけに返事をすることはなかった。また，継母はまさる君ときょうだいを何から何まで区別した。まさる君は幼い頃は自分が我慢すれば良いのだと思っていたが，さすがに中学生になるとストレスが溜まりイラつくようになった。そして，ある日の夕方，継母がまさる君の制服をクリーニングになかなか出してくれないことが原因で喧嘩となり，まさる君が脅しのつもりで畳に石油をまいて火をつけたことから火事となり，自宅は全焼してしまった。まさる君は警察に放火の疑いで逮捕された。

出典：筆者の過去の経験から作成

---

(2) 少年による非行・犯罪少年の特徴

　警察庁生活安全局少年課の「平成29年中における少年の補導及び保護の概況」を概観するなかでみえてくるものは，「少年犯罪は増加，凶悪化している，だから，少年法を改正し，少年にも厳罰を加えよう」というものではない印象をうける。なぜなら，『犯罪白書』や『警察白書』に目を通してみても，少年犯罪が日増しに増加したり，凶悪化したりという数字をみつけることはできないからである。殺人，強盗，強姦などの凶悪な犯罪は，この20～30年の間にむしろ大きく減少している数字が並んでいる。かつては，今の数倍の少年凶悪犯罪が発生したことは確かである。ただし，少年犯罪や非行が毎年，大幅に減少しているわけでもない。下げ止まっているというのが適切な評価かもしれない。むしろ，少年による路上強盗などが増加傾向にあるなど，この数年に限って言えば，増加，凶悪化の兆しもみえる領域もある。データを総合的にみた場合，非行や少年犯罪は増加しているわけではないが，少年の非行や犯罪の中味

が変わってきているように思える。

たとえば，

① 「遊び非行型」

　放置自転車の乗り逃げ（横領罪）が大きく増加している。路上強盗なども，ほんの思いつきで，犯罪意識のないなかで実行する少年たちがいる。

② 「家族関係の破綻型」

　殺人事件が減っているなかで親族殺人は増えている（愛着障害の子どもが多い）。

③ 「いきなり非行型」

　いわゆる不良少年たちが犯していた犯罪を，今は非行歴のない「普通の子」が犯罪を犯している。

④ 「いじめ攻撃型」

　強くて乱暴なもの同士の争いではなく，ホームレスやすでにいじめられている子どもなどへさらなる暴力やいじめを行う事例や犯罪が目立ち始めている。

⑤ 「大人犯罪型」

　大麻や覚せい剤の使用，あるいは栽培や販売，爆薬や銃の製造などで逮捕や補導される事件数が増え始めている。

などの少年非行や犯罪の内容や質の変化がみられる。

（3）非行・犯罪少年の特徴

非行や犯罪に走る少年は，以下に記す特徴をもっている。

① 心の思いを言葉で表現できずに，自分のなかで息詰まってしまい，倫理や法律に反する行動に表してしまいやすい。

② 家庭が崩壊していたり保護者との適切な関係を形成することができなかったりした理由から，自尊心や自己肯定感が低かったり，自分を愛せない人格をもつようになりやすい。

第5章　保護を要する子どもの福祉　195

③ あまりにも溺愛され，厳しさが足りなかったために我慢ができなかったり，強い自我が育っていなかったりすることから，社会に適応することがなかなかできにくい。

④ 保護者から厳しすぎるしつけや抑圧をうけたために，ゆがんだ道徳心で自分を押さえ込みすぎて，感情をコントロールできなくなり，暴力や不法行為に向かいやすい。

⑤ これまであまりにも「良い子」で生きてきたために，ささやかな困難さえも乗り越える強さがない。そのために，多様な困難を経験し挫折しかけたときに，心理的パニックを起こしてしまい，とんでもない行動をとってしまいやすい。

⑥ 親の期待が子どもに対して強すぎたり，要求が高すぎたり，さらに期待に応えないときに，愛を与えられない保護者の下で育った子どもは努力するが，それでも期待に応えられないときには，子は親の期待する人間像とは正反対の人間の人間形成を行う方向へ傾き，親に対して復讐する行動に向かいやすくなりやすい（攻撃が直接自分自身に向くと自殺になる。あるいは女性の場合は売春に走ることもありうる）。

(4) 現代型非行少年の特徴とその問題点

　現代型非行少年は，貧困や家庭崩壊，愛情不足などの明確な要因を有していた「古典的」「伝統的」な非行少年と異なり，要保護性の認められない普通の少年がいきなり非行や犯罪に走るのが特徴である。具体的には，対象少年には，金銭面や環境面で際立った問題を抱えていない傾向がある。また，対象となる被害者が不特定であったり，不明確だったりしている。さらに，非行や犯罪に走る意思が存在しないか，希薄である。そして，非行や犯罪を行う罪悪感が欠如している。なお，日常的行動の延長線上での犯罪行動（暴走行為や万引き，風俗，放置自転車の横領などの行為で犯罪意識が低い）が目立つ。「古典的」「伝統的」な非行少年では負の環境（貧困や家庭崩壊など）や性格などの非行の

状況や要因を比較的容易に示すことが可能であったために，具体的な形で国家や司法関係者，福祉関係者が少年に保護の手を差し伸べることが可能であった。しかし，要保護性の認められない普通の少年が，さほど罪悪感を抱くこともなく，日常的な行動のなかで非行や犯罪を遂行する現代型非行に対しては，伝統的な非行概念や保護や処遇では通用しなくなるという困難を抱えることとなってしまった。ひいては，非行や犯罪予防という点で，対策が後手後手に回ってしまいかねない。

(5) 非行・犯罪に手を染めた少年の支援

　非行や犯罪に足を踏み入れた少年のために，政府関係省庁は連携をとり，主に以下のような支援を実施している（内閣府『子供・若者白書（平成24年版）』より）。

　政府では，非行対策の推進について密接な連絡や情報交換，協議を行うために，子ども・若者育成推進本部の下に少年非行対策課長会議を設置し，内閣府，各省庁の関係府省が連携して対策の充実を図っている。

　① 家庭，学校，地域の連携

　非行や犯罪は，家庭，学校，地域のそれぞれが抱えている問題が絡み合って発生している。このために，家庭，学校，地域のより一層の緊密な連携の下に，一体的な非行防止と立ち直り支援を推進していく必要がある。

　② サポートチーム

　「サポートチーム」は，多様化，深刻化している少年の問題行動の個々の状況に着目し，的確な支援を行うために，学校，警察，児童相談所，保護観察所といった関係機関がチームを構成し，適切な役割分担の下に連携して対処するものである。関係機関は，日常的なネットワークの構築などを通じて，「サポートチーム」の結成やその活動において緊密な連携を図っている。

　③ 学校と警察の連携（警察庁，文部科学省）

　子どもの非行や校内暴力を防止するためには，学校と警察が密接に連携する

第5章　保護を要する子どもの福祉　197

必要がある。このため，警察署の管轄区域や市町村の区域を単位に，すべての都道府県で学校警察連絡協議会が設置されている。2013（平成25）年4月現在，全国の小学校，中学校，高校の約97％の参加をえて，約2,600の学校警察連絡協議会がある。

　また，都道府県警察と都道府県教育委員会などとの間で締結された協定や申し合わせに基づき，非行少年，不良行為少年その他の健全育成上問題を有する子どもに関し効果をあげつつある。

　④ スクールサポーター（警視庁）

　警察は，退職した警察官などをスクールサポーターとして警察署などに配置するとともに，学校等からの要請に応じて派遣している。スクールサポーターは「警察と学校の橋渡し役」として，学校における子どもの問題行動への対応や，巡回活動，相談活動，安全確保に関する助言を行っている。2013（平成25）年4月現在，43都道府県に約700人が配置されている。

　⑤ 更生保護サポートセンター（法務省）

　処遇活動，犯罪予防活動をはじめとする更生保護の諸活動を一層促進するための拠点である「更生保護サポートセンター」は，2016（平成28）年現在，全国に計459カ所設置されている。更生保護サポートセンターには，保護司が駐在して，教育委員会や学校，児童相談所，福祉事務所，社会福祉協議会，警察，ハローワークといったさまざまな関係機関，団体と協力し，保護観察をうけている人の立ち直り支援や，非行防止セミナー，住民に対する非行相談を行っている。

　この他，「非行少年を生まない社会づくり」（警察庁）や非行防止教室（警察庁，文部科学省，法務省），多様な活動の機会，居場所づくりの推進（警察庁，文部科学省），相談活動（内閣府，警察庁，法務省，文部科学省）などの支援事業が実施されている。

(6) 矯正施設としての少年院

少年院は，家庭裁判所から送致された者および少年法第56条第3項の規定により刑の執行をうける者を収容し，これに矯正教育を授ける施設である。

少年院は，少年の健全育成や人格的成長を目指す矯正施設であるとされている。入院しているのは，「年少少年（14，15歳）」，「中間少年（16，17歳）」，「年長少年（18，19歳）」である。矯正教育の領域は，多岐にわたり，在院者を社会生活に適応させるために，生活指導（健全なものの見方・考え方および行動の仕方の育成），職業補導（勤労意欲の喚起，職業生活に必要な知識・技能の習得），教科教育指導（学習意欲の喚起基礎学習の向上・強化），保健・体育指導・健康管理および体力の向上，特別活動（自主的活動．レクリエーション．行事などの実施）の5つの領域がある。これらの指導をもって，少年院では教育課程を編成し，収容少年の資質や施設の立地条件に合った個別的処遇計画を作成し矯正教育を実施している。

特に，少年院においては生活指導に力が注がれている。生活指導は，大きく3つの項目に分けて実施されている。ひとつは24時間の日常生活を通じて行われる，しつけ指導や集団生活をするうえで必要な生活習慣の体得や対人関係訓練である。これらは規則正しい生活リズムの獲得のための指導や挨拶，清掃，身辺整理などを通じて推進される。2つめは授業として行われる生活指導である。これらは規律の遵守や対人関係調整，集団への貢献，社会適応力の育成などを目的として，指導計画や指導案を作成して計画的，意図的に問題性別指導や社会適応訓練講座，性教育などが実施されている。3つめは個別的に働きかける指導である。

これらは，カウンセリング，ロールレタリング，箱庭療法やコラージュなどの治療的処遇，保護者との関係改善を図るための保護関係調整指導などを介して実施される。

矯正教育の一層の充実を図るために，心身の科学的調査を主な役割とする少年鑑別所との連携を強化することが求められている。ひとつは，在院者の再非

第5章　保護を要する子どもの福祉　199

行の危険性を科学的根拠に基づいて測定・分析し，再非行につながりかねない危険性をより明確に特定することである。在院者が抱える問題性や危険性を低減させていくための教育内容・方法を整備していくことである。また，出院者の社会復帰支援については，就労支援・就学支援の充実に一層力を注ぐとともに，少年の社会生活の復帰の成否の重要な役割を担う保護者に対する指導，助言などを納得いくまで行い，家族関係の調整のさらなる充実に努めている。さらに，再非行防止のためには，特に出院直後における支援の果たす役割が大であることを考慮して，出院者およびその保護者に対して少年院がそれまで培ってきた信頼関係などを活かして，保護観察の円滑かつ効果的な実施を援助していくための方策について，詳細に検討を進めていくことが期待される。

（7）社会福祉施設としての児童自立支援施設

　児童自立支援施設とは，非行や犯罪などの不良行為をしたり，不良行為に手を染めるおそれがある児童や，家庭環境などから生活指導を必要とする児童を入所または通所させたり，必要な指導を行って自立を支援したりする児童福祉施設である。なお，この児童自立支援施設の創設は，明治期の留岡幸助（1864-1934）の巣鴨家庭学校（1899年），北海道家庭学校（1914年）に始まっている。児童福祉法および児童福祉法施行令により，国と都道府県，政令指定都市はそれぞれ児童自立支援施設を設置することになっている。施設の詳細は「児童福祉施設の設備及び運営に関する基準」（厚生労働省令）によって定められている。

　児童自立支援施設には，通所部門と入所部門があり，施設利用者の抱える状況に合わせて利用されるようになっている。また，児童自立支援施設の長に対し，新たに入所中の児童を就学させる義務が課されるとともに，施設内における学校教育に準ずる学科指導の実施に関する規定が削除された。

　児童自立支援施設では，職員である実夫婦とその家族が小舎に住み込み，家庭的な生活のなかで入所児童に一貫性・継続性のある支援を行うという伝統的

な小舎夫婦制や小舎交代制を教育の柱として実施してきた。しかし，社会の就労状況や職員の就労意識の変化，あるいはプライベートを重要視したりする傾向へと向かったりするなかで小舎夫婦制や小舎交代制という支援形態がなかなか容易に実施できにくくなってきている。

　その一方で，非行少年や犯罪少年のなかには，保護者から虐待をうけた児童や知的あるいは精神的な障害を隠しもつ児童も少なからず存在している。そのため，心理療法士や社会福祉士，精神保健福祉士などの高い専門性を有する職員が配置される。そのなかで，施設側の規則の押しつけではなく，自立支援計画に基づいて，家庭的・福祉的なアプローチによって個々の子どもの育ちなおしや立ち直り，社会的自立に向けた支援が実施される。

5．ひとり親家庭の実際と対策

　2006（平成18）年7月にOECD（経済協力開発機構，以下OECD）が対日経済審査報告書において，わが国の相対的貧困率がOECD諸国のなかで経済大国アメリカに次いで第2位であると報告した。このことは新聞やTVなどの各マスコミにおいてセンセーショナルに取り上げられ，子どもの格差の問題に一層焦点が当てられ，「子どもの貧困」が注目されることとなった。

　相対的貧困率とは，国民一人ひとりの所得を順番に並べ，中央値の半分の値を下回る所得しか得ていない者の割合のことである。この場合の所得とは，収入から税金や社会保険料を差し引いた1人当たりの所得（等価可処分所得）を意味している。厚生労働省「国民生活基礎調査」では，OECDが発表しているものと同様の計算方法により，わが国の相対的貧困率および子どもの相対的貧困率を公表している。2016（平成28）年の調査で明らかになった2015（平成27）年の貧困率の状況をみると，相対的貧困率（等価可処分所得が年間122万円を下回る者の割合。ただし熊本県を除く。）は15.7％，子どもの相対的貧困率は13.9％であった。17歳以下の子どもの7人に1人（約280万人）が貧困状態に

あり，OECD の平均 13.2％（2013 年）を上回っている。また，わが国の子どもがいる現役世帯（世帯主が 18 歳以上 65 歳未満）の世帯員の相対的貧困率が 12.9％，そのうち大人が 2 人以上いる世帯の相対的貧困率が 10.7％であるのに対し，大人が 1 人の世帯の相対的貧困率が 50.8％であると発表した。この調査結果から，改めてひとり親世帯の置かれた状況の厳しさと対策の必要性が認識されるようになった。

（1）母子家庭および父子家庭に対する支援対策

ひとり親家庭などへの支援として，2002（平成 14）年より「就業・自立に向けた総合的な支援」が強化され，「子育て・生活支援」「就業支援」「養育費の確保」「経済的支援」の 4 本柱により施策が推進されている。2012（平成 24）年には「母子家庭の母及び父子家庭の父の就業の支援に関する特別措置法」が成立し，母子家庭の母と父子家庭の父の就業を支援するための施策の充実，民間事業者に対する協力の要請などが規定された。ひとり親が就業し，仕事と子育てを両立しながら経済的に自立するとともに，子どもが心身ともに健やかに成長できるよう，また子どもの貧困対策にも資するよう，ひとり親家庭への支援施策を強化するため，母子及び寡婦福祉法，児童扶養手当法が改正された。2014（平成 26）年に改正された母子及び寡婦福祉法では，父子が追加され，母子及び父子並びに寡婦福祉法となり，父子家庭への支援が拡大された。他にも，ひとり親家庭への支援体制の充実や，就業支援施策及び子育て・生活支援施策の強化と施策周知の強化がなされた。児童扶養手当法の 2014 年の改正では，児童扶養手当と公的年金などとの併給制限が見直され，2016 年の改正では第 2 子・第 3 子以降の加算額が増額された。

増加傾向にある，経済的に厳しい状況に置かれたひとり親家庭や多子世帯が自立できるようにするために，2015（平成 27）年 12 月に「すくすくサポート・プロジェクト」が策定された。就業による自立に向けた就業支援を基本としつつ，子育て・生活支援，学習支援などの総合的な支援の充実が図られてい

る。

1) 子育て・生活支援事業
① 母子・父子自立支援員による相談・支援

母子及び父子並びに寡婦福祉法に基づき，都道府県知事，市長および福祉事務所設置町村長が母子・父子自立支援員を委嘱する。勤務場所は，原則として福祉事務所である。2017年度末現在，1,764人（常勤520人，非常勤1,244人）が配置されており，相談件数は738,001件であった。母子・父子自立支援員は，ひとり親家庭および寡婦に対して，以下の指導をすることとなっている。

- 母子及び父子並びに寡婦福祉法および生活一般についての相談指導など
- 職業能力の向上および求職活動等就業についての相談指導など
- その他の自立に必要な相談支援
- 母子父子，寡婦福祉資金の貸付けに関する相談・指導

図表5-3　ひとり親家庭等の自立支援策の体系

自立促進計画（地方公共団体が国の基本方針を踏まえて策定）

子育て・生活支援	就業支援	養育費確保支援	経済的支援
○母子・父子自立支援員による相談支援 ○ヘルパー派遣，保育所等の優先入所 ○子どもの生活・学習支援事業等による子どもへの支援 ○母子生活支援施設の機能拡充　など	○母子・父子自立支援プログラムの策定やハローワーク等との連携による就業支援の推進 ○母子家庭等就業・自立支援センター事業の推進 ○能力開発等のための給付金の支給 　など	○養育費相談支援センター事業の推進 ○母子家庭等就業・自立支援センター等における養育費相談の推進 ○「養育費の手引き」やリーフレットの配布　など	○児童扶養手当の支給 ○母子父子寡婦福祉資金の貸付 就職のための技能習得や児童の修学など12種類の福祉資金を貸付　など

出典）厚生労働省子ども家庭局家庭福祉課「ひとり親家庭等の支援について（平成31年4月）」
https://www.mhlw.go.jp/content/000522200.pdf（2019年6月20日閲覧）

② ひとり親家庭等日常生活支援事業

　母子家庭や父子家庭および寡婦が，安心して子育てをしながら生活すること
ができる環境を整備するため，修学や疾病などにより一時的に生活援助や保育
などのサービスが必要な際に，家庭生活支援員を派遣したり，家庭生活支援員
の居宅などにおいて児童の世話などを行ったりする事業である。支援の対象
は，生活援助や保育のサービスが一時的に必要な場合と定期的に必要な場合に
なる。一時的に必要な場合として，技能習得のための通学，就職活動，病気，
出産，看護，事故，冠婚葬祭，出張などがあげられる。定期的に必要な場合と
して，就業上の理由により帰宅時間が遅くなる場合などがある。支援の内容
は，生活援助として，家事，食事の世話，身の回りの世話，生活必需品などの
買い物など，保育などのサービスとしては，乳幼児の保育，子どもの生活指導
などである。なお，この事業の実施主体は都道府県，指定都市，中核市，市区
町村となっている。2017（平成 29）年度の派遣実件数は 3,023 件，派遣延べ件
数は 38,304 件であった。

③ ひとり親家庭等生活向上事業

　ひとり親家庭等は，就業や家事など，日々の生活に追われることで，家計管
理，子どものしつけ・育児，自身や子どもの健康管理などさまざまな困難に直
面することが多い。また，ひとり親家庭の親のなかには高等学校を卒業してい
ないために，希望する就業ができず安定した職業に就くのが厳しいという現実
がある。このためひとり親家庭等生活向上事業では，生活に関する悩みの相談
に応じたり，家計管理・育児などに関する専門家による講習会を実施したり，
高等学校卒業程度認定試験に合格できるように学習支援などを実施したりする
ことで，ひとり親家庭等の生活の向上を図ることを目的としている。実施主体
は，都道府県，指定都市，中核市，市町村である。この事業には，ひとり親家
庭等生活支援事業（相談支援事業，家計管理・生活支援講習会等事業，学習支援事
業，情報交換事業）と子どもの生活・学習支援事業とがある。

ａ．ひとり親家庭等生活支援事業

・相談支援事業

　育児や家事，健康管理などの生活一般の相談に応じ，必要な助言・指導や支援策の情報提供などをする。2017（平成 29）年度の相談延件数は 72,750 件だった。

・家計管理・生活支援講習会等事業

　家計管理，子どものしつけ・育児や養育費の取得手続などに関する講習会の開催や個別相談を行う。2017（平成 29）年度の受講延件数は 12,918 件だった。

・学習支援事業

　高等学校卒業程度認定試験の合格などのために，ひとり親家庭の親に対して学習支援をする。2017（平成 29）年度の利用延件数は 8,338 件だった。

・情報交換事業

　ひとり親家庭が互いの悩みを打ち明けたり相談したりする場を設け，ひとり親家庭が交流・情報交換ができるようにする。2017（平成 29）年度の開催回数は 567 回だった。

ｂ．子どもの生活・学習支援事業

　ひとり親家庭の子どもに対し，放課後児童クラブなどの終了後に，児童館・公民館や民家などにおいて，基本的な生活習慣の習得支援や生活指導，学習支援，食事の提供などを行う。2017（平成 29）年度の利用延人数は，205,813 人だった。

④ 母子生活支援施設

　母子生活支援施設は「配偶者のない女子又はこれに準ずる事情にある女子及びその者の監護すべき児童を入所させて，これらの者を保護するとともに，こ

れらの者の自立の促進のためにその生活を支援し，あわせて退所した者について相談その他の援助を行うことを目的とする施設」（児童福祉法第38条）である。児童（18歳未満）及びその保護者（配偶者のない女子又はこれに準ずる事情にある女子）が対象となっているが，児童が満20歳に達するまで在所することが可能である。施設への入所は，都道府県，市及び福祉事務所を設置する町村が児童福祉法に基づいて行う入所契約による。2018（平成30）年3月末時点で，227か所に設置され，定員は4,648世帯，利用は3,789世帯（充足率82％）となっている。

⑤ 子育て短期支援事業

ひとり親家庭等の保護者が疾病その他の理由により家庭で児童を養育することが一時的に困難となった場合，または経済的な理由により緊急一時的に母子を保護することが必要な場合などに，一定期間，養育および保護を行う制度である。この事業には，短期入所生活援助（ショートステイ）事業と夜間養護等（トワイライトステイ）事業がある。詳しくは，第4章第2節「地域子ども・子育て支援事業」(2) 6）子育て短期支援事業（132ページ）を参照のこと。

2) 就業支援事業

ひとり親家庭の就業支援関係の主な事業は図表5-4の通りである。ひとり親家庭を支援するなかで就業支援は重要な課題のひとつである。

① ハローワークによる支援（マザーズハローワーク事業）

ハローワークによる支援はいくつかあるが，ここではマザーズハローワーク事業について説明する。マザーズハローワーク事業とは，子育て女性など（子育て中の女性・男性・子育てする予定のある女性）に対する再就職を実施する専門のハローワークである。2006（平成18）年度より設置が始まり，2017（平成19）年度現在21ヶ所で行われている。マザーズハローワークが設置されていない地域でも，県庁所在地等地域の中核的な都市には，ハローワークにマザー

図表5-4　ひとり親家庭の就業支援関係の主な事業

事　業　名	支　援　内　容
1　ハローワークによる支援 ・マザーズハローワーク事業 ・生活保護受給者等就労自立促進事業 ・職業訓練の実施 ・求職者支援制度　など	子育て女性等に対する就業支援サービスの提供を行う。
2　母子家庭等就業・自立支援センター事業 　（H15年度創設） ・平成29年度自治体実施率：97.4%（112/115） ・相談件数：7万5,537件 ・就職実人数：5,497人	母子家庭の母等に対し，就業相談から就業支援講習会，就業情報の提供等までの一貫した就業支援サービスや養育費相談など生活支援サービスを提供する。
3　母子・父子自立支援プログラム策定事業 　（H17年度創設） ・平成29年度自治体実施率：64.4%（582/904） ・プログラム策定数：6,702件	個々の児童扶養手当受給者の状況・ニーズに応じ自立支援計画を策定し，ハローワーク等と連携のうえ，きめ細かな自立・就労支援を実施する。
4　自立支援教育訓練給付金（H15年度創設） ・平成29年度自治体実施率：94.5%（854/904） ・支給件数：1,965件 ・就職件数：1,619件	地方公共団体が指定する教育訓練講座（雇用保険制度の教育訓練給付の指定教育訓練講座など）を受講した母子家庭の母等に対して，講座終了後に，対象講座の受講料の6割相当額（上限20万円）を支給する。
5　高等職業訓練促進給付金（H15年度創設） ・平成29年度自治体実施率：96.5%（872/904） ・総支給件数：7,312件（全ての修学年次を合計） ・資格取得者数：2,585人 　（看護師 989人，准看護師 1,154人，保育士 132人，介護福祉士 43人等） ・就職者数：1,993人 　（看護師 873人，准看護師 765人，保育士 111人，介護福祉士 31人等）	看護師等の経済的自立に効果的な資格を取得するために1年以上養成機関等で修学する場合に，生活費の負担軽減のため高等職業訓練促進給付金（月額10万円（住民税課税世帯は月額7万500円），上限3年）を支給する。
6　ひとり親家庭高等職業訓練促進資金貸付事業（H27年度創設（補正）） ・平成29年度貸付件数 　入学準備金：1,977件　就職準備金：821件	高等職業訓練促進給付金を活用して就職に有利な資格の取得を目指すひとり親家庭の自立の促進を図るため，高等職業訓練促進資金（入学準備金50万円，就職準備金20万円）を貸し付ける。
7　高等学校卒業程度認定試験合格支援事業（H27年度創設） ・平成29年度自治体実施率：29.4%（266/904） ・事前相談：201件　支給件数：50件	ひとり親家庭の親又は児童が高卒認定試験合格のための講座を受け，これを修了した時及び合格した時に受講費用の一部（最大6割，上限15万円）を支給する。

（※）115自治体（都道府県，政令市，中核市の合計），904自治体（都道府県，市，福祉事務所設置町村の合計）

出典）厚生労働省子ども家庭局家庭福祉課「ひとり親家庭等の支援について（平成31年4月）」
　　　https://www.mhlw.go.jp/content/000522200.pdf（2019年6月20日閲覧）

ズコーナーが設置されている。2007（平成 19）年度より設置が始まり，2017（平成 29）年度現在 178 ヶ所に設置されている（ただし，2018 年度新設箇所も含む）。

支援サービスは，① 総合的かつ一貫した就職支援，② 地方公共団体などとの連携による保育サービス関連情報の提供，③ 子ども連れで来所しやすい環境の整備となっている。

② 母子家庭等就業・自立支援センター事業

母子家庭の母及び父子家庭の父などの自立を支援するために，就業相談から就業支援講習会，就業情報の提供などまでの一貫した就業支援サービスを着実にかつ効果的に実施したり，養育費の取り決めなどに関する専門相談などの生活支援サービスを提供したりする。この事業には，母子家庭等就業・自立支援センター事業（以下，センター事業という）と一般市等就業・自立支援事業（以下，一般市等事業という）がある。

センター事業の実施主体は，都道府県・指定都市・中核市であり，次の８つの事業があげられる。個々の母子家庭の母などの家庭状況，職業適性，就業経験などに応じ，適切な助言を行う「就業支援事業」，就業に必要な知識や技能，資格を習得するための「就業支援講習会等事業」，ハローワーク（公共職業安定）等職業紹介機関と連携した求人情報を提供する「就業情報提供事業」，在宅での就業を希望する者や在宅就業で必要とされるスキルアップを希望する者などを対象としたセミナーの開催や，在宅で就業する者同士が情報を共有できるようにするサロン事業などを行う「在宅就業推進事業」，母子家庭の母などが養育費を確保できるように，弁護士による養育費取得のための取り決めや支払いの履行・強制執行に関する法律相談，相談員による養育費取得に関する相談や情報提供，講習会などを行う「養育費等支援事業」，子どもと別居している親との面会交流が円滑な実施できるように，別居している親または同居している親からの申請に応じて，面会交流についての事前相談や面会交流援助など

の支援を行う「面会交流支援事業」，都道府県などにおいて，母子・父子自立支援員や就業支援専門員などの相談関係職員を対象として，自ら研修会などを開催するほか，他の各種研修会などへの参加を支援することにより研修機会を確保し，人材の確保や資質の向上を目指す「相談関係職員研修支援事業」，地域の特性を踏まえた広報啓発活動や支援ニーズ調査による支援メニューを整備する「広報啓発・広聴，ニーズ把握活動等事業」がある。

　一般市等事業の実施主体は，一般市・福祉事務所を設置している町村である。一般市等事業は，センター事業の8つの支援メニューのなかから，地域の実情に応じて適切な支援メニューを選択して実施することになっている。

③ 母子・父子自立支援プログラム策定事業

　福祉事務所などに配置された自立支援プログラム策定員が，児童扶養手当の受給者に対して，個別に面接を行い，本人の生活状況，就業に対する意欲，資格取得への取り組みなどについて状況把握をして，個々のケースに応じた自立支援プログラムを策定する。策定後はプログラムの支援をフォローするとともに，自立後のアフターケアを行い，自立した状況が継続できるように支援する。

　また，母子・父子自立支援プログラムの一環として就労支援を行うため，ハローワークに就職支援ナビゲーターなどを配置し，ハローワークと福祉事務所などとが連携して児童扶養手当受給者などの状況やニーズなどに応じたきめ細かな就労支援を行う生活保護受給者等就労自立促進事業を実施している。

　母子・父子自立支援プログラム策定事業は，都道府県・指定都市・中核市・一般市などで実施しており，事業の全部または一部を委託することができる。

④ 自立支援教育訓練給付金

　母子家庭の母及び父子家庭の父が受講した教育訓練講座を修了した場合に，その経費の一部を支給することにより，主体的な能力開発の取り組みを支援

し，母子家庭及び父子家庭の自立を促進することを目的とする。各都道府県・市区・福祉事務所設置町村において実施している。対象者は，母子家庭の母または父子家庭の父であって，児童扶養手当の支給をうけているか，または同様の所得水準にあること，就業経験，技能，資格の取得状況や労働市場などから判断して，当該教育訓練が適職に就くため必要と認められること，この2つの要件を満たす者である。支給額は講座受講料の6割相当額，上限は20万円である。ただし，専門実践教育訓練給付の指定講座については，修学年数×20万円，最大で80万円となっている。

⑤ 高等職業訓練促進給付金

　母子家庭の母または父子家庭の父が看護師や介護福祉士などの資格取得のため，養成機関で1年以上修業する場合に，修業期間中の生活の負担を軽減することによって，資格を取得しやすくすることを目的とする。都道府県，市区，福祉事務所設置町村で実施している。支給の対象となる母子家庭の母または父子家庭の父とは，養成機関において修業を開始した日以降において，児童扶養手当の支給をうけているかまたは同等の所得水準にあること，養成機関において1年以上のカリキュラムを修業し，対象資格の取得が見込まれる者であることの2つの要件を満たしている者である。対象となる資格には，看護師，准看護師，保育士，介護福祉士，理学療法士，作業療法士，歯科衛生士などがある。修業する期間（上限は2019年度より4年に拡充された）に支給され，支給額は月額10万円（住民税課税世帯は月額70,500円）。なお2019年度より修学の最終年限1年間に限り，支給額が4万円加算された。

⑥ ひとり親家庭高等職業訓練促進資金貸付事業

　高等職業訓練促進給付金を活用して養成機関に在学し，就職に有利な資格の取得を目指すひとり親家庭の親に対し，入学準備金・就職準備金を貸し付けて修学を容易にすることにより，資格取得を促進し自立ができるようにすること

を目的とする。養成機関への入学時に，入学準備金として上限50万円を貸し付け，養成機関を修了して資格を取得した場合には，就職準備金として上限20万円を貸し付ける。貸付は無利子であるが，保証人がいない場合は有利子となっている。貸付をうけた者が，養成機関の修了から1年以内に資格を活かして就職し，貸付をうけた都道府県または指定都市の区域内などで，5年間引き続きその職に従事した場合は，貸付金の返還は免除される。

⑦ ひとり親家庭高等学校卒業程度認定試験合格支援事業

ひとり親家庭の学び直しを支援することで，より良い条件での就職や転職に向けた可能性を広げ，正規雇用を中心とした就業につなげていくため，高等学校卒業程度認定試験合格のための講座をうけて，修了し合格したときに，受講費用の一部を支給する。都道府県・市区・福祉事務所設置町村において実施している。対象となるのは，ひとり親家庭の親または児童であって，ひとり親家庭の親が児童扶養手当の支給をうけているまたは同等の所得水準にあること，就業経験，技能，資格の取得状況や労働市場などから判断して，高等学校卒業程度認定試験に合格することが適職に就くため必要と認められること，この2点を満たす者である。ただし，高校卒業者など大学入学資格を取得している場合は対象とはならない。

3) 養育費確保支援事業

夫婦が離婚する際に，今後生じる必要な養育費の取り決めを行わなかったり，取り決めが行われていても継続的に支払いが遂行されなかったりするケースが多い。離婚時の養育費の取り決め・確保の問題に対処するため民事執行法が2003（平成15）年に改正され，2004（平成16）年4月1日より，養育費などの扶養義務などに基づく定期的な債権について，相手方が期限の到来した分の養育費を支払わない場合に，相手方の給料を差し押さえるときには，将来の分についても強制執行の手続きを行うことが可能となった。

第5章　保護を要する子どもの福祉　211

　2004（平成16）年の民事執行法改正では，養育費の強制執行について，直接強制（債権者の財産を換価して，そこから弁済をうける方法）のほかに，間接執行（不履行の場合には養育費債務とは別に上乗せの金銭）を支払うよう債務者に命じて，自ら履行することを心理的に強制する方法）も可能となった。

　また，母子家庭または父子家庭の児童の養育費を確保する観点から，母子父子寡婦福祉資金のひとつである生活資金の貸付運用を見直し，2003（平成15）年4月1日より，養育費に係る裁判に要する費用について，特例として12ヶ月分の123万6千円を限度として，生活資金を借り受けることができるようになった。加えて，養育費の取り決めをサポートしたり，養育費相談にあたる人材養成のための研修などを行ったりする相談機関として，2007（平成19）年度には養育費相談支援センターが設置された。

　2012（平成24）年4月1日に施行された民法などの一部改正では，協議離婚で定めるべき「子の監護について必要な事項」の具体例として，親子の面会交流，子の監護に要する費用の分担などについて条文上に明示された。

4）経済的支援

① 児童扶養手当制度

　児童扶養手当は，児童扶養手当法に基づく制度で，離婚によるひとり親世帯など，父または母と生計を同じくしていない児童が育成される家庭の生活の安定と自立の促進に寄与するため，当該児童について手当を支給し，児童の福祉の増進を図ることを目的としている。2010（平成22）年8月より父子家庭も対象となった。

　児童扶養手当は，18歳到達後の最初の3月31日までにある児童を監護する母，監護し生計を同じくする父や祖父母などの養育者が，図表5-5の支給要件に当てはまる場合に支給される。また，児童が一定の障害の状態にある場合は，20歳に到達するまで児童扶養手当の対象となる。この場合は児童扶養手当と特別児童扶養手当を受給できる。なお，児童扶養手当は児童手当との併給

も可能である。なお，① 日本国内に住所がない，② 児童福祉施設などに入所している，里親に委託されている，③ 父・母と生計を同じくしている（ただし父または母が障害による受給を除く），④ 父または母の配偶者（事実上の配偶者を含む）に養育されているときは，児童扶養手当の支給対象外となる。

　児童扶養手当には物価スライド制が導入され，物価の変動などに応じて支給額が改定される。2019（平成31）年4月からは，児童1人の場合，全部支給（所得制限限度額未満）で月額 42,910 円，一部支給の場合は所得に応じて，月額 42,900 円から 10,120 円まで（10円単位で変動）が支給される。児童2人目の加算額は，全部支給で 10,140 円，一部支給の場合は所得に応じて，10,130 円から 5,070 円まで（10円単位で変動），児童3人目以降の加算額（1人につき）は，全部支給で 6,080 円，一部支給の場合は所得に応じて，6,070 円から 3,040 円まで（10円単位で変動）となっている。2018（平成30）年8月分から，支給制限に関する所得の算定方法が変更され，全部支給の対象者の所得制限限度額が引き上げられた。たとえば，子ども1人の場合は，収入ベースで 130 万円だったのが 160 万円となった。

　2014（平成26）年12月からは，公的年金受給者であっても，年金額が児童扶養手当額より低い場合は，その差額分の児童扶養手当を受給できるようにな

図表5-5　児童扶養手当の支給要件

- 父母が婚姻を解消（事実婚の解消含む）した後，父または母と生計を同じくしていない児童
- 父または母が死亡した児童
- 父または母が政令で定める障害の状態にある児童
- 父または母の生死が不明である児童
- 父または母が裁判所からのDV保護命令を受けた児童
- 父または母が1年以上遺棄している児童
- 父または母が1年以上拘禁されている児童
- 婚姻によらないで生まれた児童
- 棄児等，父・母ともに不明な場合

出典）厚生労働省「平成24年8月から，配偶者からの暴力（DV）被害者に対する児童扶養手当の支給要件が一部改正されました。」より作成　https://www.mhlw.go.jp/bunya/kodomo/osirase/dl/120802-1a.pdf（2019年6月20日閲覧）

った。2016年8月からは，第2子・第3子以降の加算額が増額された。2019年11月分の児童扶養手当から，支払回数が「4か月分ずつ年3回（4・8・12月）」から「2か月分ずつ年6回（奇数月）」に見直される。

② 母子父子寡婦福祉資金貸付金制度

　母子及び父子並びに寡婦福祉法の規定に基づき実施されており，配偶者のない女子または配偶者のない男子であって現に児童を扶養している者などに対して，経済的自立の助成と生活意欲の助長を図り，扶養している児童の福祉を増進することを目的としている（図表5-6参照）。

(2) ひとり親家庭の課題

1) 母子家庭の課題

　母子家庭の約80%が離婚によって母子家庭になっている。2016（平成28）年度婚姻関係事件数申立ての動機別申立人別における妻からの離婚申立ての動機をみると，「暴力をふるう」「精神的に虐待をする」「生活費を渡さない」などが1万件を超えており，家庭内の不和やドメスティック・バイオレンス（DV）が離婚する原因のひとつになっていることがわかる。また，母子家庭のセーフティネットである母子生活支援施設への入所理由のうち，半数近くが配偶者からの暴力である。さらに児童虐待では面前DVを含む心理的虐待が増加の一途をたどっており，母子ともに心身のケアをしながら，個別のニーズに対応できるように支援体制を整備する必要がある。離婚後，養育費をうけたことがない母子家庭が半数以上にのぼるため，養育費の取り決めを促すなどの養育費確保に関する支援も必要である。

　母子家庭の母親は，就学前の子どもや小学生を抱えていることが多い。そのために，仕事と子育てが両立できるように，安心して子どもを預けられる場所が必要である。加えて，親や子どもが急な疾病などに陥った場合に子どもを預けられる支援・施策も必要不可欠である。

図表5-6　母子父子寡婦福祉資金貸付金制度の概要（2019年4月1日現在）

資金種類	貸付対象等		貸付限度額	貸付期間	据置期間	償還期限	利率
事業開始資金	・母子家庭の母 ・父子家庭の父 ・母子・父子福祉団体 ・寡婦	事業（例えば洋裁，軽飲食，文具販売，菓子小売業等，母子・父子福祉団体については政令で定める事業）を開始するのに必要な設備，什器，機械等の購入資金	2,870,000円 団体 4,320,000円	1年	7年以内		（保証人有）無利子 （保証人無）年1.0%
事業継続資金	・母子家庭の母 ・父子家庭の父 ・母子・父子福祉団体 ・寡婦	現在営んでいる事業（母子・父子福祉団体については政令で定める事業）を継続するために必要な商品，材料等を購入する運転資金	1,440,000円 団体 1,440,000円	6ケ月	7年以内		（保証人有）無利子 （保証人無）年1.0%
修学資金	・母子家庭の母が扶養する児童 ・父子家庭の父が扶養する児童 ・父母のない児童 ・寡婦が扶養する子	高等学校，大学，高等専門学校又は専修学校に就学させるための授業料，書籍代，交通費等に必要な資金	※私立の自宅外通学の場合の限度額を例示（大学院は国公立・私立，自宅・自宅外の区別なし） 高校，専修学校（高等課程） 　　月額　52,500円 高等専門学校 　　月額［1～3年］52,500円 　　　　　［4～5年］90,000円 短期大学，専修学校（専門課程） 　　月額　90,000円 大学 　　月額　96,000円 大学院（修士課程）月額132,000円 大学院（博士課程）月額183,000円 専修学校（一般課程）月額 48,000円 （注）高等学校，高等専門学校及び専修学校に就学する児童が18歳に達した日以後の最初の3月31日が終了したことにより児童扶養手当等の給付を受けることができなくなった場合，上記の額に児童扶養手当の額を加算した額。	就学期間中	当該学校卒業後6ケ月	20年以内 専修学校（一般課程）5年以内	無利子 ※親に貸付ける場合，児童を連帯借受人とする。（連帯保証人は不要） ※児童に貸付ける場合，親等を連帯保証人とする。
技能習得資金	・母子家庭の母 ・父子家庭の父 ・寡婦	自ら事業を開始し又は会社等に就職するために必要な知識技能を習得するために必要な資金（例：訪問介護員（ホームヘルパー），ワープロ，パソコン，栄養士等）	【一般】月額　68,000円 【特別】一括 816,000円 　　　　　（12月相当） 運転免許　460,000円	知識技能を習得する期間中5年をこえない範囲内	知識技能習得後1年	20年以内	（保証人有）無利子 （保証人無）年1.0%
修業資金	・母子家庭の母が扶養する児童 ・父子家庭の父が扶養する児童 ・父母のない児童 ・寡婦が扶養する子	事業を開始し又は就職するために必要な知識技能を習得するために必要な資金	月額　68,000円 特別 460,000円 （注）修業施設で知識，技能習得中の児童が18歳に達した日以後の最初の3月31日が終了したことにより児童扶養手当等の給付を受けることができなくなった場合，上記の額に児童扶養手当の額を加算した額	知識技能を習得する期間中5年をこえない範囲内	知識技能習得後1年	20年以内	※修学資金と同様
就職支度資金	・母子家庭の母又は児童 ・父子家庭の父又は児童 ・父母のない児童 ・寡婦	就職するために直接必要な被服，履物等及び通勤用自動車等を購入する資金	一般 100,000円 特別 330,000円	1年	6年以内		※親に係る貸付けの場合（保証人有）無利子（保証人無）年1.0% ※児童に係る貸付けの場合修学資金と同じ

第5章　保護を要する子どもの福祉　215

資金名	対象	用途	限度額	貸付期間	据置期間	償還期間	利率
医療介護資金	• 母子家庭の母又は児童（介護の場合は児童を除く） • 父子家庭の父又は児童（介護の場合は児童を除く） • 寡婦	医療又は介護（当該医療又は介護を受ける期間が1年以内の場合に限る）を受けるために必要な資金	【医療】340,000円 特別　480,000円 【介護】500,000円		6ヶ月	5年以内	（保証人有）無利子（保証人無）年1.0%
生活資金	• 母子家庭の母 • 父子家庭の父 • 寡婦	知識技能を習得している間，医療若しくは介護を受けている間，母子家庭又は父子家庭になって間もない（7年未満）者の生活を安定・継続する間（生活安定期）又は失業中の生活を安定・継続するのに必要な生活補給資金	【一般】　月額105,000円 【技能】　月額141,000円 （注）生活安定期間の貸付は，配偶者のない女子又は男子となった事由の生じたときから7年を経過するまでの期間中，月額105,000円，合計252万円を限度とする。 また，生活安定期間中の養育費の取得のための裁判費用については，1,260,000円（一般分の12月相当）を限度として貸付けることができる。 （注）3月相当額の一括貸付を行うことができる。	• 知識技能を習得する期間中5年以内 • 医療又は介護を受けている期間中1年以内 • 離職した日の翌日から1年以内	知識技能習得後，医療若しくは介護終了後又は生活安定期間の貸付若しくは失業中の貸付期間満了後6ヶ月	（技能習得）20年以内（医療又は介護）5年以内（生活安定貸付）8年以内（失業）5年以内	（保証人有）無利子（保証人無）年1.0%
住宅資金	• 母子家庭の母 • 父子家庭の父 • 寡婦	住宅を建設し，購入し，補修し，保全し，改築し，又は増築するのに必要な資金	1,500,000円 特別　2,000,000円		6ヶ月	6年以内 特別7年以内	（保証人有）無利子（保証人無）年1.0%
転宅資金	• 母子家庭の母 • 父子家庭の父 • 寡婦	住宅を移転するため住宅の賃借に際し必要な資金	260,000円		6ヶ月	3年以内	（保証人有）無利子（保証人無）年1.0%
就学支度資金	• 母子家庭の母が扶養する児童 • 父子家庭の父が扶養する児童 • 父母のない児童 • 寡婦が扶養する子	就学，修業するために必要な被服等の購入に必要な資金	小学校　　　　　　　　　63,100円 中学校　　　　　　　　　79,500円 国公立高校等　　　　　160,000円 修業施設　　　　　　　282,000円 私立高校等　　　　　　420,000円 国公立大学・短大・大学院等　380,000円 私立大学・短大・大学院等　590,000円		6ヶ月	就学20年以内 修業5年以内	※修学資金と同様
結婚資金	• 母子家庭の母 • 父子家庭の父 • 寡婦	母子家庭の母又は父子家庭の父が扶養する児童及び寡婦が扶養する20歳以上の子の婚姻に際し必要な資金	300,000円		6ヶ月	5年以内	（保証人有）無利子（保証人無）年1.0%
臨時児童扶養等資金	• 母子家庭の母 • 父子家庭の父 • 父母のいない児童	児童扶養手当の支払回数の見直し及び支給制限の適用期間の変更に伴う影響を緩和するための資金	令和元年11月分の児童扶養手当の額に相当する額に3を乗じて得た額から同年10月分の児童扶養手当の額に相当する額に3を乗じて得た額を控除した額	令和元年11月1日から令和2年1月31日まで	6ヶ月	3年以内	無利子 ※父母のない児童が貸付けを受けようとする場合は，保証人要

出典）厚生労働省子ども家庭局家庭福祉課「ひとり親家庭等の支援について（平成31年4月）」
　　　https://www.mhlw.go.jp/content/000522200.pdf （2019年6月20日閲覧）

平成28年度全国ひとり親世帯等調査によると，母子世帯の81.8％が就業しており，雇用形態では，「正規の職員・従業員」が44.2％，「パート・アルバイト等」が43.8％となっており，非正規の割合も高い。母子世帯の母自身の平均年収は243万円（うち就労収入は200万円）であり，就労収入が年間200万円未満の母子世帯は58.1％と半数を超え，経済的な困難を抱えている母子世帯が多い。さらに，「正規の職員・従業員」の平均年間就労収入は305万円，「パート・アルバイト等」では133万円となっており，「パート・アルバイト等」の収入は低水準である。また，年齢の問題や就業経験の短さ，結婚・出産などによる就業中断などの要因がマイナスに作用してしまい，就労するにあたり苦労することも多い。就労率は80％を超えて高いが就労収入が低いため，性別や正規／非正規による賃金格差を縮小し，安定した収入が得られるように，職業訓練の場や機会の提供，資格取得の促しや教育を学び直せる支援を積極的に行うなどが求められる。

平成28年度全国ひとり親世帯等調査から，母子家庭を支援する公的制度などにおいて，公共職業安定所（ハローワーク）の利用率や認知度は高いが，それ以外の公的制度が知られていない，利用しても満足度が低いという課題がある。母子家庭のニーズをきちんと把握したうえで必要な制度などを整備し，利用しやすいものにしていかなければならない。

2) 父子家庭の課題

父子家庭になることによって，父親は家事や育児を一手に引き受けなければならない。平成28年度全国ひとり親世帯等調査によると，父子家庭の父親が困っていることとして，「家計」「家事」「仕事」の順に多く，「家事」で困っている父親が多いことがわかる。父子家庭の半数以上に同居者がいることから，家事・育児などに対するサポートをうけやすいが，一方で地域や隣近所との交流は祖父母などの同居している家族任せになりやすい。また，同居者のいない父子家庭は，父親が仕事にかける時間が多いことから，地域や隣近所とのかか

第5章　保護を要する子どもの福祉　217

わりは後回しにされやすい。平成28年度全国ひとり親世帯等調査では，困ったときに相談できる相手がいない父子家庭の父親が半数近くおり，そのうち半数が相談相手を欲しいと回答している。同居者や地域・近隣に相談できずに孤立してしまい，困りごとを解決できずにそのまま抱え込んでしまうのではないかという懸念がある。

　児童に与える影響も大きい。就労している父親の帰宅時間が不安定になりやすいことから，食事や入浴，就寝などの時間が不安定になりやすくなる。児童と父親との関係は，父親が仕事に力を入れなくてはならないことから，児童が夜遅くまで1人で過ごさなければならない傾向がある。この状態が日常化すると，父子の関係が周囲にネグレクトの状況にあると誤解されたり，実際にネグレクトの状態に陥ってしまったりする危険性がある。

　育児をしながら，早出や残業，出張，転勤などに対応するのは困難が生じやすい。それを理由に，昇進や収入面などにマイナスの影響をもたらしやすく，転職を余儀なくされることもある。父子家庭の父親は，離婚が成立した際に住宅ローンや車のローンなどの負債を背負うケースが多い。したがって，夫婦で借り受けたお金を父親1人で支払わなければならない事態に陥りやすく，収入が安定していなければ，経済的に厳しい状況により追い込まれることになる。

　平成28年度全国ひとり親世帯等調査では，父子家庭の85.4％が就労しており，そのうち「正規の職員・従業員」は68.2％，「パート・アルバイト等」は6.4％であった。父子家庭の父自身の平均年収は420万円（うち就労収入は398万円）で，「正規の職員・従業員」の平均年間就労収入は428万円，「パート・アルバイト等」では190万円となっている。母子家庭同様に，「パート・アルバイト等」の収入は低水準であるため，就業が不安定な者に対する就業への支援が必要である。

　父子家庭を支援する公的制度などにおいて，公共職業安定所（ハローワーク）の利用率や認知度は高いが，それ以外の公的制度が知られていない，利用しても満足度が低いという課題があることが，平成28年度全国ひとり親世帯等調

査からわかる。父子家庭を支える公的制度などは，近年整備されつつあるが，父子福祉資金をはじめとして知られていない制度も多い。父子家庭が支援から排除されることのないよう，公的制度などの整備と情報を周知し，利用できるようにする必要がある。

父子家庭の父親が家事・育児と仕事とをいかに両立できるようにするのか，公的制度や人的資源などの第三者の支援をうけることができるかどうかが鍵となる。

6. 社会的養護

社会的養護とは，保護者のない児童や保護者に監護させることが適当でない児童（「要保護児童」）や，保護者の養育を支援することが特に必要と認められる児童（「要支援児童」）を，公的責任のもと社会的に養育・保護するとともに，養育に困難を抱える家庭に対して支援を行うことである。児童福祉法第2条にあるように「児童の最善の利益」を尊重しながら，「社会全体で子どもを育む」ことを理念とする。

社会的養護は，「要保護児童」「要支援児童」について，家庭に替わる代替養育機能を果たし，健全な育成（補完機能）を図り，児童の自立を支援する役割・機能をもつ。施設養護，家庭的養護，家庭養護に分けられる。施設養護とは，乳児院や児童養護施設などの入所型の児童福祉施設で，要保護児童を保護・養育することである。施設を「小規模化」「地域分散化」し，できる限り家庭的な養育環境で要保護児童の養育ができるようにするために，小規模グループケアやグループホームのような小規模型の児童福祉施設が，既存施設の敷地内だけでなく，敷地外の地域にも増えている。これが家庭的養護である。さらに要保護児童を養育者の家庭に迎え入れて養育を行う里親・ファミリーホーム（小規模住居型児童養育事業）は，家庭養護とよばれる。家庭的養護では養育者が交代制である点で，養育が里親家庭という家庭で行われる家庭養護とは異

第5章　保護を要する子どもの福祉　219

なる。2011（平成23）年に厚生労働省がまとめた「社会的養護の課題と将来像」では，今後の方針として，里親・ファミリーホーム，グループホーム，本体施設をそれぞれ全体の3分の1ずつにしていくという具体的な数値が示された。

　社会的養護には，家庭の養育を補完・支援する機能もある。具体的には，児童館や児童遊園などの児童厚生施設，保育所，放課後児童健全育成事業（放課後児童クラブ），子育て短期支援事業，通所型児童福祉施設などがある。

　養育が家庭で行われる「家庭養護」と，施設で行われる家庭的な養護を表す「家庭的養護」は，もともとは区別されていなかったが，2009（平成21）年に国連で採択された「児童の代替的養護に関する指針」での用語の区別などを踏まえ，「施設養護」に対する言葉として，里親・ファミリーホームなどには「家庭養護」の言葉が用いられるようになった。これが契機となり，社会的養護を「家庭養護」「家庭的養護」に転換することとなり，その方向性をより確実なものにするために，2016（平成28）年に児童福祉法が改正され，児童が権利の主体であること，実親による養育が困難であれば，里親や特別養子縁組などで養育されるよう，「家庭と同様の養育環境（家庭養育）」優先の理念などが規定された。この理念を具体化するものとして，2011（平成23）年に出された「社会的養護の課題と将来像」を全面的に見直し，2017（平成29）年8月に「新しい社会的養育ビジョン」がとりまとめられ公表された。

　「新しい社会的養育ビジョン」の特徴のひとつとして，「家庭と同様の養育環境」の原則に関して，乳幼児から段階を追って徹底的に進め，家庭での養育が困難な児童への施設養育の小規模化・地域分散化・高機能化があげられている。なお，児童の権利保障のために，最大限のスピードをもって実現できるよう2017（平成29）年度から着手し，目標年限での実現を目指し計画的に進めることとされた。具体的には，愛着形成にもっとも重要な時期である3歳未満については概ね5年以内に，それ以外の就学前の児童については概ね7年以内に，里親委託率75％以上を実現し，学童期以降は概ね10年以内を目途に，里

図表5-7　社会的養育の体系

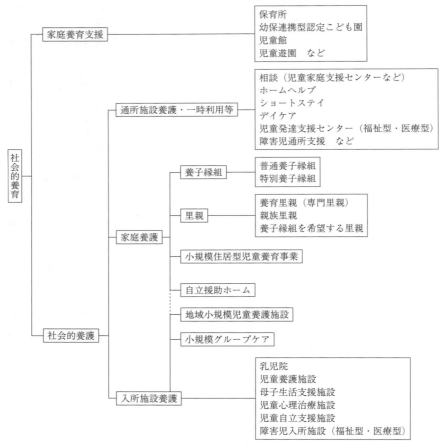

出典）原佳央理「子ども家庭福祉にかかわる施設の種類と類型」吉田幸恵・山縣文治編著『新版　よくわかる子ども家庭福祉』ミネルヴァ書房，2019年，p.77

親委託率50％以上を実現するという目標が示された。また，「社会的養護」という言葉に代わって「社会的養育」という言葉が用いられている点も特徴のひとつである。その背景には，家庭での養育支援（保育所など）と代替養育（施設や里親など）とを区別するのではなく，連続性のなかで捉え，すべての子ど

もの育ちを保障するために必要な仕組みをつくっていこうとする意図があると考えられる。

　社会的養護を必要とする要保護児童数は，1990（平成2）年から2017（平成29）年までをみると，41,000〜46,000人くらいで推移している。そのうち2017年度の里親等委託児童数は6,858人であり，2007（平成19）年度に比べると約2倍に増えている。児童養護施設の入所児童数は26,265人であり，2007（平成19）年度と比べると約2割減少しており，2017（平成29）年度の乳児院の入所児童数は，2007（平成19）年度と比べると約1割減少している。里親等委託児童数が増えているのは，児童が心身ともに健やかに養育されるようするために，「家庭と同様の養育環境（家庭養育）」優先の理念が尊重されていることによる。

　社会的養護を必要とする背景には，大きく2つの理由がある。ひとつ目は児童を養育する家庭の問題に起因する場合である。これは親の失業や病気などによる貧困や自己破産などの経済的な理由，離婚や親の病気・精神的な疾病，死別などによる児童の養育困難，虐待，家族の介護問題の顕在化などである。2つ目は児童自身の抱える問題に起因する場合である。児童自身に障害がある，あるいは病弱であったり，非行傾向があったりする場合などが該当する。しかし，いずれの場合においても，問題の解決・緩和を図るためには，児童に対する支援だけではなく，家庭自体への支援も併せて行う必要がある。

参考文献

厚生労働省 https://www.mhlw.go.jp/stf/houdou/0000173365_00001.html（2019年6月20日閲覧）

社会福祉の動向編集委員会『社会福祉の動向2019』中央法規，2019年

杉山春『児童虐待から考える　社会は何を強いてきたか』朝日新聞出版，2017年

可知悠子「労働者とその子どもの健康の社会格差のメカニズムの解明と制御に関する研究」公益信託武見記念生存科学研究基金，2018年

中野信子『ヒトは「いじめ」をやめられない』小学館新書，2017年

和久田学『学校を変えるいじめの科学』日本評論社，2019年

内閣府『ひきこもり支援者読本』PDF 版

ぶどうの会『心から心へ　不登校，親の体験記』新科学出版社，2007 年

磯部潮『不登校・ひきこもりの心がわかる本』講談社，2007 年

生島浩『非行臨床』2002 年

藤岡淳子『非行少年と加害と被害』誠信書房，2001 年

藤岡淳子『犯罪・非行の心理学』有斐閣ブックス，2007 年

碓井真史『なぜ「少年」は犯罪に走ったのか』ワニの NEW 新書，2000 年

碓井真史『誰でもいいから殺したかった！』ベスト新書，2008 年

新たな社会的養育の在り方に関する検討会「新しい社会的養育ビジョン（平成 29
年 8 月 2 日）」
https://www.mhlw.go.jp/file/04-Houdouhappyou-11905000-
Koyoukintoujidoukateikyoku-Kateifukushika/0000173865.pdf（2019 年 6 月 20 日
閲覧）

厚生労働省子ども家庭局家庭福祉課「ひとり親家庭等の支援について（平成 31 年
4 月）」
https://www.mhlw.go.jp/content/000522200.pdf（2019 年 6 月 20 日閲覧）

厚生労働省雇用均等・児童家庭局「母子家庭等就業・自立支援事業の実施につい
て（平成 28 年 3 月 31 日）」
https://www.mhlw.go.jp/file/06-Seisakujouhou-11900000-Koyoukintoujidoukateiky
oku/0000126624.pdf（2019 年 6 月 23 日閲覧）

厚生労働省「平成 24 年 8 月から，配偶者からの暴力（DV）被害者に対する児童
扶養手当の支給要件が一部改正されました。」
https://www.mhlw.go.jp/bunya/kodomo/osirase/dl/120802-1a.pdf（2019 年 7 月 16
日閲覧）

厚生労働省「平成 28 年度全国ひとり親世帯等調査結果報告」
https://www.mhlw.go.jp/stf/seisakunitsuite/bunya/0000188147.html（2019 年 6 月
23 日閲覧）

厚生労働省子ども家庭局家庭福祉課「社会的養育の推進に向けて（平成 31 年 4
月）」https://www.mhlw.go.jp/content/000503210.pdf（2019 年 6 月 23 日閲覧）

厚生労働省雇用均等・児童家庭局家庭福祉課「『家庭的養護』と『家庭養護』の用
語の整理について」『第 13 回社会保障審議会児童部会社会的養護専門委員会資
料（平成 24 年 1 月 16 日）』
https://www.mhlw.go.jp/stf/shingi/2r985200000202we-att/2r985200000202zj.pdf
（2019 年 6 月 23 日閲覧）

児童養護施設等の社会的養護の課題に関する検討委員会「社会的養護の課題と将
来像」（平成 23 年 7 月）
https://www.mhlw.go.jp/stf/shingi/2r9852000001j8sw-att/2r9852000001j8ud.pdf

（2019 年 6 月 23 日閲覧）

裁判所「平成 28 年度婚姻関係事件数　申立ての動機別申立人別　全家庭裁判所」
　http://www.courts.go.jp/app/files/toukei/309/009309.pdf（2019 年 7 月 16 日閲覧）

伊藤嘉余子・福田公教編著『社会的養護』ミネルヴァ書房，2018 年

厚生労働省『厚生労働白書（平成 30 年版）』2019 年

厚生労働省政策統括官（統計・情報政策担当）『グラフでみる世帯の状況　平成 30
　年国民生活基礎調査（平成 28 年）の結果から（政府統計）』厚生労働統計協会，
　2018 年

吉田幸恵・山縣文治編著『新版　よくわかる子ども家庭福祉』ミネルヴァ書房，
　2019 年

読者のための参考図書

赤石千衣子『ひとり親家庭』岩波新書，2014 年
　日本の社会で，ひとり親として生きるとはどのようなことか。ひとり親の苦境
　を放置することで社会が被る影響とは何か。シングルマザーとして当事者に寄
　り添い続けてきた著者が，現状の課題を整理し，ひとり親家庭の生活を豊かに
　する道筋を示す。

藤岡淳子『非行少年の加害と被害』誠信書房，2001 年
　少年鑑別所で心理技官として非行少年に接してきた著者が 20 年間の臨床経験か
　ら，非行少年に社会がどう働きかけるべきかを示した書。一口に非行少年と言
　ってもいろいろなタイプがあり，それぞれの非行の原因によって，その対策を
　講じなければならない。そのための具体策を提案する。また，時代によって変
　わる非行の具体的な内容の変化から家族や社会のあり方が見えてくる。

魚住絹代著　岡田尊司監修『子どもの問題いかに解決するか──いじめ，不登校，
　発達障害，非行』PHP 新書，2013 年
　本書は大阪の小中高の学校現場で実際に問題を解決に導いた貴重な経験の数々
　を一冊にまとめたもの。行き詰まった解決困難なケースでも，9 割以上で改善
　が見られたという。ポイントの一つは，本音が言える関係をいかに築くことが
　できるか。子どもの問題は，しばしば家庭や周囲の問題を映し出している。

子ども虐待防止学会編『子どもの虐待とネグレクト』岩崎学術出版社
　子どもたち一人ひとりの笑顔を守るためには，関係機関や地域の連携，さらに
　継続的・包括的支援が重要である。子ども虐待防止学会の機関誌であり，テー
　マを決めて定期的に出版している。

西澤哲『子どもの虐待』講談社現代新書，2010年
　　著者の西澤哲氏は，虐待を受けた子どもの心の専門家。日本でこの問題が取り上げられるようになる前，1980年代から活動を続けてきた。その現場経験と実感を通して「虐待やネグレクトは子どもの心やその後の人生にどのような影響を与えるか？」「なぜ親が子に酷いことをするのか？」「性的虐待の実態とは？」「傷ついた心をどのように回復していくのか？」といった，多くの人が疑問に感じている事柄について語っている。

川崎二三彦『虐待死』岩波新書，2019年
　　2000年に児童虐待防止法が施行され，行政の虐待対応が本格化した。しかし，それ以降も，虐待で子どもの命が奪われる事件は後を絶たない。長年，児童相談所で虐待問題に取り組んできた著者が，多くの実例を検証し，様々な態様，発生の要因を考案。変容する家族や社会のあり様に着目し，問題の克服へ向けて具体的に提言する。

杉山春『児童虐待から考える　社会は家族に何を強いてきたか』朝日新書，2017年
　　「愛知県武豊町3歳児餓死事件」「大阪2児置き去り死事件」，そして「厚木男児遺体放置事件」と，数々の児童虐待事件を取材した著者が，私たちの社会において，家族の「あるべき形」がいかに変わってきたかを追いながら，悲劇を防ぐ手だてを模索する。

島田妙子『虐待の淵を生き抜いて』毎日新聞出版，2017年
　　死を覚悟するまでの虐待を受けながら育ってきた著者の記録。著者は現在，虐待に悩む保護者の支援活動を行っている。

◇◇◇◇◇◇◇◇◇◇◇◇◇◇◇◇◇◇ ✿ 考えてみよう ◇◇◇◇◇◇◇◇◇◇◇◇◇◇◇◇◇

❶ 現代の非行少年の持つ傾向と過去の少年の持っていた傾向について比較検討してみよう。
❷ 児童虐待に対する対応と課題についてまとめてみよう。
❸ 社会的養護の特徴について考察してみよう。

◇◇

第6章　子ども家庭福祉の課題

　将来の社会を担っていくすべての子どもたちのウェルビーイングを理念とし現状の分析を主として，これまでの各章はまとめてきた。

　子どもが人間として尊重され，自己実現に向かってよりよく生きることを実現するために，子どもの生活基盤である家庭や学校，地域社会をも視野に入れ「子どもの最善の利益」について，地域社会や子育て支援の計画から分析し，その実効性について確認するとともに，健全育成の課題についても述べる。

🔑 キーワード　子ども・子育てビジョン，居場所，地域共生社会，健全育成

1．少子化と子育て支援

　現代の家庭環境は，どんどん変化していっているが，子どもにとって「家庭」の存在が一番大きいということは変わらない。子どもが生きていくうえで一番支えとなるのが「家庭」の存在であり，一番影響をうけるのも「家庭」の存在である。子どもは，まず初めに「家庭」という存在を知る。そして，家族と暮らしていくなかで，さまざまなことを経験しながらさまざまなことを発見し，学び，成長していく。子どもの権利条約第18条第1項に「父母又は場合により法定保護者は，児童の養育及び発達についての第一義的な責任を有する」とあるように，子どもにとって家庭が第一の存在なのである。

　しかし，家庭だけが子どもに責任を負っているというわけではなく，むしろ家庭だけでは子どもは成長していけない。そのため，家庭での子育てを支援していく存在として「地域社会」が必要不可欠となってくる。子どもは，家庭で学んだ基本的なことをもとに，家庭から外に出て，さまざまな地域社会のなかでもまれながら，家庭のなかだけでは気づくことのなかった新しいことを発見し，学び，そのなかで成長していくのである。

（1）基本方向と今後の重点施策

出生率の低下，少子化　核家族化や都市化の進展，地域コミュニティの弱体化に伴う育児不安，多様な人間関係を経験する機会の減少など，子どもや家庭を取り巻く環境のなかで，非行や虐待などさまざまな問題が生じている。これらのことを踏まえ，地域事情に応じた環境づくりと対策が行われている。そのなかで，上記のエンゼルプランや新エンゼルプランが策定され実施されてきたが，少子対策の決定打とはなっていない。

そのために「少子化対策プラスワン」として，従来の子育てと仕事の両立支援に加えて，① 男性を含めた働き方の見直し，② 地域における子育て支援，③ 社会保障における次世代支援，④ 子どもの社会性の向上や自立の支援，といった4つの視点が追加された。地域・職域といったあらゆる場を通して，すべての子どもたち，すべての家庭の子育てを支援していこうという考え方である。これをうけて，10年間の時限立法として，「次世代育成支援対策推進法」（2003年）が成立した。新たに「次世代育成支援」というキーワードを得て，本格的な施策の充実・強化に向けて始動した。

そして，保育事業中心から若者の自立，教育，労働の見直しを含めた，幅広い分野で重点的に実施すべき施策を具体的，計画的に推進するため，2004（平成16）年12月，少子化社会対策会議により「少子化社会対策大綱に基づく重点施策の具体的実施計画について」（子ども・子育て応援プラン）が策定された。

子ども・子育て応援プランは，「子どもが健康に育つ社会」「子どもを生み，育てることに喜びを感じることのできる社会」への転換がどのように進んでいるかがわかるよう，おおむね10年後を展望した「目指すべき社会の姿」を掲げ，そこにむけて，内容を評価しながら，2009（平成21）年度までの5年間に施策を重点的に実施するとした。

また，施策と目標では，待機児童に対する政策として待機児童が多い95市町村における重点的な整備目標や目指すべき社会の姿のなかで，全国どこでも保育サービスが利用できる（待機児童が50人以上いる市町村をなくす）ことを掲

げた。

　そして，2010（平成22）年に策定された「子ども・子育てビジョン」におい
ては，「子どもの笑顔があふれる社会のために」との理念のもと，また，子ど
もが主人公（チルドレン－ファースト）という考えのもと，これまでの「少子化
対策」から「子ども・子育て支援」へと視点を移し，社会全体で子育てを支え
るとともに，生活と仕事と子育ての調和（ワーク・ライフ・バランス）を目指す
とした。

　「子ども・子育てビジョン」は基本的な考え方として，「社会全体で子育てを
支える」「希望が叶えられる」を掲げ，子ども・子育て支援施策を行っていく
際の３つの大切な姿勢として，① 生命（いのち）と育ちを大切にする，② 困
っている声に応える，③ 生活（くらし）を支える，をあげている。

　この「子ども・子育てビジョン」では３つの基本的考えを中心として，以下
の４つの政策を柱として，これからの子育て支援を行っていくとした。

　(1) 子どもの育ちを支え，若者が安心して成長できる社会へ

　(2) 妊娠，出産，子育ての希望が実現できる社会へ

　(3) 多様なネットワークで子育て力のある地域社会へ

　(4) 男性も女性も仕事と生活が調和する社会へ（ワーク・ライフ・バランスの
　　実現）

　特に，(2) の「妊娠，出産，子育ての希望が実現できる社会へ」では，誰も
が希望する幼児教育と保育サービスをうけられるように，潜在的な保育ニーズ
の充足も視野に入れた保育所待機児童の解消，新たな次世代育成支援のための
包括的・一元的な制度の構築に向けた検討，幼児教育と保育の総合的な提供
（幼保一体化），放課後子どもプランの推進，放課後児童クラブの充実を掲げ，
政策を進めていくとした。

　このように，国の施策としてはさまざまな対策が行われてきたが，少子化を
解消するための有効的な手段とはなっていない。

　これらの政策の背景には，少子化という現実があり，そのなかに共働きの増

加や核家族化というさまざまな問題がある。今までのさまざまな政策対応にも
かかわらず，少子化の趨勢に大きな変化はなく，政策効果はまだみえてこない
のが現状である。

　少子化対策の柱は，まず，① 仕事と子育ての両立支援で，男女共同参画社
会の実現と重なる最重要の政策課題である。共働きカップルが，出産時，乳児
期，幼児期，学齢期に子育てをしながら就業を継続できるようにすることが重
要である。仕事と子育ての両立がまだまだできていないのは，

　ⓐ 育児休業制度が有効に機能していないからなのか，

　ⓑ 保育所の待機児童をゼロにすれば両立は解消されるのか（量の問題だけで
　　はなく質の問題），

　ⓒ どのような保育サービスが求められているのか，

　ⓓ 仕事の柔軟性に欠ける日本の企業社会で，ワーク・ライフ・バランスは
　　実現できるのか，

　ⓔ 父親（夫）の家事・育児参加があまりにも少ないのはなぜか，

などの課題があると思われる。

　次に，② 子育ての経済支援である。これは家族政策の中心的施策であり，
先進国では制度化されている。この政策の有効性もあるが，日本では，子ども
は社会の宝といわれながら，高齢者施策を優先としており，子育ての経済支援
には，児童手当の金額や支給年齢などの問題がある。

　そして，③ 若者の経済的自立支援である。グローバリゼーションのもとで
労働市場の規制緩和がすすめられ，非正規労働が急増し，それが未婚化を促進
した。非正規雇用の若者が増大しており，少子化を助長している原因にもなっ
ている。以上の３点が少子化対策の柱であり，それらを解決していくこと，つ
まり「専業主婦」モデルから「共働き」モデルへの転換を図ることが重要であ
る。

　そのため，子ども・子育て支援新制度は，「すべての子どもたちが，笑顔で
成長していくために。すべての家庭が安心して子育てでき，育てる喜びを感じ

第6章　子ども家庭福祉の課題　229

られるために」という考え方に基づいて制度が策定されたのである。

　子育て支援の量を増やし，必要とするすべての家庭が利用できる支援を用意。子育て支援の質を向上して，子どもたちがより豊かに育っていける支援を目指している制度である。

　地域における子育て支援に関するさまざまなニーズに応えるため，「放課後児童クラブ」，「一時預かり」，「地域型子育て支援拠点事業」，「延長保育」，「妊婦健診」などのさまざまなサービスの拡充を図る必要がある。また，新たな取り組みとして，子育ての相談ができる場所や親子が交流する場を設置するなど，多様なメニューからニーズにあったサービスを選択して利用できるしくみづくりが重要となってくる。

2．豊かな子ども時代をめざして

　子ども家庭福祉の基礎は，次代を担う児童が心身ともに育成され，児童の生涯の基礎をつくることである。戦前の児童の育成は教育の仕事とされ，児童福祉の対象は，貧困，虐待，非行，母子家庭，妊産婦などの保護を要する児童などの福祉に限定されていた。戦後の児童福祉法の制定（1947（昭和22）年）により，すべての児童の健全育成が規定された。これにより，児童福祉の対象が特別の保護を要する児童からすべての児童に拡大されただけでなく，児童福祉の目標が明確になった。しかし，少子化，夫婦共働き家庭の一般化，家庭や地域の子育て機能の低下などの家庭や地域を取り巻く環境の変化を踏まえ，子ども家庭福祉の制度の再構築，整備を図るとともに，豊かな子ども時代を目指しての体制づくりが行われている。

（1）健全育成と地域活動（子どもにとっての家庭・地域・学校）

　子どもの生活の場および教育の場として，家庭（家庭教育），地域社会（社会教育），学校（学校教育）の3つが重要であると従来からいわれている。私的要

素である家庭と公的制度である学校の中間にある地域社会は，私的要素と公的
要素が入り交じった公共的空間である。これが子どもたちの成長に重要な役割
を果たしていた。

1) 子どもにとっての家庭

　家庭では，父親は会社で遅くまで仕事，母親は，仕事や家事で忙しく，一方
で，子どもは学校や学習塾などの習い事で忙しいなど，家庭での会話や交流す
る時間が減少しており，父親や子どもの担う役割がなくなってきている家庭が
多く見受けられる。これらが，父親の子育てへの参加意識や子どもが自ら進ん
で物事に取り組む意識の低下をもたらす一因となっている。また，「過保護」
「過干渉」といった対応も見受けられ，子どもの主体性や自主性が摘まれてし
まっている。

2) 子どもにとっての地域

　親の世代についても，地縁関係や家庭における人間関係が希薄化していくな
かで育ったことなどが考えられるため，地域の大人たちも子どもやその周囲の
身近な地域とどのようにかかわってよいのかわからなくなっている傾向がある
と思われる。

　最近の子育て家庭では，子育てについて確固たる方針や自信をもてないで，
悩んでいる親が増加している傾向があり，家庭の教育力の低下を招いている。
このため，育児に関するノウハウがわからなかったり，子育てについて気軽に
相談できる相手がいなかったり，父親の子育てへの協力が十分に得られなかっ
たりなどさまざまな問題が表出している。

　また，子育て中の母親が社会的に孤立し，育児ノイローゼが生じ，児童虐待
につながるケースもみられる。

3) 子どもにとっての学校

学校においては，盛りだくさんのカリキュラムをこなしていくため忙しく，教師と子どものコミュニケーションを深める時間が少なくなり，そのかかわり方も希薄となっているなど学校教育がゆとりのないものとなってきている。

また，詰め込み教育などによって，子どもを「できる子」「できない子」に振り分ける傾向があり，競争と選別で子どもを管理していることで，いじめ，不登校などの問題が誘発されている。子どもは，日常生活のなかにゆとりがなく，他人の立場になって考えることや言葉や行動できちっと相手に伝える力を身につけることなど，自分の価値や役割をみいだしていくといった場や時間が十分に得にくい状況にある。

このような社会や子どもにとって身近な環境の変化は，子どもに対してさまざまな影響を与えている。子ども自身の発育が早まっているのに対し，子ども自身の社会性の発達の遅れなどが指摘されていたり，自己決定や自己責任の機会，主体的な社会参加や体験などの機会が不足しており，そのため子どもが自己中心的になったり，短絡的になったりしやすい傾向がある。

また，仲間と交流する機会も少なく，十分なコミュニケーションやスキンシップが図りにくいため，大人になってからも良好な人間関係を作り出すことが難しくなってきている。これらを総合して，子どもをめぐる現代社会の諸問題と健全育成について，年齢段階，施策，問題点，要因，対応方向にまとめてみれば図表6-3のようになる。

以上のような現代社会のなかで，子どもたちを取り巻く環境は，一変し，生活課題も大きく変化してきていることが理解できたと思う。このような問題，すなわち少子高齢社会が要請する現実的な施策課題に対して対症療法的な施策では限界がある。そこには，近年の社会福祉理念としてのウェルビーイングを基本に，「子どもの権利条約」など，新しい子ども観が反映されて実践していくことが重要であるといえる。

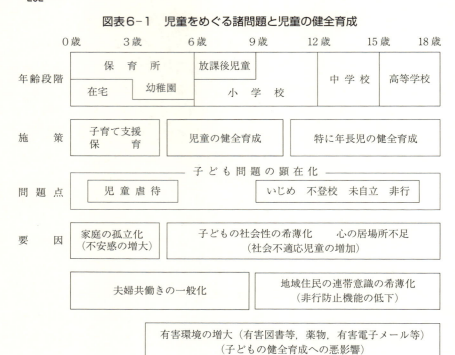

出典）馬場茂樹・和田光一編『現代社会福祉のすすめ』学文社，2006年，p.135

(2) 健全育成と地域社会

　日本にはかつて，地域の相互扶助や家族同士の助け合いなど，生活のさまざまな場面において，ある程度の「支え合いの機能」が存在していた。

　社会保障制度は，社会の変化に応じて，地域や家庭が果たしてきた役割の一部を代替してきた。高齢者，障害者，子どもなどの対象者ごとに，また生活に必要な機能ごとに，公的支援制度の整備と公的支援の充実が図られてきている。

第6章　子ども家庭福祉の課題　233

　しかし，日本では超高齢化が進行，少子化により人口も減少しつつある。そして同時に，地域・家庭・職場という生活領域における支え合いの基盤も弱まってきている。老々世帯，独居世帯のみならず，地域から孤立し，必要な社会的資源につながっていない人は少なくない。

　人と人とのつながりが失われることで，私たちの生活の質は低下し，そして生命のリスクは高まる。自立とは，誰にも頼らずに生活できることではなく，頼れる先をたくさんもっていることであると考える。日本にはかつて，地域の相互扶助や家族同士の助け合いなど，生活のさまざまな場面において，ある程度の「支え合いの機能」が存在していたのである。いわゆる「地域共生社会」である。身近な地域社会は，子どもたちが成長発達する過程で出会う外部社会であり，年齢に応じてさまざまな機能を担ってきた。現代の社会状況は，都市化の進行や価値観の多様化などにより，地域社会の崩壊が叫ばれるようになってきた。つまり，支え合いの機能が低下した地域社会は，社会的期待と現実との狭間で揺れ動いているのである。

　地域社会は，地理的コミュニティと機能的コミュニティとに分けられる。地理的コミュニティはなくならないが，そのなかに機能的コミュニティが形成されていないと地域社会は機能しなくなる。コミュニティや地域社会の崩壊といわれているのは，まさにこの機能的コミュニティの崩壊なのである。

　これは大人社会ばかりでなく，子どもの社会においても同じである。地域社会での子どもの集団活動が減ってきているし，中学生になると，ほとんど地域活動には参加してこない。

　地域社会の活性化には，公園・道路などのハード面の整備だけではなく，人とのつながり，コミュニティの再生が必要である。そのなかの一方法として，児童の健全育成をはかるための地域組織活動がある。それには子ども会などの児童自身の集団活動と，母親クラブ，親の会など，保護者近隣地域で児童の健全育成のための集団活動とがある。

　これらの組織は，町単位あるいは，小学校区などの小地域における近隣の児

童や保護者などによって組織されている。

　子ども会は，近隣の児童の遊び仲間を基盤に組織化された児童の地域組織で，小・中学生を中心に遊びを主とする集団活動によって，児童の自主性や社会性などを高め，心身の健全な発達をはかることを目的とするものである。

　従来からの子ども会活動やPTAによる活動の他に，近年では，建築や農業，美術や演劇などにかかわる地域の専門家がその専門性を生かして，子どもたちの体験学習を支援する活動や，子どもたちが，戸外で，管理するのではなく遊びの相談に乗ってくれる遊びの指導者とともに，異年齢の子ども集団のなかで，自分の責任で，自由に創造性を発揮して遊べる遊び場を設置する活動なども各地で行われている。

　したがって，児童の自主的活動を中心に，地域社会の人びとの協力によって，組織的に育成助成されることが望ましいのであり，また，あらゆる関係機関と団体の協力と連携のもとに育成されることが必要である。

　特に，保護者による地域活動へ参加は，地域における保護者の互助，連帯を強め地域全体で児童を育成する体制を確立するうえでもっとも効果的である。

（3）豊かな子ども社会をめざして

　今日の社会においては，情報化，グローバル化の加速度的進展や人工知能（AI）の飛躍的進化があげられている。子どもたちの未来は，急激な社会変化が予想される。このような予測困難な時代であっても，未来の作り手となるために必要な資質，能力を確実に子どもたちに育むことが求められている。

　しかし，現実には，子どもによるいじめや家庭内の児童虐待の増加などが大きな社会問題となっている。

　こうした状況は，現代の大人社会の病理の反映であり，また，親としても急速な社会の変化のなかで多忙な仕事への対応などに追われ，ありのままの子どもの姿を理解し，子どもの心身の発達にそって，根気強く子育てに取り組む余裕を失っていることが大きな要因であると考えられる。こうしたことに対し

て, 1998（平成10）年「次代を担う青少年について考える有識者会議」が設けられ, 報告書がとりまとめられた。

報告書では, 青少年の健全育成に関し, 各般にわたる提言が行われ, 乳幼児等就学前の児童から中高生の青少年も視野に入れつつ, 児童の健全育成に関し, 早急に講ずべき対策を中心に「今後の児童の健全育成に関する意見」が集約された。それらを基本に, 今後の課題として, 子育て支援も含めた豊かな子ども社会を構築するための考えを述べる。

1）子どもの健全育成の施策

かつて三世代同居が多数を占め, 近隣の人間関係が濃密であった時代にあっては, 子育てには両親のほか, 祖父母, 兄弟姉妹, 隣人など多くの人びとがかかわっていた。これに対し, 核家族化が進み, 近隣地域の人間関係も希薄になった現代においては, 子育てにかかわる人がかつてよりきわめて少なくなっている。また, 残業や通勤時間のため家庭内における食卓での団らんや親子の対話の機会が減ったこと, 遊ぶ時間や場所が少なくなったことなど, 基本的生活慣習や規範意識, 自立心, 社会性などを身につける機会が減少しているとともに, 親の側においても仕事が忙しすぎるとか, 自分の時間をもちたいとか, 子育てが煩わしいといった理由により子育ての手間を省くなど, 子どもの心に対する関心が不十分であるといった傾向がみられる。

児童健全育成に悪影響を与えると考えられるさまざまな有害情報の氾濫も目に余るものがある。以上のようなことが最近における児童のさまざまな非行や問題行動の増加にもつながっているのではないかといわれている。

いつの時代においても, 愛情深く責任をもって子どもを健やかに育てることは家庭や社会にとって大変な手間と努力を必要とする重要な事柄である。このことは今日においても少しも変わらぬ真理である。今後とも, 子育てについての第一義的責任は家庭が負うことに変わりはない。育児は父母の共同事業であるという考えを基本に据え, 乳児期における母子関係や乳幼児期からの父親の

子育てへの積極参加の重要性を改めて認識し，父母がお互いに敬愛をもって協力しあいながら子育てにあたる必要がある。また，祖父母や親族，近隣とのつながりも重要である。

　現代の児童に多くみられる規範意識や自己抑制力の低下の背景には，家族関係の希薄化だけでなく，早くからの進学競争などのなかで時間にゆとりのない生活を強いられていることや，児童が地域社会でさまざまな人びとと交流する経験が不足していることなどが原因になっているともいわれている。児童が地域において異なる年齢集団のなかで遊ぶことや，ボランティアなどの社会参加活動や自然のなかで体験学習することを通じて，人間関係について学んでいく機会を増やしていくことが，他者を思いやる気持ちやルールに反することはしてはならないという規範意識を育てることになると考えられる。

　こうした複雑な背景をもつ現代社会において，児童の虐待や非行問題に対して，効果的な対応を図っていくためには，家庭における取り組みとともに，児童相談所や児童家庭支援センターが中心となり，各種民間団体，企業，学校，ボランティアなどと十分連携（協働）をしながら対策を講ずべきであると考える。

2) 地域における環境づくり

　近年の子どもの非行の増加の背景には，遊びや集団での活動を通じての信頼関係や連帯感を育む「居場所」がなくなりつつあるともいわれている。また，高齢者などや異なる年齢の児童との交流も少なくなってきている。

　家庭のほか，地域社会のなかで児童の「居場所」を増やすことが必要である。子ども同士のふれあいのなかで，豊かな関係を養っていくことが健全育成のためには有効な方法である。

　また，「子どもの最善の利益」をキーワードに行政を中心とした協働のシステム作りが重要となっている。

　夫婦共働き家庭の増加や労働形態の多様化に対応し，利用者の視点に立った

第6章　子ども家庭福祉の課題　237

保育サービスの充実（子育て支援）や児童の居場所づくりを図っていくことが緊急の課題となっている。このためには保育所の充実や放課後児童健全育成事業（放課後児童クラブ）の開所時間の延長や児童館の積極的な運営，公民館，学校の余裕教室，企業が福利厚生のための施設として所有している運動場，体育館などを子どもたちに開放するなど既存の公私的な資源の有効利用を図り，効率的に事業を運営していくことも重要である。

　地域の実情に応じ計画的な遊び環境の確保や児童のボランティア活動などの事業を行うと同時に，各市町村が行っている子どもにやさしい街づくり（child friendly cities）事業の充実をはかっていかなければならない。

　また，身近な地域の相談支援体制の充実を図るため地域に根ざした児童家庭支援センターの整備を図るとともに，児童相談所，福祉事務所，市町村保健センターなどの相談機関の存在を積極的に広報し，情報化を図るべきである。とりわけ児童相談所においては，巡回相談の充実や，児童や親，地域住民が気楽に相談できる体制づくりが必要である。

　児童虐待防止については，発生予防から自立支援までの一連の対策の更なる強化を図ることとし，「児童虐待防止対策強化プロジェクト」にもあるように，① 児童虐待の発生予防として，地域社会から孤立している家庭へのアウトリーチ支援を積極的に行うことを含め，妊娠期から子育て期までの切れ目ない支援を通じて，妊娠や子育ての不安，孤立などに対応し，児童虐待のリスクを早期に発見・低減すること，② 児童の安全を確保するための初期対応が確実・迅速に図られるよう，児童相談所の体制整備や要保護児童対策地域協議会の機能強化などを行う。③ 被虐待児童への自立支援としては，被虐待児童について，親子関係の再構築を図るための支援を強化するとともに，施設入所や里親委託の措置がとられることとなった場合には，18歳到達後や施設退所後なども含め，個々の児童の発達に応じた支援を実施し，自立に結びつけるなどの対策を進めていくこととしている。そのためには，児童相談所を中心とした「子育て世代包括支援センター」や「子ども家庭総合支援拠点」の整備が重要にな

ってくる。

今後の課題として，社会的養護の充実もあげられる。児童虐待や親の病気，離婚などによって自分を生み育ててくれる家族のなかで生活することが困難な子どもに対して，安心して生活できる場を提供することも考えられなければならない。そのために児童養護施設や里親，児童自立支援事業などにおけるマンパワーの確保，そのための財源確保も望まれる。

男性の働き方の見直しや子育ては楽しいと思える希望をもてる教育の充実など，社会全体で子育てを支援していくという意識，文化を醸成していくことも必要である。

私たちの暮らしを支える，福祉の在り方を見直そうという動きが進んでいる。国が福祉改革の理念としてあげるのは，「地域共生社会」の実現である。公的な福祉だけに頼るのではなく，地域に暮らす人たちが共に支えあう社会にしていこうとする考え方である。その具体的な地域づくりについては，社会構造の変化や人びとの暮らしの変化を踏まえ，制度・分野ごとの「縦割り」や「支え手」「受け手」という関係を超えて，地域住民や地域の多様な主体が参画し，人と人，人と資源が世代や分野を超えつながることで，住民一人ひとりの暮らしと生きがい，地域をともにつくっていく社会を目指すものである。

子ども家庭福祉においての具体的な地域づくりにおいては，地域全体で子育て家庭を支援し，子どもの健やかな成長を応援していくことにある。この地域共生社会を基本に，4つの課題と支援の考え方を提示する。

① 乳幼児期からの切れ目のない支援

親から子どもへ続く課題の世代間連鎖を断ち切るため，すでに表出・顕在化している課題に対してより早期に対応するとともに，課題が生じないように切れ目のない支援をする。

② 学童期からの多面的支援

小学生以降は，学習面での課題が顕在化するだけでなく，心理面，人間関係の面などさまざまな課題を抱えるリスクが生じやすい。そのため学校と地域の

連携によって子どもの活動の場や居場所づくりなども含めた多面的な支援が必要である。

③ 地域での寄り添いによる支援

保護者や子どもに対する支援には，地域のみまもりサポートなど，日常生活のなかでの関わりが重要である。そのため，児童相談所をはじめとする支援機関の連携体制や地域における協力体制の充実が必要である。

④ 生活基盤への経済的な支援

経済的支援だけで複合的な課題を解決することはできないが，経済的な問題は中心的課題のひとつである。そのため，直接的給付だけでなく，保護者の就労支援や制度に関する情報周知の施策が重要である。

これからの子ども家庭福祉においては，子どもの施策，すなわち子育て支援だけではなく，健全育成も重要である。子育ての孤立化を防ぐためには，親（保護者）育ち支援の施策も重要になってくる。子どもを，単に生産力，社会保障費を担う存在としてとらえるのではなく，一人ひとりの子どもの存在を尊重し，「子どもと大人が育ちあっていくことが安定した社会を創り出す」すなわち，「子どもの最善の利益」の視点を実践にどう結びつけていくかである。

参考文献
内閣府『子ども・若者白書（令和元年版）』2019 年
山縣文治『子ども家庭福祉論』ミネルヴァ書房，2014 年
社会福祉の動向編集委員会編『社会福祉の動向 2019』中央法規，2019 年
内閣府『少子化社会対策白書（平成 24 年版）』2013 年
厚生労働省編『厚生労働白書（平成 29 年版）』2017 年
和田光一・横倉聡・田中和則編『保育の今を問う　児童家庭福祉』ミネルヴァ書
　　房，2013 年
社会福祉学習双書編『児童家庭福祉論』全国社会福祉協議会，2012 年
朝日新聞社『子どもがあぶない　アエラ臨時増刊号』朝日新聞社，1997 年 11 月号
松原康雄・山縣文治編『児童福祉論』ミネルヴァ書房，2005 年
寺島健一・和田光一編『子どもの育成と社会』八千代出版，2003 年
馬場茂樹・横倉聡・和田光一編『現代社会福祉のすすめ』学文社，2010 年

読者のための参考図書

袖井孝子『少子化社会の家族と福祉』ミネルヴァ書房，2004 年

少子人口減社会へと移行しつつある今日，変わりゆく家族．夫婦関係の分析と高齢期における介護保険，生きがい対策，ジェンダーの視点で家族関連を見直し，問題点を明らかにしている。

毎日新聞児童虐待取材班『殺さないで―児童虐待という犯罪』中央法規，2002 年

毎日新聞社会部の取材である。児童虐待は，犯罪であるという認識にたち取材事例をあげて解説している。虐待死による司法への対応についても明らかにしている。虐待問題をテーマとしたい学生諸氏は必読。

内閣府『子ども・若者白書（令和元年版）』2019 年

内閣府から年度ごとに出版。2019 年度は，青少年の現状と施策で，青少年の人口，健康と安全．教育，労働，非行などの問題行動の分析をしている。

社会福祉の動向編集委員会編『社会福祉の動向 2019』2019 年

現代社会福祉を時系列で整理し，社会福祉のこれまでの確認と，体系的にまとめてあるので現在を分析することができる。今後の動向に対しても知ることができる。

考えてみよう

❶ 生きづらさを抱えた子どもたちについて考えてみよう。
❷ 自分が住んでいる地域の子育て支援と健全育成についての取組みについてまとめてみよう。
❸ 子ども家庭福祉の問題と課題を整理してみよう。

索　引

あ　行

朝日訴訟……………………………………25
遊び非行型……………………………… 194
新しい少子化対策について…………… 113
育成相談……………………………… 40, 79
育メン…………………………………………15
意見表明権……………………………………51
いじめ………………………………… 1, 14, 168
いじめ防止対策推進法………………… 175
一時預かり事業………………………… 133
一時保護……………………………… 72, 78
5つの巨人悪…………………………………31
1.57ショック……………………………… 6
居場所…………………………………… 225
医療型児童発達支援センター………… 160
医療型障害児入所支援………………… 162
医療的ケア児等総合支援事業………… 162
インフォーマルセクター……………………35
ウェルビーイング……………………………21
ウェルフェア……………………………… 21, 46
ADL………………………………………………27
援護機関………………………………………38
エンゼルプラン………… 59, 108, 109, 226
延長保育………………………………… 229
延長保育事業…………………………… 134
エンパワメント………………………………31
大型児童館……………………………… 137
岡山孤児院……………………………………55

か　行

介護保険法…………………………… 39, 88
買い物難民……………………………… 8
カウンセリング…………………………… 33, 78
核家族化…………………………………70, 235
学習支援事業…………………………… 204
学習障害（LD）………………………… 184
学童クラブ……………………………… 139
家計管理・生活支援講習会等事業…… 204
過疎化…………………………………… 8

家族構造の変化………………………… 1, 14
過疎地域自立促進特別措置法………… 8
家庭．学校．地域の連携…………… 196
家庭裁判所…………………………… 74, 85
家庭裁判所調査官……………………………86
家庭児童相談室……………………… 85, 175
家庭内暴力……………………………… 189
家庭養育……………………………… 219, 221
家庭養護………………………………… 219
間接援助技術…………………………………33
関連援助技術…………………………………33
企業主導型保育事業…………………… 151
機能的コミュニティ…………………… 233
規範意識………………………………… 235
基本型…………………………………… 127
基本的人権の尊重……………………………24
虐待……………………………………………14
QOL（生活の質の向上）…………… 24, 27
救護法…………………………………… 57, 69
教育機関………………………………… 177
教育訓練講座…………………………… 208
協議離婚………………………………… 211
共助……………………………………………34
矯正教育………………………………… 198
協働……………………………………… 236
共同募金………………………………………40
居宅訪問型児童発達支援……………… 161
居宅保護………………………………………33
緊急保育対策等5か年事業……… 108, 109
虞犯少年………………………………………74
グループケア…………………………… 218
グループホーム………… 95, 104, 218, 219
グローバリゼーション………………… 228
グローバル化…………………………… 234
ケアマネジメント……………………………33
経済的支援…………………………… 201, 211
経済的自立……………………………………48
健康診査……………………………… 85, 145
健康相談………………………………………85

健全育成	47, 108, 136, 225	自助	34
現代型非行	191	次世代育成支援	226
権利保障	47	次世代育成支援対策	111
権利擁護	41, 168	次世代育成支援対策推進法	60, 109, 226
公助	34	思想信条の自由	51
更生保護サポートセンター	197	市町村教育委員会	176
構成要素	20	市町村保健センター	85, 130
公的福祉セクター	35	しつけ	171
公認心理師	185	実践主体	32
小型児童館	137	疾病	31
国民生活基礎調査	10, 11	私的養育	64
国連児童基金（ユニセフ）	49	児童委員	86
互助	34	児童家庭支援センター	83, 97
個人情報保護	172	児童館ガイドライン	137
子育て安心プラン	61, 120	児童館型	123
子育て援助活動支援事業	133	児童虐待	72
子育て支援	14, 108	——の防止等に関する法律	59
子育て世代包括支援センター	145	児童虐待防止法	69, 72
子育て短期支援事業	132, 205	児童健全育成施策	61
子ども会活動	234	児童厚生施設	87, 88, 94, 136
子ども家庭福祉	46	児童指導員	78
子どもクラブ	139	児童自立支援施策	70
子ども・子育て応援プラン	60, 112, 226	児童自立支援施設	199
子ども・子育て支援新制度	108	児童自立支援施設運営指針	90
子ども・子育て支援法	116	児童心理司	78
子ども・子育てビジョン	60, 115, 227	児童心理治療施設	87, 97
子どもの権利条約	46, 49	児童の権利に関する条約	49
子ども（児童）の最善の利益	20, 51, 96	児童買春児童ポルノ法	59
子どもの生活・学習支援事業	204	児童発達支援	159
子どもの貧困	14	児童発達支援センター	87, 96
子ども貧困対策法	62	児童福祉司	78
個別援助技術	33	児童福祉施設	87, 171
雇用環境	8	児童福祉法	41, 69
こんにちは赤ちゃん事業（乳児家庭全		児童扶養手当制度	211
戸訪問事業）	114, 127, 130, 171	児童ふれあい交流促進事業	143
		児童養護施設	87, 94, 98

さ 行

		児童養護施設運営指針	90
在宅就業推進事業	207	社会サービス	23
支え合いの機能	232	社会参加活動	236
里親	98, 219	社会システム	168
里親制度	100	社会適応力	198
サポートチーム	196	社会的自立	44, 48
自己実現	21, 168	社会的排除	29, 179
——の原則	49	社会的養育	220
仕事・子育て両立支援事業	116, 151	社会的養護	1, 17, 90, 91, 218
自己抑制力	236	社会福祉運営管理	33

索　引　243

社会福祉援助技術…………………………33
社会福祉基礎構造改革………………… 37, 58
社会福祉協議会……………………………40
社会福祉計画法……………………………33
社会福祉士…………………………………41
社会福祉従事者……………………………32
社会福祉主事…………………………… 41, 82
社会福祉調査法……………………………33
社会福祉の構成要素………………………30
社会福祉法…………………………………36
社会福祉法人………………………………40
社会保障制度審議会………………………23
社会養護………………………………… 168
就学支援………………………………… 199
就業支援事業…………………………… 207
集団援助技術………………………………33
就労支援………………………………… 199
出生率……………………………………… 5
受動的権利…………………………………44
主任児童委員…………………………… 71, 86
障害児入所施設………………… 87, 96, 98
障害者総合支援法…………………………59
障害相談………………………………… 40, 79
少子化社会対策基本法………………… 59, 112
少子化社会対策大綱………………… 112, 226
少子化対策推進基本方針……………… 109
少子化対策プラスワン………………… 60, 226
少子高齢社会………………………………14
小舎交代制……………………………… 200
小舎夫婦性……………………………… 200
情緒障害児短期治療施設…………………90
少年院…………………………………… 198
少年救護法…………………………………69
少年教護院…………………………………57
少年教護法…………………………………57
少年法………………………………………73
情報化…………………………………… 234
情報交換事業…………………………… 204
職業補導………………………………… 198
触法少年（刑法）…………………… 74, 192
助産施設………………………………… 87, 91
自立…………………………………………24
自立援助ホーム運営指針…………………90
自立支援教育訓練給付金……………… 208
自立支援プログラム…………………… 208
自立自助原則………………………………36

人員配置基準…………………………… 173
新エンゼルプラン……………… 59, 109, 226
親権…………………………………… 20, 62, 66
親権者………………………………………63
親権喪失………………………………… 63–65
親権停止……………………………………65
人権の尊重…………………………………21
親権法………………………………………63
人生 100 年時代構想会議…………… 120
親族里親………………………………… 102
身体障害者更生相談所……………………42
身体障害者福祉法…………………………42
身体的虐待…………………………………73
新・放課後子ども総合プラン………… 142
心理診断……………………………………78
心理的虐待…………………………………73
心理判定……………………………………78
心理療法……………………………………78
スクール・ソーシャルワーカー…………17
スクールサポーター…………………… 197
健やか親子 21 ……………………… 148
スーパービジョン…………………………33
生活支援ニーズ……………………………34
生活指導………………………………… 198
生活保護法……………………………… 41, 169
制裁行動………………………………… 180
政策主体……………………………………32
精神障害………………………………… 174
精神保健福祉士………………………… 200
性的虐待……………………………………73
説明責任……………………………………52
セツルメント活動…………………………55
戦災孤児……………………………………58
専門里親………………………………… 102
総合的な利用者支援…………………… 126
相談関係職員研修支援事業…………… 208
相談支援事業…………………………… 204
ソーシャル・インクルージョン…………24
ソーシャル・ニーズ………………………34
social welfare ……………………21
措置（委託）制度…………………………88
尊厳性の原則………………………………49

た　行

待機児童………………………………… 158
体調不良児対応型……………………… 134

体罰禁止……………………………66
男女共同参画社会…………………… 228
地域援助技術………………………33
地域型保育………………………… 157
地域機能強化型…………………… 125
地域共生社会………………… 29, 225, 238
地域子育て支援拠点事業…………… 171
地域子ども・子育て支援事業……… 123
地域小規模児童養護施設……………95
地域組織活動……………………… 233
地域ネットワーク化………………… 172
地域福祉活動………………………41
地域保健法…………………………84
地域連携…………………………… 126
知的障害……………………………95
知的障害者更生相談所………………42
地方公共団体………………………36
地方裁量型………………… 155, 156
注意欠陥・多動性障害（ADHD）…… 184
中核市………………………………78
懲戒権………………………………66
超高齢化…………………………… 233
調停委員……………………………86
直接援助技術………………………33
治療……………………………… 188
チルドレン－ファースト………… 115, 227
特定型……………………………… 127
特定事業主行動計画……………… 111
特別支援学校……………………… 176
特別法犯少年……………………… 192
共働き……………………………… 228

な　行

ニッポン一億総活躍プラン………… 145
乳児院………………………………87
乳児院運営指針……………………90
入所措置……………………………78
入所保護……………………………33
認可外保育施設…………………… 154
認可保育所………………… 153, 154
認定こども園………… 108, 149-150, 155
ネグレクト…………………………73, 217
ネットワーク………………………33
ノーマライゼーション………………24

は　行

配偶者からの暴力の防止及び被害者の
　保護等に関する法律（DV防止法）…75
配偶者暴力相談支援センター…………75
発達障害者支援法……………………59
ハローワーク……………………… 205
ひきこもり………………… 182, 185
非行少年…………………………… 180
非行相談……………………………40
非行防止教室……………………… 197
非行防止セミナー………………… 197
非施設型（訪問型）……………… 134
「人づくり革命基本構想」の策定 …… 120
ひとり親家庭等生活向上事業……… 203
ひとり親家庭等生活支援事業……… 204
ひとり親家庭…………………… 168
病児対応型・病後児対応型………… 134
病児保育事業……………………… 134
ひろば型…………………………… 123
ファミリー・サポート・センター事業
　…………………………… 133
ファミリーホーム………… 104, 219
福祉事務所…………………………81
福祉人材センター…………………41
福祉ニーズ………………… 20, 33
福祉保健所………………………… 145
福祉六法……………………………79
父子家庭…………………………… 216
不登校……………………………14, 177
不妊治療…………………………… 148
扶養義務…………………………… 210
浮浪児………………………………58
プログラム規定説…………………25
ベビーシッター…………………… 154
保育士………………………………78
保育施策……………………………70
保育所……………… 87, 93, 150, 151
保育所型………………… 155, 156
保育所等訪問支援………………… 161
放課後子ども総合プラン………… 142
放課後児童クラブ………… 61, 139, 229
放課後児童健全育成事業………… 135, 139
法的権利説…………………………25
方面委員制度………………………56
保健指導…………………………85, 146
保健福祉センター………………… 145

索　引　245

保護観察·······················74, 199
保護処分·····························74
母子及び父子並びに寡婦福祉法··········41
母子家庭施策··················· 70-71
母子支援員···························92
母子生活支援施設·········· 87, 92, 204
母子生活支援施設運営指針············90
母子父子寡婦福祉資金貸付金制度····· 213
母子保健··························· 144
母子保健サービス··················· 145
母子保健法························· 144
ボランティア·························32

ま　行

学ぶ権利····························51
未熟児養育医療··················· 148
民営福祉セクター····················35
民間福祉セクター····················35
民生委員····························87
無差別平等の原則····················49
面会交流支援事業··················· 208

や　行

夜間養護等（トワイライトステイ）事
　業······························ 132
養育環境··························· 187
養育里親··························· 102
養育支援··························· 220

養育支援訪問事業··············· 129, 171
養育費相談支援センター·············· 211
養育費等支援事業··················· 207
養育費の確保······················ 201
養護相談······················· 40, 79
養子縁組里親······················ 102
幼稚園·················· 150, 154, 172
幼稚園型·················· 134, 155, 156
幼保一体化························· 227
要保護児童··········· 69, 71, 169, 218
要保護児童対策地域協議会··········72, 130
幼保連携型·················· 155, 156
幼保連携型認定こども園·········· 87, 93
余裕活用型························· 134

ら　行

ライフステージ···················· 148
ラポート·························· 189
療育指導··························· 85
利用者支援事業···················· 125
療養援護·························· 148
レクリエーション··················· 181
老人福祉法······················1, 41

わ　行

ワーク・ライフ・バランス
　····················· 13, 60, 115, 227

編著者紹介

和田　光一（わだ　こういち）

現　　在　創価大学名誉教授
　　　　　東京都職員，東京都補装具研究所，（財）東京都高齢者研究・福祉振
　　　　　興財団，つくば国際大学をへて現在
著　　書　『分権改革と地域福祉社会の形成』（共著）ぎょうせい　2001 年
　　　　　『子どもの育成と社会』（編著）八千代出版　2002 年
　　　　　『社会保障制度・介護福祉の制度と実践』（共著）建帛社　2007 年
　　　　　『現代児童家庭福祉のすすめ』（編著）学文社　2008 年
　　　　　『生活支援のための福祉用具・住宅改修』（共著）ミネルヴァ書房
　　　　　　2009 年
　　　　　『現代障害福祉のすすめ』（共編著）学文社　2010 年
　　　　　『社会福祉士ワークブック 2013』（共著）ミネルヴァ書房，2013 年
　　　　　『現代社会福祉と子ども家庭福祉』学文社　2014 年
　　　　　『相談援助』（監修）ミネルヴァ書房　2014 年
　　　　　『最新　現代社会福祉のすすめ』（編著）学文社　2019 年

岩川　幸治（いわかわ　こうじ）

現　　在　創価大学文学部准教授
　　　　　つくば国際大学助手，むこうじま高齢者みまもり相談室をへて現在
著書・論文　『現代社会福祉と子ども家庭福祉』（共著）学文社　2014 年
　　　　　「これからの社会に必要な支え合いとは―開かれた関係構築への試み」
　　　　　『ヒューマニティーズの復興をめざして―人間学への招待』（共著）
　　　　　勁草書房　2018 年
　　　　　「近所付き合いにおける主体としての自己―住民同士の『支え合い』
　　　　　をめぐる問題」『ソシオロジカ』第 41 巻第 1・2 号　2017 年
　　　　　「町内会・自治会と NPO における『協働』関係―自立した市民とし
　　　　　ての響同関係構築に注目して」『ソシオロジカ』第 42 巻第 1・2
　　　　　号　2018 年

最新　現代社会福祉と子ども家庭福祉

2019年11月30日　第 1 版第 1 刷発行

著　者　和　田　光　一
　　　　岩　川　幸　治

発行者　田　中　千　津　子

発行所　株式会社　学　文　社

郵便番号　153-0064　東京都目黒区下目黒 3-6-1
電話（03）3715-1501（代表）振替　00130-9-98842

乱丁・落丁本は，本社にてお取替え致します。印刷／株式会社亨有堂印刷所
定価は，カバー，売上カードに表示してあります。　〈検印省略〉

ISBN978-4-7620-2938-7
©2019 Wada Kouichi & Iwakawa Koji　　　　　Printed in Japan
転載不許可　著作権法上での例外を除き，
無断で複写複製（コピー）することは禁じられています。